Mastering *THE ART OF* Negotiation

그림으로 배우는 윈-윈 협상법

협상 여정을 위한 일곱 가지 지침

구트 얀 드 후스 **지음** | 김동규 **옮김**

 알맹

그림으로 배우는 윈-윈 협상법

ㅡ협상 여정을 위한 일곱 가지 지침

지 은 이 | 구트 얀 드 후스(Geurt Jan de Heus)

옮 긴 이 | 김동규

펴 낸 이 | 박동성

엮 은 이 | 박지선

펴 낸 곳 | **사일런스북** | 경기도 수원시 장안구 송정로 76번길 36

전   화 | 070-4823-8399

팩   스 | 031-248-8399

홈페이지 | www.silencebook.co.kr

출판등록 | 제2016-000084호 (2016.12.16)

2019년 10월 31일 초판 1쇄 발행

ISBN | 979-11-89437-13-8 13320

가격 | 24,000원

「이 도서의 국립중앙도서관 출판예정도서목록(CIP)은 서지정보유통지원시스템 홈페이지(http://seoji.nl.go.kr)와 국가자료공동목록시스템(http://www.nl.go.kr/kolisnet)에서 이용하실 수 있습니다.

(CIP제어번호: CIP2019033139)」

제이컵과 머렐, 데이비드에게

우리는 매일 협상을 한다. 그 협상의 목적은 상대방을 희생시켜서라도 내 것을 최대한 많이 얻어내기 위함이 아니라, 최대한 많은 이들의 이해관계를 충족시킬 방법을 찾아보는 데 있다. 나와 상대방, 그리고 더 많은 이들을 위해서 말이다. 우리는 윈-윈을 추구할 수 있다. 단 언제나 냉철한 사고와 따뜻한 가슴, 그리고 확고한 태도가 필요하다. 과연 항상 그렇게 할 수 있을까? 어쩌면 아닐지도 모르지만, 분명히 추구할 가치가 있다고 믿는다. 오래전에《YES를 이끌어내는 협상법》이란 책을 받았다. 나는 그 책의 가르침을 매일 되새겼고 이제 그 가르침을 이 책으로 전해준다. 너희 생애에 이 책이 유용하게 사용되기를 바란다. 좋은 여정이 되기를 바라며, 꼭 그렇게 되리라 믿는다!

아빠가

목차

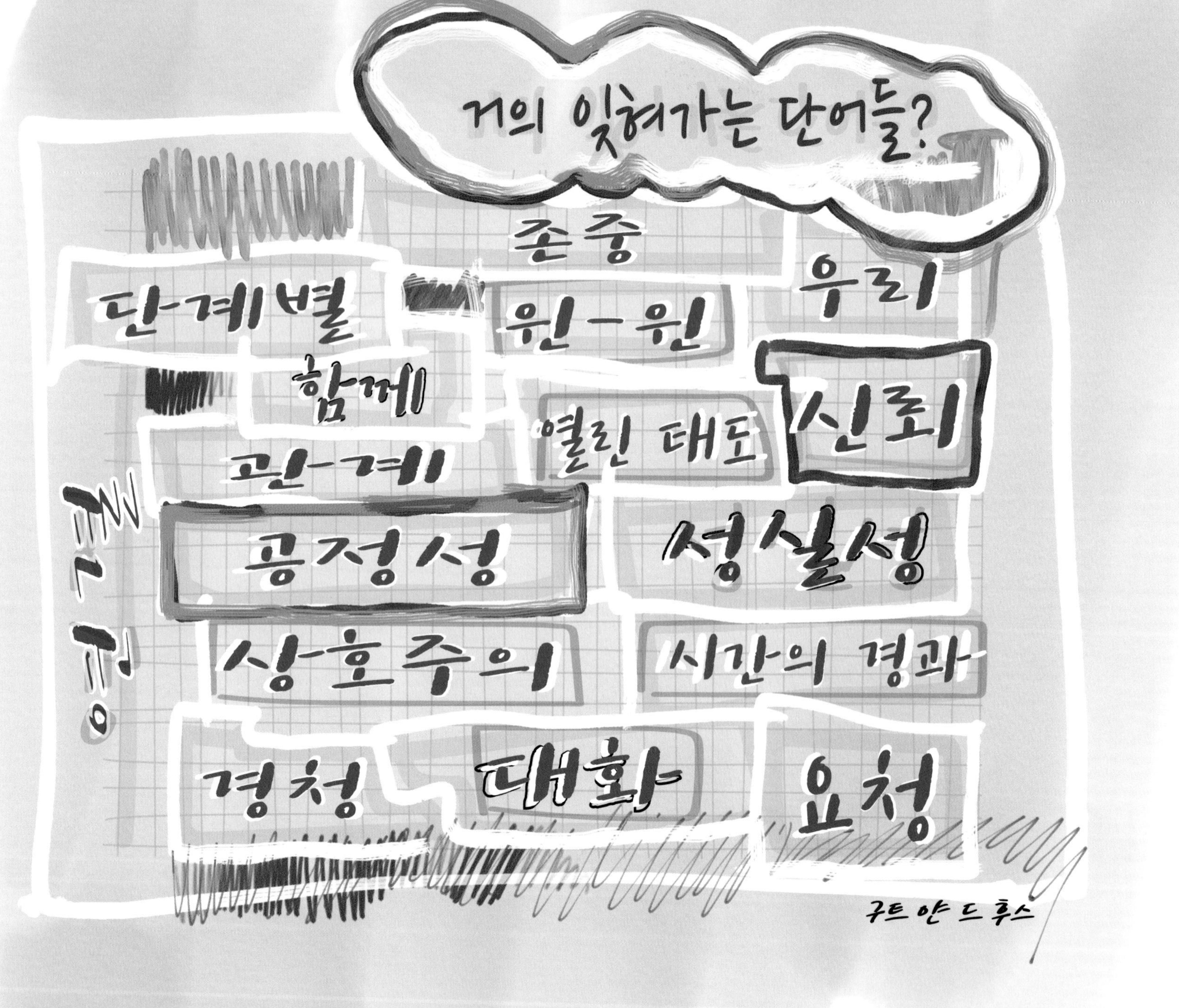

거의 잊혀가는 단어들?

존중

단계별

원-윈

우리

함께

신뢰

관계

열린 태도

공정성

성실성

평공

상호주의

시간의 경과

경청

대화

요청

구트 안 드 루스

서문

이 책을 쓴 시기는 2015년부터 2016년까지이다. 실로 격동의 시절이었다. 이 기간에 시리아에서 격변이 일어났고 터키에서는 테러가 발생했다. 파리와 브뤼셀, 니스 등도 마찬가지다. 그 밖에도 어디 성한 곳이 있기나 했던가? 이후 금융 위기, 난민 위기, 브렉시트Brexit가 뒤따랐다. 마치 우리가 모두 길을 잃은 것처럼, 리더십과 협력을 발휘하며 문제를 건설적으로 해결하는 일이 점점 더 어려워지는 것 같다. 리더들은 결속과 대화, 존중, 서로에 대한 보살핌, 관용, 이기주의의 완화, 그리고 지속 가능한 해결책을 더 많이 모색하자고 호소하고 있다. 이런 주제와 내용은 새로운 것이 아니다. 서로를 존중하고 협력하자는 외침이요 호소다. 이러한 외침은 쇠귀에 경 읽기에 불과한가? 우리는 진정 상대방을 존중하고 대화를 원하는가?

이기려는 열망이 수많은 갈등의 가장 큰 원인인 것 같다. 이것이 건설적인 대화를 가로막고, 더 넓은 맥락을 보지 못하도록 하는 걸림돌이 된다. 승리에 대한 의지가 세상을 망치고 있다. 서로 동등하게 잘 협력할 수 있는데도, 상대방의 희생을 무릅써서라도 이기려고만 한다. 승리에 대한 집착은 관계에 엄청난 압박을 가해 협력을 어렵게 만들고, 신뢰를 허물어뜨리며, 곳곳에서 갈등을 불러일으킨다. 다른 사람의 희생을 대가로 나의 이익을 충족하는 태도가 인간의 본능이라는 착각이 들 정도다. 그렇게 승자가 모든 것을 차지한다. 나는 경쟁에 반대하는 것이 아니다. 누구나 '상대방'보다 현명하고 지혜로워지고 싶다고 생각할 권리가 있다. 이는 의심할 여지가 없는 사실이다. 이기고 싶다는 생각은 전혀 이상할 것이 없다. 그러나 각자 승리와 이익에만 집착한 나머지 양측의 관계가 끊임없이 압박을 받는다면 함께 힘을 모아 해결책 찾기를 기대하기가 어렵다. 상대방을 따돌리는 것보다는 그들을 껴안는 편이 더 낫다. 서로 함께할 때 훨씬 더 많은 것을 얻는 것이 세상 이치이기 때문이다. 세상은 빠르게 변하고 있다. 조직 내의 위계 구조는 흐릿해지고 네트워크가 발달하고 있으며, 서로가 협력해서 일해야 할 필요와 동기는 점점 커져간다. 우리는 새로운 비즈니스 모델과 협력방식이 대두되는 시대에 살고 있지만, 행동은 아직도 구시대의 모델에 묶여있다. '나와 내 것'에 대한 집착이 '우리와 우리 것'에 대한 생각을 가로막는다.

특히나 자기 자신만 생각한 채 무슨 수를 써서라도 이겨야겠다고 생각하면, 오히려 상황이 복잡해지고 교착 상태에 빠지거나 갈등을 빚게 될 것이다. 몰아붙이면 곧 합의가 이루어질 것처럼 보이지만, 결과적으로는 빈손으로 돌아설 뿐이다.

가장 중요한 과제는 함께 확고한 해결책을 만들어내는 것이다. 협상은 단순히 계약서에 도장을 찍거나 재무적 합의를 거두는 수준을 뛰어넘어 훨씬 뛰어난 결과를 이루어낸다. 협상의 역학 속에는 광범위한 주제와 기법, 태도 등이 포함된다. 협상에 나선 사람들이 서로 영향을 미치고 일을 진전시키는 과정 속에는 항상 그런 역학 관계가 작용한다. 협상은 언제나 우리의 일상에서 이루어지며, 그것을 배우기에 늦은 나이란 없다!

필자는 협상과 비즈니스라는 분야에서 강사와 코치, 컨설턴트로서 어느덧 20년 가까이 일해왔다. 아주 흥미로우면서도 때로는 너무나 복잡한 과정이었다.

그 과정에서 자신이 안고 있는 도전과 질문에 스스로 답하지 못하는 사람을 많이 만났다. 그 질문의 성격은 협상의 일상적인 문제에서 협력에 관한 이슈와 복잡성에 대처하는 법, 의사결정 프로세스에 리더십을 부여하는 문제 등으로 오랜 세월에 걸쳐 변천해왔다.

그들은 직장 동료들의 조언에서 실질적인 도움을 얻기도 했다. 하지만 관련 도서를 폭넓게 읽은 사람은 드물었다(《YES를 이끌어내는 협상법》을 읽은 사람은 더러 있었다. 이 책에 관해서는 나중에 자세히 설명하겠다). 게다가 책을 읽은 사람들조차 실질적인 도움을 받은 경우는 드물었다. 또한 필자는 사람들이 무엇을 해야 하는지는 알고 있지만, 실천에 옮기지는 않는다는 사실에 놀랐다. 그들은 긴장과 압력이 고조될 때 왜 기가 죽는지 이해하지 못했다. 보다 근본적으로는 우리가 언제나 협상을 하면서 살아간다는 것조차 깨닫지 못했다. 그들도 워크숍에 참가하고 새로운 세상에 눈을 떴다. 그리고는 늘 이렇게 이야기했다. "진작 이런 내용을 알았더라면 큰 도움이 되었을 텐데요." 특정 개념을 눈에 보이게 하면 이해할 수 있게 된다. "이제 무슨 말인지 알겠어요. 여러 단계 사이에 어떤 관련이 있는지 이해가 되네요."

시간이 지날수록 그런 통찰과 시각 자료를 책으로 볼 수는 없느냐, 나아가 필자가 직접 집필할 생각은 없느냐는 물음을 점점 더 많이 받았다. 필자는 오래도록 이 일을 미뤄왔다. 이미 많은 내용이 책으로 나와 있는 분야에 또 한 권의 책을 내

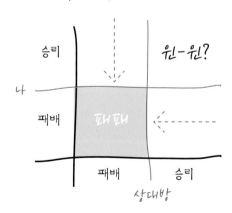

나의 목적은 무엇인가?

승리

원-윈?

나

패배

패패

패배   승리

상대방

놓은들 과연 어떤 가치를 더할 수 있을까? 필자가 마침내 이 모험에 착수하기로 마음먹은 것은 협상의 기술을 개선하는 데 이바지하고 싶었기 때문이다. 필자는 협상의 기술과 기법을 넓은 의미로 한데 묶어내는 방식을 선택했다. 의사소통, 협력, 리더십 발휘, 의사결정 프로세스 관리, 문화적 요소, 창의성 등은 결코 따로따로 다룰 분야가 아니다. 이 모든 것은 협상의 역학 관계 속에서 함께 작용하는 요소들이다. 독자 여러분이 복잡한 상황에서도 협력과 의사결정에 도달하는 통찰을 얻기를 바라면서 필자는 이 책에 가능한 한 풍성한 정보를 담고자 애썼다. 프로젝트를 진행하면서 좋은 관계와 성과 모두를 얻는 데 도움이 되기 바란다. 다른 사람들과 함께 건설적이며 장기적인 해결책을 찾아내고, 갈등을 미리 방지하며, 그런 일이 일어났을 때 해결하는 방법을 찾기 바란다. 실제적인 기초 위에 독자 여러분을 단계별로 안내하여 협상의 대가에 이르는 길까지 보여드리고자 한다.

필자는 많은 선학의 도움으로 이 자리에 섰다. 그들의 저술과 경험에서 통찰과 영감을 얻었다. 그들은 바로 영적 스승과 철학자, 심리학자, 문화인류학자, 법조계의 석학, 예술가, 고객, 강좌 수강생, 학생, 그리고 가족들이다. 특히 윌리엄 유리William Ury를 언급하지 않을 수 없다. 그는 로저 피셔Roger Fisher와 함께 《YES를 이끌어내는 협상법》 초판을 집필했다. 필자는 제약업계에서 일하던 시절 한 경영학 강좌에서 이 협상법을 접했다. 이후 이것은 협상이라는 이슈를 바라보는 근원이 되었고, 아직도 많은 사람에게 학습의 토대와 영감의 원천을 제공하고 있다. 물론 우리에게도 마찬가지다. 필자가 '우리'라고 표현하는 이유는, 지금은 애석하게도 세상을 떠난 필자의 비즈니스 파트너, 존 루츠가 중요한 역할을 해주었기 때문이다. 이렇게 쌓아 올린 기초 위에 이 책은 미묘한 차이와 몇 가지 단계를 더 추가하여 완성되었다.

《YES를 이끌어내는 협상법》을 처음 접했을 당시, 눈앞에 새로운 세계가 펼쳐졌던 기억이 떠오른다. 프리츠 필립스 주니어, 존 루츠, 조엡 레벤, 한스 루츠를 포함한 주변의 많은 사람이 이 사고법을 네덜란드에 처음으로 소개했다. 필자는 이 사실을 알게 된 것과 그 기초 위에 또 다른 발견을 쌓아 올릴 수 있었다는 점을 기쁘게 생각한다. 지금까지 오랜 세월 동안 사랑하는 아내이자 친구인 피엔과 아름다운 협력을 이루어왔다. 아내 덕분에 이런 탐구의 여정을 진행해올 수 있었다. 또 크나큰 기쁨의 원천인 제이컵과 머렐, 데이비드는 수많은 깨달음의 순간에 거울이 되어주었

다. 그 모든 순간이 놀라운 경험이었다! 부모님은 아들이 자신의 길을 개척하던 순간부터 지금까지 한결같이 그 자리를 지키고 계신다. 비록 지금은 연약해지셨지만 말이다. 그들을 볼 때마다 나의 뿌리와 내가 받은 유산, 그리고 현재 가진 것이 무엇인지, 또 무엇을 다음 세대에 물려주고 싶은지 알게 된다.

비즈니스 파트너이자 친구인 휴고가 없었다면 이 책은 결코 존재할 수 없었을 것이다. 그의 충실한 우정에 감사를 드린다. 필자와 함께 그 많은 일을 함께 생각해준 코넬리스에게 감사드린다. 루돌프와 비욘다는 필자가 고민하는 문제에 기꺼이 동참해 끝까지 파고들었다. 그 둘을 만나게 해준 해리의 도움에 기뻐했던 순간이 떠오른다. 모두 감사드린다. 윌러민과 헤스터는 필자의 구상을 이해하고 가다듬어 주었다. 프랭크와 코엣은 예리한 관찰력으로 필자를 도와주었다. 마졸린은 원고를 훨씬 더 근사하게 고쳐주었으며, 마이크와 클레어는 번역이 예술의 경지에 다다를 수 있다는 사실을 보여주었다! 고객들과 수강생들이 보여준 신뢰와, 함께한 모든 소중한 기억에 감사드린다. 필자가 이 직업을 선택하고, 이 책이 인연이 되어 수많은 뛰어난 사람들을 만날 수 있었던 것은 정말이지 무한한 특권이었다.

가치 창출

가치 배분

변동

복잡

서론

협상의 중요성이 그 어느 때보다 커진 시대

뷰카VUCA*의 시대, 협상이 시작된다

세상에서 변하지 않는 유일한 진리는 세상이 빠르게 변한다는 것이다. 모든 것이 불확실하고 복잡성은 나날이 증대된다. 모호하지 않은 것은 없으며, 어떤 문제든 해결책이 단 하나인 경우는 거의 없다. 모든 길은 로마로 통한다지만, 그럼 그중에서 어느 길을 선택해야 하는가? 주변 환경은 빠르게 변하는데 우리 행동은 미처 따라가지 못하는 것 같다. 이런 현상은 회사에서, 각종 조직에서, 네트워크나 협력 관계 속에서 늘 발견할 수 있다. 오늘날 우리는 좀 더 비즈니스답게, 즉 더 빠르게, 더 일찍, 더 큰 가치를 창출하는 방향으로 행동해야 한다. 우리가 맡는 프로젝트는 점점 더 거대하고 복잡해지며, 더 큰 기득권을 추구함에 따라 위험도 더욱 커지고 있다. 그런데 프로젝트는 시한을 초과하고 비용이 더 들어가기 일쑤지만, 정작 결과는 기대에 못 미치곤 한다. 그러면서 인간관계는 압박을 받고 신뢰가 약해지며 갈등이 피어오른다. 이럴 때 우리는 건설적 대화로 갈등을 방지하려고 노력하기보다 갈등을 지켜보기만 한다. 합의를 끌어내기보다는 그저 편하게 법정으로 가려고만 한다. 프로젝트가 복잡해질수록 변호사가 급격히 많아지고 계약서는 엄청나게 두꺼워지는데, 정작 협상 테이블에서 복잡한 대화를 끌어가는 법은 잊어버린 것 같다. 모두가 옆 사람보다 한 수 앞서려고 안간힘을 쓰며, 똑같은 잔꾀를 부린다. 처음에는 모두 건설적인 협력을 꿈꾸며 시작하지만, 그것이 그리 만만치 않다는 사실을 금방 깨닫게 된다. 우리가 압박감을 느끼면 그 압박은 상대방에게 고스란히 전가된다. 이런 상황에 어떻게 대처할지 모르면 불안은 점점 더 가중된다. 자신의 불안감을 가린 채 엄포를 놓고 싸우기 시작할 것인가? 아니면 그냥 포기해 버릴 것인가? 그도 아니면 건설적인 대화를 고수하여 당신의 이익을 보호하고 진전을 이루어낼 것인가?

---

* 변동성 Volatility, 불확실성 Uncertainty, 복잡성 Complexity, 모호성 Ambiguity이 특징인 현대 사회를 일컫는 말

내부 및 외부 네트워크

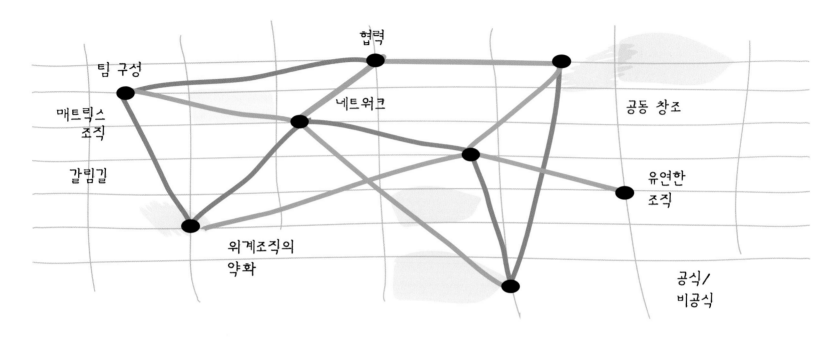

**협력의 중요성과 독특하고 개성 있는
리더십의 필요성**

모든 분야에서 '공유'와 '함께'의 가치를 추구하고, '투명성'을 요구하는 추세이다. 오늘날 우리는 채소밭과 자동차, 공구를 공유하고 에너지를 함께 생산한다. 기업 역시 새로운 방식의 협력과 리더십을 모색한다. 새로운 형태의 합작기업이 끊임없이 출현하고, 신규 비즈니스 모델을 찾는 노력도 끊임없이 이루어진다. 이에 성공하지 못한 기업의 앞날은 어두울 뿐이다. 이제 우리는 지식을 공유하여 혁신을 촉진하고, 그에 걸맞은 새로운 수익모델을 개발하고자 한다. 이렇게 여러 관계자와 더 많은 협력을 모색하지만, 눈앞의 가치는 어떻게 나눌 것인가? 자금을 쥔 사람이 결정하는가? 고객이 언제나 옳다는 명제만 따르면 되는가? 정글의 법칙을 따를 것인가? 아니면 여전히 목소리 큰 사람이 이기도록 놔둘 것인가?

사회와 조직에서 평등의식이 증진됨에 따라 위계질서는 점점 흐려지고 있다. "내가 대장이니 너는 내 말만 들어"라는 말은 이제 옛날이야기가 되었다. 리더십 교과서에 등장하는 키워드는 가치, 봉사, 참여, 신용, 신뢰, 연대, 함께, 투명성, 코칭, 그리고 장기적 사고 등이다. 이것은 협상의 키워드이기도 하다. 리더십을 보여주려면 협상 능력을 갖추어야 하고, 협상하기 위해서는 개성 있는 리더십 스킬을 발휘할 수 있어야 한다. 유연한 힘, 즉 소프트파워를 발휘하고, 리더십을 제공하며, 동시에 사람들의 동의를 끌어낼 줄 알아야 한다는 말이다.

윌리엄 유리는 최근 《월스트리트저널》과의 인터뷰에서 1981년에 책이 출간된 이래 달라진 것이 무엇이냐는 질문에 이렇게 대답했다. "최근에 제가 기업 경영자들에게 다음과 같은 질문을 던진 적이 있습니다. 지난해 내린 결정 중에 가장 중요한 10가지를 꼽아달라고 말입니다. 그들은 모두 협상을 위해 내린 결정을 꼽았습니다. 협상이야말로 의사결정의 핵심 프로세스가 된 것입니다. 조직의 기본 형태가 수평적으로 변하면서, 의사결정도 수평적 형태로 바뀐 것이지요."

최근 젊은이들은 다양한 이해를 통합하는 기업가정신의 잠재력을 깨닫기 시작했다. 그들은 바로

눈앞에 있는 것만 바라보던 좁은 시야에서 벗어나 가치를 창출하고 사회에 기여하는 방향을 추구한다. 돈만 벌면 된다는 생각은 더는 설 자리가 없다. 수많은 종류의 이해관계가 모두 중요하며, 누구도 독불장군이 될 수 없다. 임팩트 투자*, 사회적 기업, 새로운 기업형태 등, 다양한 이해관계와 협력에 이바지하는 관점, 그 과정에서 들어가는 비용과 창출한 이익을 분배하는 방식에 대한 차별화된 관점이 등장하고 있다. 함께 일함으로써 윈-윈의 해결책을 얻는 것이다.

건설적 대화가 힘든 시대

활발한 의견 교환은 쉽게 싸움으로 변질되어 교착 상태에 빠지거나 갈등으로 비화할 수 있다. 말재주가 부족하거나 대화가 불편하다고 느꼈을 때 금세 주장을 굽히고 "될 대로 돼라"라는 생각을 품은 적이 있을 것이다. 이렇게 토론이 곁길로 벗어나 긴장과 갈등을 빚는 장면을 주변에서 쉽게 목격한다. 가정에서 부모나 자녀, 또는 부부간에도 늘 그런 일이 일어난다. 의견이 무시당하고, 논의가 진전되지 않는 일이 비일비재하다. 이웃간에 통행권이나 햇빛을 가로막는 울타리 또는 나무 높이를 둘러싸고 말싸움이 벌어지기도 한다. TV 법정 프로그램 출연자들은 늘 발언 시간을 초과한다.

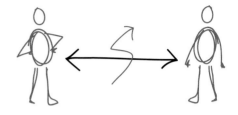

관계의 압박

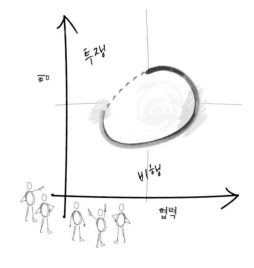

투쟁이냐 비행이냐?

---

* 투자수익을 창출하면서도 사회적 문제 해결을 목적으로 하는 투자방식

각자의 처지를 완고하게 내세우는 토론은 공공이나 민간을 막론하고 비즈니스에서 익숙한 장면이다. 우리는 토론이나 상담, 이른바 대화라고 불리는 것을 시작하자마자 너무나도 쉽게 상대방의 대척점에 서곤 한다. 위험을 경고하는 정치인은 있지만 그들이 책임 있게 해결책을 내놓는 경우는 거의 없다. 사회와 비즈니스 환경은 이미 무감각해진 것 같다. 우리는 빨리 의견을 결정하고, 그보다 더 빨리 기분이 상해서 짜증을 내다가는 이내 신경을 꺼버린다. 무엇이 사실인지는 중요하지 않고, 어떻게 인지하는가 하는 문제만 남는다. 이제 사람들은 온갖 종류의 의견에 지쳐 그냥 한 귀로 흘리거나, 문제에 맞서기를 회피하는 것 같다. 그 중간에 놓인 길을 선택하는 경우는 점점 더 드물어진다. 진정한 대화는 찾아보기 힘들고 쉽게 흥분하여 싸우려는 사람만 늘어나고 있다. 그렇게 하면 정말로 자신이 얻고자 하는 바를 얻을 수 있다고 생각하는 것일까? 아니면 단지 무기력과 분노, 짜증을 표출하는 것뿐일까? 사람들은 둘 중에 하나만 고를 수 있다고 생각하는 것 같다. 싸우거나 떠나버리거나.

사실 좋은 대화를 시작하는 것은 결코 쉬운 일이 아니다. 우리는 일상에서 늘 이 사실을 확인한다. 예를 들어 답장을 쓸 때 천천히 내용을 생각할 경우나, 즉각 행동하기보다는 시간을 두고 최선의 해결책을 모색할 때를 떠올려보면 알 수 있다. 좋은 대화를 시작하는 비결은 견해차나 갈등을 대화로 해결하면서 건설적으로 발전시켜나가는 것이다.

건설적인 협상법이 필요하다

뷰카의 시대, 압박을 받는 상황에서 어떻게 대화해야 할까? 조직 문화가 수평적으로 변모하는 이 시대에, 모두 함께 좋은 결정을 끌어내는 방법은 무엇일까? 어떻게 하면 끊임없이 변화하는 협력 관계 속에서 장기적인 해결책을 마련할 수 있을까? 압박이 커지는 환경에서 서로의 차이점과 서로 다른 의견, 아이디어, 철학을 다루면서도, 싸우거나 떠나버리는 극단을 택하지 않고 토론을 이어가는 방법은 무엇일까? 어떻게 하면 서로 다른 처지와 관심사, 그리고 대안을 가진 사람들과 잘 지낼 수 있는가? 서로 다른 문화와 행동 양식을 가진 사람들과는 어떤가? 어떤 조처를 해야 하는지 알고 있는가? 타이밍은 언제가 적합한지, 적절한 파트너는 누구인지 알고 있는가? 이 모든 것이 협상에서 마주치는 도전이다.

협상은 여정이다

여행을 떠나는 상황을 생각해보자. 나는 분명 어딘가에서 왔고, 배낭에는 짐이 가득 들어 있으며, 이제 또 어디론가 갈 것이다. 그 짐 때문에 편하게 걸을 수 없을 때도 있다. 그 많은 짐을 지고 다닌 것이 어리석었다는 사실을 나중에 깨달을 수도 있다. 때로는 혼자 다닐 수도 있고, 모임을 조직하거나 다른 모임에 속할 때도 있을 것이다. 어쨌든 여행 도중에 새로운 사람을 만날 것이다. 그 중 일부와는 특별히 더 친밀해질 수도 있다. 여행에서 내가 기대하는 바가 그들의 기대와 다를지도 모른다. 최종 목적지와 경로, 이동 수단 등에 대한 생각이 서로 다를 수 있다. 그럴 때 어떻게 결정을 내릴 것인가? 한 사람의 의견을 나머지에 강요할 것인가, 다 함께 해결책을 모색할 것인가? 그 과정에서 차질이 빚어질 수도 있다. 순풍이 불어올 때도 있지만, 정반대일 때도 있다. 막다른 길을 만나거나 깎아지른 벼랑을 기어오를 수도 있다. 이를 돌파하려면 계획과 경로, 지도, 나침반, 튼튼한 신발, 식량, 물이 필요하다. 다만 배낭은 너무 무겁게 채우면 안 된다. 자칫하면 배낭이 가장 큰 부담이 된다. 식량과 식수는 모자라지 않을 정도로만 챙겨라. 그리고 배고프거나 목마르기 전에 미리미리 먹고 마셔야 한다는 것을 잊으면 안 된다. 허기나 갈증이 오면 이미 늦다. 본격적으로 힘을 써야 할 때는 특히 그렇다. 또 나 자신이 여행의 방해 요소이자 가장 큰 걸림돌이 될 수도 있다.

필자는 앞으로 떠날 이 여정에 여러분을 초대하고자 한다. 여러분이 헤매지 않고 올바른 길을 찾도록 돕는 것이 책의 목적이다. 냉철한 이성과 따뜻한 가슴을 지니고, 단호하면서도 유연한 태도로 여정을 떠나자. 그림과 같이 '튼튼한 다리와 민첩한 발'을 활용해야 한다. 먼저 기초 지식을 제공하고자 한다. 이를 숙지한 다음, 더 어렵고 복잡

한 상황에 대해서는 그에 따른 추가 지식을 갖추면 된다.

더 읽기 전에

이 책에서는 사람을 지칭할 때 남성대명사 '그'를 사용한다. 필자는 책을 쓰면서 회의, 계획 미팅, 컨설팅에 관해서만 끊임없이 떠들지 않으려고 애썼다. 이런 종류의 다양한 대화와 회합에는 언제나 협상의 역학 관계가 작동하는데, 이 모두를 편의상 '협상'으로 통칭한다. 또 너무 많은 사례 연구를 제시하지 않기로 했다. 물론 사례 연구는 중요하지만, 이 책을 선택한 여러분은 이미 이 주제

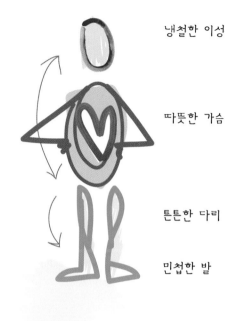

냉철한 이성

따뜻한 가슴

튼튼한 다리

민첩한 발

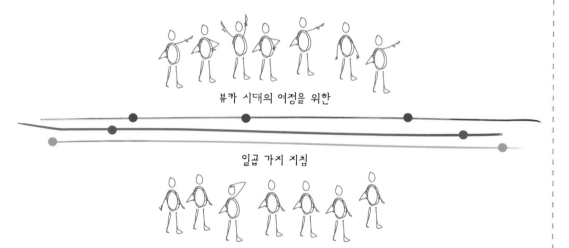

뷰카 시대의 여정을 위한

일곱 가지 지침

에 관심이 있고 자신의 고유한 관점이 담긴 실제 상황을 염두에 두고 있을 것이기 때문이다. 이 책을 단계적으로 익혀나가면 내용을 자신의 사례에도 시험해볼 수 있을 것이다. 요컨대 이 책은 영감을 주는 도구라고 할 수 있다. 일상적인 협상 활동에 활용할 하나의 매뉴얼인 것이다. 또 다양한 이해관계와 수많은 당사자가 개입되고 복잡성이 점점 증대되는 상황에도 활용할 수 있다. 이 책이 제시하는 단계적 접근방식을 통해, 각자의 사례에서 어떻게 차별화된 조처를 할 수 있고, 무엇에 더(혹은 덜) 집중할 것인지 깨닫게 될 것이다.

필자는 오랜 세월 동안 협상과 관련한 온갖 종류의 인식과 통찰을 축적해왔다. 물론 그 모두가 어디서 비롯되었는지 일일이 기억하지는 못하지만 《YES를 이끌어내는 협상법》에 담긴 지식의 샘에서 자양분을 얻었다는 사실은 이미 언급한 바 있다. 필자는 그 책이 제안하는 관점과 행동 양식에 매우 공감하며 여정의 출발점으로서 그 중요성을 아무리 강조해도 지나치지 않다. 아울러 다른 자료도 활용하였다. 만약 그분들이 마땅히 받아야 할 인정을 받지 못했다고 느낀다면 기꺼이 이의를 경청하겠다. 또한 아직 공용저작권에 속하지 않는 자료의 출처를 명시하는 데 최선을 다하였음을 미리 밝힌다.

편린을 연결하다

2014년이 끝나갈 무렵, 필자는 안식년을 맞아 뉴욕에 6주간 머물렀다. 당시 그곳에 좀 더 머물면서 이 책의 구상을 매듭짓고자 했다. 협상이라는 폭넓은 주제를 연결 짓는 구조를 고안해내고 싶었는데, 정말이지 멋진 시간을 보냈다. 외롭고 쓸쓸하다는 느낌이 들 때도 있었지만 사실 결코 혼자가 아니었다. 뉴욕이라는 도시의 활기 넘치는 특성과 불완전함에서 오는 그 아름다움, 에너지, 물, 이스트 리버에서의 보트 여행, 경관들, 지하철, 유심히 지켜본 사람들과 우연히 마주친 사건들과 함께한 시간이었다. 그 모든 요소는 자신만의 이야기를 간직한 채 저마다의 여정을 이어가고 있었다.

그 관찰, 배움, 회상, 통찰이 연결되어…
책의 뼈대가 잡혔다
그곳에서 얻은 것이 있었다. 뉴욕 지도에 나타난 도로망, 지하철 시스템, 지하철 지도, 그리고 비넬리 Vignelli가 그것을 이용해서 뉴욕 현대 미술관 MoMA에 출품한 디자인 작품, 하루를 마무리하며 위스 호텔 테라스에서 바라본 광경, 브루클린 윌리엄스버그에서 이스트 리버 너머로 보이던 도시, 그리고 스태튼 아일랜드에서 맨해튼에 이르는 보트 여행 등에서 말이다. 도무지 불가해한 상황에 어떻게 체계와 윤곽을 부여할지에 대한 영감과 실마리를 찾았던 것이다. 우리는 모두 여행길에 서 있는 나그네다. 그러나 어디로 가는지를 모른다면 올바른 길에 서 있는지 어떻게 알 수 있겠는가?

팀 켈러 목사의 리디머 장로교회를 머무르며 큰 영감을 받았다. 그곳은 매우 활기차고 시끌벅적한 공동체였다. 맨 먼저 음악이, 그다음은 훌륭한 설교가 이어졌다. 매우 실제적인 주제였고, 곧바로 실행에 옮길 수 있는 내용이었다. 아름다운 찬송들이 심금을 울렸다. 교회 공동체는 지역사회에 굳게 뿌리 내리고 있었으며, 확고한 사명과 비전, 그리고 계획이 있었다. 공동체는 구성원들의 일상생활과의 연결점과 거기서 창출할 수 있는 부가가치가 무엇인지를 끊임없이 모색했다. 배제보다는 포용을 지향했다. 뉴욕 지역사회에 관한 말콤 글래드웰의 견해를 듣고자 그와 인터뷰하던 도중, 브루클린 범죄 문제에 대한 '소프트파워' 접근방식에 관해 들을 기회를 얻었다. 그것은 놀라웠고, 과격하면서도 유연했으며, 분명하면서도 여운을 허용했고, 영감을 주는 동시에 집요한 관점이었다. 그곳에서 나의 딸 머렐과 약 일주일을 지냈다. 커피 한잔을 들고 하이라인 파크를 거닐

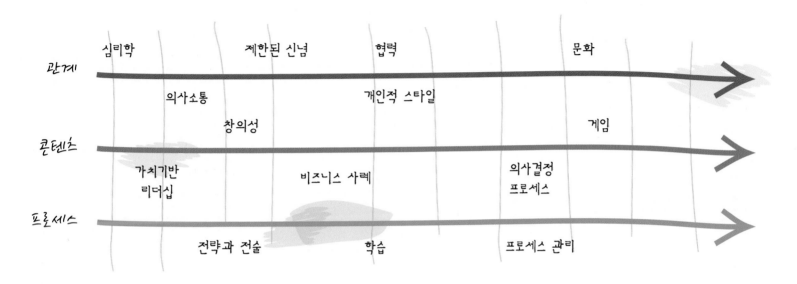

단편적 관찰을 연결하는 과정

관계 ─ 심리학 · 제한된 신념 · 협력 · 문화 →

의사소통 · 개인적 스타일

창의성 · 게임

콘텐츠 →

가치기반 리더십 · 비즈니스 사례 · 의사결정 프로세스

프로세스 →

전략과 전술 · 학습 · 프로세스 관리

던 추억이 새록새록 떠오른다. 더 무엇을 바라겠는가? 타인을 존중하고, 열린 마음으로 함께 걸어가는 것이 얼마나 소중한 일인지 재확인할 수 있었다.

그리고 협상에 관한 모 워크숍에 참가하기 위해 다시 하버드를 방문했다. 거기서 윌리엄 유리를 만나 '아브라함의 행로'에 관해 대화를 나누었다.

말 그대로 믿을 만한 소식통을 직접 만난 셈이었다. 아브라함의 행로란 터키 남부에서 시작하여 이스라엘을 거쳐 시나이 사막에 이르는, 출생지에서부터 사막 한가운데 그의 무덤까지의 여정을 말한다. 아브라함은 호전적이기보다는 친절한 성품으로 널리 알려졌다. 기독교인과 무슬림, 유대인 모두의 선조로서, 그들을 이어주는 상징적 인물이다. 윌리엄은 매우 독특한 이 '아브라함의 행

로' 운동의 창시자 중 한 사람이다. 안타깝게도 이제는 시리아를 비롯한 일부 국가를 통과할 수 없게 되었지만, 그 행로를 체험할 여지는 여전히 남아 있다. 그 길을 걸으면 많은 사람과 만나 대화를 나누게 된다. 그 만남을 통해 지역의 복잡한 문제에 관한 사고의 틀이 바뀔 수 있다. 아울러 지역 발전에 도움을 줄 수도 있다. 여행이란 어차피 먹고, 마시며, 잠을 자고, 안내를 받는 일이므

"빨리 가고 싶으면
혼자 가라.
그러나 멀리 가고 싶다면
함께 가라."

-아프리카 속담

로 지역의 소규모 기업들이 발전하는 데 보탬이 될 수 있다. 그 여정은 협상을 구체적으로 묘사한 은유다. 서로 대결하기보다는 어깨를 나란히 맞대고 공통의 목표를 향한 여정에 나서는 것이다.

필자는 어떤 국제 가족 비즈니스 회의에 참가한 자리에서, 섬김의 사고방식이 얼마나 중요한지를 다시 한번 체험했다. 섬김의 자세. 오늘날 이 단어는 가족 사업에서 가족 주주들이 회사나 회사의 자산을 많이 소유하지 않으며, 오히려 그 사업이 다음 세대로 전달될 수 있도록 잘 관리하고 있다는 사실을 표현하는 데 사용된다. 여기에는 중요한 장기적 사고가 뒷받침되어 있다. 즉, 비즈니스에서 언제나 중요한 단기적 사고방식에 집중하면서도, 한편으로는 지속성과 장기적 관점에도 관심을 유지해야 한다는 것이다. 그런 태도와 가치 체계는 사람들의 생각과 행동에 뚜렷한 성격을 부여한다! 바로 내재적인 동기에 바탕을 둔 내구성과 지속가능성이라는 특징이다. 필자는 자신들이 세운 회사를 팔아 돈은 벌었지만 대신 정체성을 잃어버린 사업가들을 많이 봤다. 그것은 돈이 반드시 행복을 안겨주는 것은 아니라는 사실을 여실히 보여준다. 가족 기업이 보여주는 장기적 관점과 증권거래소 상장기업에 만연한 단기적 시각 사이에는 차이가 있다. 이런 맥락 속에서 모두가 한 번쯤 들어본 적이 있는 익숙한 말이 떠올랐다. "빨리 가고 싶으면 혼자 가라. 그러나 멀리 가고 싶다면 함께 가라." 이 의미심장한 아프리카 속담에는 건설적인 협상에 관한 모든 내용이 축약되어 있다. 우리는 함께 가려고 노력해야 하며, 단기적 관점과 장기적 사고의 균형을 추구해야 한다.

필자는 가족 중 다섯 남매의 맏이인 필자의 역할을 되돌아보았다. 그 사실이 인격의 형성에 미친 영향, 추억 보따리에 쌓인 좋고 나쁜 기억들을 말이다. 또한 의료인으로서 거친 수련 과정과 사람들에 관한 관심, 그리고 그들이 역량을 발휘할 수 있는 시스템을 향한 관심에 대해서도 깊이 생각해보았다. 필자는 늘 심리학과 정신의학에 열정을 갖고 살아왔다. 민간 기업에서 근무했던 경력도 회상해보았다. 훌륭한 상사와 최악의 상사, 손발이 잘 맞았던 때와 그렇지 못했던 기억을 모두 떠올려보았다. 중요한 프로젝트가 잘못되어갔던 때, 반대로 너무나 환상적으로 잘 맞아떨어지던 때도 되새겼다. 모든 것을 아우르는 '협상'이라는 분야에 뛰어들었던 20년 전을 회상해보았다. 그룹 또는 개인 단위로 지도했던 수많은 사람에 대해서도 생각했다. 그들이 직면했던 과제와 필자가 발견했던 패턴들을 떠올렸다. 그러자 책의 형태와 본질이 점차 모습을 드러내기 시작했다. 경험과 연구, 일상 업무, 새로운 통찰, 교훈 등 책의 배열이 정연해졌다. 이는 수많은 동료 여행자와 함께한 여정이자 하나의 지도이며, 다양한 이미지였다. 일종의 기술로서의 협상을 다룬 책이 떠올랐다. 그러자 다양한 요소들이 서로 연결되기 시작했다.

자주 묻는 말과 이 책의 구조

필자는 수강자들이 가장 많이 던졌던 질문을 꾸준히 모아왔다. 그 내용은 실로 다양하지만, 질문을 받을 때마다 즉각 떠오르는 생각이 있다. 보통 질문은 한 가지만 묻기보다는 여러 가지 이슈가 동시에 연관된 경우가 많다. 그래서 일단 질문을 떠올리면 점점 더 생각이 복잡해져서 마치 블랙홀이라도 마주한 것 같은 느낌을 받게 된다. 실타래처럼 엉켜 좀처럼 풀기 어려운 문제가 되곤 한다. 이럴 때는 무엇을 하고, 저런 문제에는 어떻게 대처하며, 언제, 어디서 시작해야 할까? 자주 묻는 말과 의견의 몇 가지 예를 살펴보자.

자주 묻는 말

토론이 언제 협상이 되는지, 즉 협상의 역학 관계가 작동하는 시점이 언제인지 잘 모르겠습니다. 협상이 시작된다는 것을 어떻게 알 수 있을까요?

솔직히 협상이란 그저 돈 얘기에 불과한 것이 아닌가요? 제가 하는 일은 돈과 상관없습니다. 따라서 저는 협상할 일이 없습니다. 제 말이 틀렸나요?

협상하고 있다는 것을 깨닫지도 못한 채 중요한 것을 양보해버린 적이 있습니다. 앞으로 어떻게 해야 그런 일을 방지할 수 있을까요?

늘 일이 터지고 나서야 다른 식으로 해야 했는데 하고 후회하곤 합니다. 어떻게 하면 이런 일을 방지할 수 있을까요?

대화하다 보면 같은 상황을 서로가 완전히 다른 시각으로 바라본다는 사실을 알게 됩니다. 이럴 때는 어떻게 하면 좋을까요?

신뢰를 구축하는 방법은 무엇이며, 서로 신뢰가 무너졌을 때는 어떻게 해야 하나요?

제가 상대방을 신뢰하지 못하는 이유가 충분한 (혹은 정확한) 정보를 얻지 못했기 때문이라는 사실을 깨달았습니다. 어떻게 하면 될까요?

중요한 파트너십을 맺은 사이지만, 저는 상당한 압박감을 느끼며 충분히 존중받지도 못하는 형편입니다. 어떻게 하면 좋을까요?

상대방에게 제 속마음을 어느 정도 보여줘도 되는 걸까요? 또 어떤 경우에 그것이 지나치게 순진한 행동이 될까요? 무방비 상태가 되지 않으면서도 자신을 내보이는 것이 가능할까요? 상대가 속마음을 보이지 않는다면 저는 어떻게 행동해야 할까요?

저와 제 고객은 최종 결과에 대한 생각이 전혀 달라 심각한 문제에 봉착한 상태입니다. 이 문제를 다른 시각으로 볼 방법이 있을까요?

아주 복잡한 토론을 할 때가 있습니다. 그때마다 여러 당사자 사이에 긴장이 고조되면 저는 그만 뒤로 물러서 버리곤 합니다. 이럴 때는 어떻게 해야 할까요?

사람들 사이에 긴장이 고조된 상황에서 좋은 합의를 도출하는 방법은 무엇입니까?

협상하기

미지의

알지 못하는

시각의 차이

협상을 주도하는 세력이 저를 압박하면서 관계를 끊겠다고 나올 때는 어떻게 하지요?

저는 상대방이 주도하는 게임을 읽는 눈이 없는 것 같습니다. 어디서 그런 안목을 기를 수 있을까요?

상대방의 관심사를 알아내는 방법은 무엇입니까? 특히 상대방의 태도가 폐쇄적일 경우라면 말입니다.

저는 단계적인 계획에 따라 진행하는 방식이 좋습니다. 아직은 직관에 따라 움직이는 편이지만, 보다 체계적으로 행동하고 싶습니다.

진작 제가 개입해서 명확한 선을 그어놓았어야 했습니다. 별로 그러고 싶지도 않았고, 어떻게 해야 하는지 아직도 모르겠습니다.

원-원이라, 말은 좋습니다만 그게 정말로 가능한 일일까요? 혹시 그런 말은 상대방도 똑같은 교육을 받는 상황에서나 통하지 않을까요?

어떻게 준비해야 할까요?

정서적으로 거부감이 드는 일에 올바른 판단을 내리는 것이 가능할까요? 다른 사람의 감정을 다루는 비결은 무엇입니까?

모든 일이 잘 풀렸다 칩시다. 사실은 그보다 더 잘 될 수 있었는데 그것밖에 안 된 걸 수도 있잖아요. 그게 최선의 결과라는 걸 어떻게 알지요?

제가 하는 일은 다양한 이해 당사자가 개입되어 있고 연관된 사람들도 무척 많습니다. 이 상황에 어떻게 대처해야 할까요? 저는 국내외에 걸쳐 다양한 이해당사자들을 상대해야 합니다.

제 업무는 국제적으로 진행됩니다. 문화적 차이에 대처하는 방법은 무엇입니까?

우리가 맺은 파트너십에서 제가 할 일이 훨씬 더 많은 것 같습니다. 비용과 편익 사이에서 제 몫을 더 많이 챙길 방법은 무엇일까요?

사람들을 내 편으로 만드는 방법은 무엇입니까?

제가 무엇을 해야 하는지 알면서도, 하지 않고 있습니다. 저는 도대체 왜 이러는 걸까요?

갈등을 일으키지 않으면서도 제 이익에 충실한 태도를 확고하게 견지하는 방법은 무엇입니까?

사람들은 그저 말만 번지르르하게 할 뿐 정작 행동은 너무나도 느립니다. 그들은 저와 함께할 생각이 있기나 한 걸까요?

상대방이 싸움을 걸어와 불편하지만 관계를 유지하면서 이에 따른 비용과 혜택을 상대방에게도 요구할 수 있을까요?

공정성? 그런 유약한 말은 제가 몸담은 경쟁 시장에서는 안 통합니다. 공정성이라니, 도대체 그런 게 어디 있습니까?

이메일로 협상해도 되나요? 매번 제가 비행기를 타고 날아가는 것도 참 힘든 일입니다.

교착 상태에 빠지거나 갈등을 빚을 때 어떻게 대처해야 할까요?

여러분이 이 책을 읽고 난 후 이러한 질문에 스스로 대답할 수 있게 되기를 바란다. 점증하는 뷰카의 시대에는 각자 문제의 해답을 찾는 능력을 배양하고 그 과정에서 다른 사람들에게도 도움을 줄 수 있어야 한다. 필자는 그 목적을 달성하기 위해, 여러분이 지식과 통찰을 단계적으로 축적할 일종의 장치를 고안했다. 본 과정의 목적은 협상을 마스터하는 경지에 이르는 것이다. 그 과정에서 몇 가지 기본 요소를 사용해볼 수 있도록, 매번 한 단계씩 더 깊은 문제를 다루는 심화 과정을 준비했다. 협상법을 배우고 그 기법을 발전시키려면 숙고해야 할 측면이 대단히 많다. 따라서 여러분에게 실제적인 도움이 될 만한 측면을 엄선하여 논리적인 흐름에 따라 배치하였다.

이 책의 구조

여정을 떠나기 전에

가장 먼저, 협상 과정에서 언제나 슬며시 고개를 내미는 일곱 가지 딜레마에 관해 이야기해보자. 나는 협상이 이루어지고 있다는 사실을 알고 있는가? 이런 상황에 얼마나 익숙한가? 먼저 이런 문제를 다룬 후, 협상의 기술을 바라보는 관점을 소개할 것이다. 협상을 어떻게 정의할 것인가? 협상에 얽힌 복잡한 역학 관계에 어떤 식으로 접근해서 뚜렷한 그림을 그려내고, 통찰이 필요한 부분을 포착할 수 있을까? 과연 나는 그 복잡한 관계를 풀어내어 근거와 순서를 제시할 수 있는가?

여정: 행동을 뒷받침하는 사고방식과
일곱 가지 지침

지금부터는 태도와 접근방식을 규정짓는 가치를 몇 가지 배우게 된다. 다시 말해 모든 행동을 뒷받침하는 기초를 말한다. 아울러 실질적인 내용을 담은 일곱 가지 지침을 배워, 실행과 대응에 필요한 역량을 갖출 수 있다. 마치 여행 가이드의 도움을 받아 짐을 꾸리듯이, 이를 활용하여 여정을 준비할 수 있다. 여행에 나서기 전에 미리 경로를 그려볼 수 있을 뿐만 아니라, 실제 프로세스에 유용하게 사용할 수 있고, 사안이 종료된 후에 이를 평가하거나 배운 교훈을 검토하는 데에도 쓸 수 있다.

협상 테이블에서는 모든 요소가
복합적으로 작용한다

논리적이고 단계적인 계획에 일곱 가지 지침을 특별한 방식으로 조합하면, 접근방식을 조정하고 상황을 통제하여 최고의 프로세스를 실현할 수 있다. 이렇게 해야 많은 사람이 참여하는 복잡한 여정에서 난관에 부딪혔을 때 꿋꿋이 밀고 나갈 수 있다. 아울러 더 효율적이고 효과적인 접근방식을 찾는 데 도움이 될 구조와 순차적 단계를 배우고, 그것을 활용하여 의사결정 프로세스를 관리할 수도 있다. 그 과정은 한 번의 대화나 미팅으로 끝날 수도 있지만, 일련의 점진적 단계로 구성될 수도 있다.

다음 단계로 성장: 기술의 완성

기초 지식을 이해하고 그 응용법까지 익힌 다음, 지식의 깊이와 넓이를 강화하기 위해 몇 가지 측면을 더 살펴본다. 그 내용은 협상 속도를 높이고 프로세스 자체를 개선하는 능력, 관계와 본질 면에서 복잡성이 더 고조되는 상황에 대처하는 역량에 관한 것이다. 아울러 여정에 도움이 되는 특별한 내용도 다룬다. 그 지식을 활용하면 분명한 시각과 흔들림 없는 굳건한 자세를 견지하고, 따뜻한 가슴과 튼튼한 다리, 민첩한 발을 소유하여, 힘든 여정 속에서도 올바른 경로를 벗어나지 않을 것이다.

영향력의 원을 확장하라

좀 더 신속한 진행을 원하거나, 협상의 유효성을 증대시키고자 하거나, 방향 전환이 필요하다고 판단될 때 영향을 미칠 수 있도록 몇 가지 지렛대를 제공하고자 한다. 관찰자의 시각으로 상황을 외부에서 바라보는 법을 배워본다. 프로세스에서 한 발 뒤로 물러서서 '타임아웃'을 외치는 법도 몇 가지 살펴본다. 협상에 매력적 요소를 더하여

원-원의 상황을 더 쉽게 조성할 수 있는 몇 가지 방법도 소개한다. 이때는 특히 창의성에 초점을 맞출 것이다. 마지막으로 협상의 과정으로부터 지속적으로 학습하는 방법, 아울러 리더 또는 프로젝트의 책임자로서 그 학습 과정을 의식적으로 촉진하는 방법에 대해 언급한다.

더 분명한 시각과 민첩한 태도

상대방과 영향을 주고받는 방식은 협상 프로세스에도 영향을 미친다. 의사소통의 위험과 한계에 대해 더 깊이 깨닫게 되면 상대방을 더 잘 '읽을' 수 있다. 나아가 사람들이 왜 서로 동문서답을 하는지, 왜 늘 서로에게 짜증을 내는지, 왜 토론이 쉽사리 교착 상태에 빠지는지를 알게 된다. 상대방과 의사소통 프로세스를 유지함으로써 함께 진전을 이루어가는 몇 가지 방법을 소개할 것이다. 또, 정보를 교환하고 해석할 때마다 발동하는 특정한 편견을 살펴본다. 이를 통해 사실에 입각한 내용을 보다 예리한 시각으로 바라볼 수 있을 것이다. 아울러 실제 협상에서 중요한 문제가 될 수 있는 문화적 차이에 대해 고찰해본다. 여기서 얻

은 통찰은 긴장이 더욱 고조되는 상황에서 진면목을 발휘할 것이다. 그런 의미에서 가장 보편적인 게임의 유형을 살펴보고, 이에 대처하는 법을 다룬다.

여정은 끝났고 이제 다음 모험을 찾아 나설 때다

이제 뷰카 환경을 이해하고 그에 대응하는 기술을 익힐 힌트를 얻었는가? 날로 커지는 복잡성에 대처할 역량을 갖췄는가? 다시 한번 지금까지의 내용을 돌아보면서 현재의 상태를 진단하고, 그중 어떤 면을 더 심화 발전시킬 수 있는지, 도움이 될 만한 제안을 몇 가지 제시할 것이다.

준비 및 점검표

준비 과정에서 주의해야 할 몇 가지 사항을 살펴본다. 아울러 유용한 점검표를 제공한다.

영감의 출처와 참고 문헌

협상 분야에서 영감을 얻을 수 있는 책과 논문, 블로그, 웹사이트, 비디오 등의 목록을 실었다. 물론 이것은 필자가 참고한 목록이기도 하다.

협상의 딜레마

친구	관계	적
신뢰	정보	불신
투명성 건설적	스타일	경직성 최대한 얻어내
우리 함께	가치 창출	너와 나
공정성?	분배	나, 내
상호의존	처지	독립
우리의	프로세스	내 맘대로

방어적 행동

구트 얀드 후스

여정을
시작하기 전에

여정을 시작하기 전에 몇 가지 사항을 정해두는 것이 좋겠다. 온갖 종류의 협상 상황마다 어김없이 모습을 드러내는 딜레마가 있다. 그 점을 명확히 인지하고 하루하루가 협상의 연속임을 자각하는 순간, 협상의 기술을 터득한다는 목표를 향해 작은 발걸음을 내디딜 채비가 된 것이다. 또한 도대체 '협상'이란 무엇인지를 정의한 후 어떤 방식으로 협상에 접근할 것인가라는 질문을 던질 것이다. 오로지 자신만을 위해서 협상에 임하는가, 협상에서 가능한 많은 것을, 빨리 얻고 싶은가, 아니면 제3의 길이 존재하는가? 점점 복잡해지는 상황을 어떻게 한눈에 바라볼 수 있는지 살펴보고 각자가 선호하는 인격적 스타일을 재빨리 진단하는 법을 익힐 것이다. 이런 도구를 갖추면 남은 탐험의 과정을 더 든든하게 준비할 수 있다.

항상 고개를 내미는 딜레마들

사람들이 협상에서 서로 의사를 주고받는 방식을 유심히 지켜보면, 정도의 차이는 있겠지만 언제나 같은 종류의 딜레마를 겪는다는 사실을 알 수 있다. 이런 딜레마는 시대와 문화에 상관없이 보편적으로 발견된다. 상황을 인식하고 대처할 수 있다면, 긴장하지 않고 민첩한 대처능력을 확보할 수 있다. 여기에서 딜레마란 극단적인 경우를 말하는 것으로, 현실에서는 이런 양극단 사이의 어떤 지점에서 여러모로 고민이 되는 경우가 더 많을 것이다. 나뿐만 아니라 '상대방'도 이런 딜레마를 느끼기는 마찬가지이기 때문이다.

자신과 상대방을 어떻게 인식하고, 반응하는가?

1. 상대방을 친구로 여기는가, 적으로 보는가?

이 딜레마는 서로 간의 의사소통과 역학 관계에 관한 문제다. 아인슈타인은 이렇게 말했다. "주변 사람을 적으로 인식하면 서로 적대적으로 행동하게 된다." 상대방을 우호적인 시각으로 바라보면 좀 더 건설적으로 대할 수 있다. 비즈니스로(다른 이유도 포함된다) 만난 상대방에 대해 잘 몰라, 어떤 태도로 대해야 할지 당황하는 때도 있다. 여기에 문화적 차이가 개입되면 상황은 더욱 복잡해진다. 다소 거리를 두는 것이 맞는지, 빨리 깊은 이해를 구축하려 애써야 하는지도 감이 오지 않는다. 이 문제는 팀과 동료, 관리자, 고객 등에게도 적용된다.

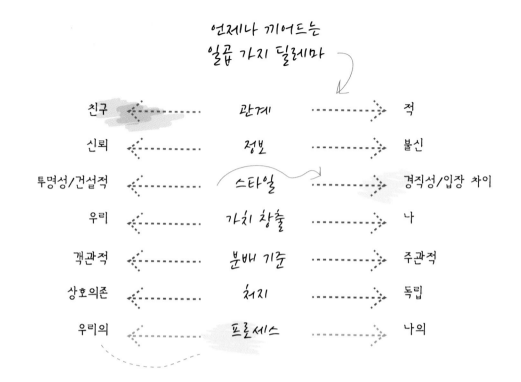

언제나 끼어드는
일곱 가지 딜레마

	관계	
친구		적
신뢰	정보	불신
투명성/건설적	스타일	경직성/입장 차이
우리	가치 창출	나
객관적	분배 기준	주관적
상호의존	처지	독립
우리의	프로세스	나의

정보와 신뢰를 어떻게 대하는가?

2. 서로 교환하는 정보를 신뢰하는가, 아닌가?

첫 번째 딜레마에서 파생되는 문제는 서로에 대한 신뢰 여부이다. 어떤 정보를 근거로 의사결정을 내리는가? 세상을 장밋빛 시각으로 바라보고, 반대 증거가 나오기 전까지는 모든 사람을 신뢰하는 편인가, 아니면 누구도 믿을 수 없다는 태도인가? 매우 까다로운 문제가 아닐 수 없다. 상대방으로부터 이런 말을 들어본 적이 분명히 있을 것이다. "이건 우리도 전에 한 번 해본 적이 있는

방식인데요, 이렇게 하면 안 됩니다."라거나, "당신네가 제시한 가격은 경쟁자보다 훨씬 높군요." 또는, "아직 내부 회의를 해봐야 알겠지만, 뭐 괜찮을 겁니다. 제 말을 믿으셔도 돼요." 정보의 진위 문제는 조직 내부에서도 마찬가지다. 직장 동료들은 언제나 '마감 준수에는 문제가 없다, 보고서를 제시간에 전해주겠다, 프로젝트는 훌륭하게 진행되고 있다'라고 말하지 않던가. 조직의 내·외

를 막론하고 협상을 할 때는 언제나 해당 정보가 올바른 것인지, 누군가가 장난을 치는 것이 아닌지 의심할 수밖에 없다. 그리고 의심이 드는 순간부터 개인적인 딜레마가 찾아온다. 그들을 믿어도 되는가?

당신의 협상 전략은 무엇인가?

3. 굳건한 진지를 구축한 자세인가, 투명하고

건설적인 태도인가?

어떤 태도로 협상에 임하는가? 협상은 원래 그런 것이므로 즐기든지, 참든지 해야 하는가? 열린 마음으로 상황을 지켜본 후에 진행 방향을 결정하는 편인가? 나의 이해관계를 미리 드러내는가, 아니면 속내를 끝까지 감추며 자신을 지키는 스타일인가? 어떤 태도나 처지를 취하든 매우 까다로운 딜레마가 아닐 수 없다. 모든 종류의 의사결정 프로세스에 등장하는 문제다. 의견을 마치 석판에 새긴 글씨라도 되는 듯이 취급할 때가 있다. 사람들이 자신의 처지와 관점에 사로잡혀 교착상태가 조성되는 것이다. 이때 누가 먼저 양보를 할 것인가? 만약 내가 정반대의 입장으로 돌아서면 내 신뢰도에는 어떤 영향이 미칠까?

어떻게 해결책을 찾을 것인가?

4. 함께 혹은 혼자서?

먼저 제안하는 사람이 유리한 위치를 차지한다는 말이 있다. 그러나 과연 진실일까? 최초의 제안은 협상의 출발점으로, 어느 정도 영향력을 발휘하는 것이 사실이다. 그러나 제안이 건전한 대화를 위한 출발점이냐, 또 하나의 흔한 패턴 출발점에 불과한가 하는 것이 문제다. 즉, 제안하고, 합의에 실패하여 제안을 약간 고치고, 여전히 충분치 않아 협상이 한계에 다다르며, 마침내 합의냐 폐기

냐 양자택일을 하게 되는 시나리오 말이다. 문제를 함께 바라보고 서로에게 최선의 결과를 찾는 것은 불가능할까? 부가가치를 극대화하는 방법을 함께 모색할 의지는 없는 것일까? 대화를 통해 더 많은 것을 알 수 있고, 더욱 개선된 해결책을 도출할 수 있지 않을까? 이런 딜레마를 어떻게 다룰 것인가? 사람들은 입을 다문 채 상대방과 이런 문제에 관해서는 대화를 나눌 생각조차 하지 않는 경우가 많다. 심지어 상대방이 나에게 말을 걸 권한조차 없을 수도 있다. 서로 대화는 하지 않기로 합의를 한 경우도 있기 때문이다. 어떤 경우든, 제안을 내놓아 그들이 움직이게 만든다면 돌아오는 반응은 강력할 것 같다. 상대방은 테이블 위에 올라온 어떤 제안이든 그것을 기초로 삼을 수밖에 없다고 생각한다. 어쨌든 서로가 바쁘게 움직일 이유는 될 수 있다.

분배 문제는 늘 긴장의 불씨가 된다. 이 문제를 어떻게 해결할 수 있을까?

5. 공정을 원칙으로 삼을 것인가, 아니면 그런 건 원래 존재하지 않는 것일까?

누가 무엇을 얻고, 무엇을 양보할 것인가? 비용과 이익을 어떻게 나눌 것인가? 분배 문제가 제기되면 늘 즉각 긴장이 촉발된다. 상대방이 가능한 한 더 큰 파이 조각을 가져가려 하면서 결과는 나보

고 책임지라고 몰아붙일 때는 특히 더 그렇다. 파트너십 내부의 협상에서도, 자신의 몫을 최대한 얻어내기 위해 그런 압력을 가하는 장면을 볼 수 있다. 협상이란 기본적으로 파이를 나누는 문제로, 상대방의 희생을 치러서라도 내가 이기기만 하면 된다고 생각하는 사람들이 많다. 결과적으로 이 딜레마는 극도로 불편한 감정을 초래한다. 분배 과정은 누구의 목소리가 더 큰가의 문제거나, 권력이나 영향력, 감정 등에 휘둘려야 할 문제인가? 나는 그 상황에서 무엇이 공정한지에 관심을 기울이는가?

누가 권력을 쥐고 있는가?

6. 상황에 좌우되는가, 초연한가?

힘의 균형이란 무엇인가? 나는 상대방에 비해 어떤 위치를 점하고 있는가? 누가 권력을 쥐고 있는가? 거래가 성사되기를 더 원하는 쪽은 나인가, 상대방인가? 협상에 임하는 이유는 거래를 원해서인가, 아니면 선택의 여지가 없기 때문인가? 상대방이 강한 이유가 그저 규모가 큰 집단이기 때문인가? 그렇다면 아무리 유리한 위치를 차지하더라도 자신이 왜소하고 무력하다는 느낌은 어쩔 수 없을 것이다. 어쨌든 위치는 주어진 것이라면, 독립성의 수준이 협상의 성격을 규정한다. 타협의 한계는 어디까지인가? 어느 선까지 협상할 수

있으며, 어디까지 허용할 것인가?

누가 주도권을 쥘 것인가, 언제, 어떻게?

7. 프로세스의 책임이 나에게? 아니면 상대방에게?

협상을 쥐락펴락한다는 인상을 주면 안 되지만, 나의 이익을 추구해야 하는 것은 사실이다. 상대방이 협상을 주도해주기를 바랄지도 모르지만, 지금은 그런 상황이 아니다. 상대는 나의 관심사를 제대로 다루지 않으며, 따라서 나의 이익이 충족되지 못하고 있다. 그들의 속셈이 뭔지 도무지 모르겠다. 그럴 때 프로세스에 개입할 수 있는가? 나에게 그런 권한이 있는가? 나의 행동은 언제, 그리고 어떻게 체계를 갖출 것인가? 특히 여러 당사자가 개입된 다차원의 협상에서라면? 협상을 어떻게 하나의 프로세스로 전환할 수 있으며 어떤 단계를 밟아야 할 것인가? 또한 프로세스가 교착 상태에 빠졌을 때 어떤 조처를 할 것인가?

이런 딜레마는 협상의 지형이 더 복잡할 때 더욱 절실히 다가온다. 이해관계의 중요성이 높을 때, 관련자의 수가 많을 때, 협상에 나선 사람들이 다른 누군가를 대변할 때 등이다(결국 그들 역시 자신의 이해관계를 안고 있기는 마찬가지다). 일곱 가지 지침은 이런 딜레마를 어떻게 다루는지 보여주고 해답의 방향을 제시한다(46~72페이지 참조).

협상의 역학 관계를 알고 있는가

위에서 열거한 딜레마는 모든 종류의 협상에서 나타난다. 문제는 내가 그것을 알고 있으며, 협상의 역학 관계를 이해하느냐이다. 일반적인 의미의 '협상'이라는 말로는 그러한 인식을 정확히 설명할 수 없다. 이 단어를 제대로 사용하기란 언제나 어렵다. 곧잘 부정적인 의미가 연상되곤 하기 때문이다. 많은 사람은 협상이라는 말을 들을 때마다 공허한 약속, 저잣거리의 노점상 이미지를 떠올린다. 협상 상대에 대해 배우는 교육과정에 참여할 의사가 있느냐고 물어보면, 자신은 협상을 전혀 하지 않는다고 대답하는 사람이 많다. 협상은 다른 사람들, 예를 들어 세일즈맨, 회계 담당자, 상사, 부서 책임자, 프로젝트 관리자들이 할 일이라는 것이다. 사람들은 흔히 이렇게 말한다. "저는 상업에 관한 일을 하지 않아 협상이 필요 없습니다." 우리는 누구나 온종일 협상을 하며 지낸다는 사실을 모르고 있는 것이 분명하다.

물론 협상은 거래를 성사시키고 재무적 합의를 도출해내는 일일 수도 있다. 그러나 분명히 그것이 다는 아니다. 필자는 워크숍에서 강의할 때 협상에 능숙한 사람의 예를 들어보자고 하면서 발표 화면을 다음 장으로 넘긴다. 그러고는 어린아이를 예로 든다. "네 살짜리 제 아들은 자신이 원하는 것을 얻을 때까지 절대 포기하지 않습니다. 이 꼬마는 어떤 버튼을 눌러야 하는지 정확히 알고 있지요. 애 엄마를 똑 닮았지 뭡니까!" 여기까지 말하고 윙크를 날린다. 또 이런 이야기도 한다. "제 딸아이는 아직 12개월도 되지 않았는데 이미 협상에는 도가 튼 것 같습니다. 배가 고프면 어른들이 분명히 알 수 있게 행동합니다. 엄마 품에 안길 때까지 우는 거죠. 어느새 엄마를 마음대로 조종하고 있는 셈이지요." 그렇게 말하면 협상은 갑자기 우리 일상과 가까운 용어가 된다. 그러나 여전히 협상에는 뭔가 원하는 것을 얻어내고, 얻을 때까지 졸라댄다는 뜻이 담겨 있다.

이런 인식 외에도, 협상에는 타고난 소질이 필요하다고 생각하는 경우도 있다. 이 말을 들으면 바로 떠오르는 장면이 있다. 언제나 물건값을 깎으려 드는 사람들 말이다. 깎기 유전자를 가진 사람과 그렇지 않은 사람이 따로 있는 것처럼 보이는 것도 사실이다. 협상이 오직 돈에 관한 문제라고 생각하는 한, 누구나 언제나 협상을 하며 살아간다는 사실을 알아차리지 못한다.

눈에 보이지 않는 사각지대가 있다면…

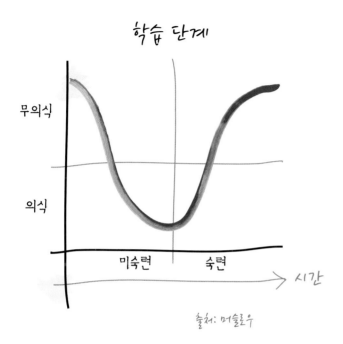

학습 단계

무의식

의식

미숙련   숙련

→ 시간

출처: 머슬로우

는 사실은 나중에야 깨닫게 된다. 협상의 역학 관계를 더 잘 이해했더라면 그 상황에 다른 방식으로 대처했을 것이다. 지금부터 이해를 돕기 위해 협상의 역학 관계에 관한 그림과 몇 가지 다른 견해를 소개한다. 그러면 여러분과 필자는 같은 기초 위에서 다음 단계로 나아갈 수 있고(몇 가지 개념을 소개한 후에), 이 딜레마를 다루는 방법을 살펴볼 수 있다. 필자는 여러분이 '무의식중에 숙련되기'를 바라지만, 그것이 언제나 가능한 것은 아니다. 무의식적으로 숙련된다는 말은 힘들여 노력하지 않고도 마치 자신의 일부처럼 자연스럽게 느껴진다는 뜻이다. 의사소통 수준에서는 그것이 가능하지만, 협상이란 그보다 훨씬 더 복잡하므로 상황이 진행되는 동안에도 모든 것을 충분히 인지하면서 완벽하게 신경을 곤두세워놓아야 한다.

• 기대치가 이미 높아졌고, 정보는 이미 공유되었으며, 가치가 이미 '제공되었다'면.
• 약속한 것들이 저절로 이루어지고 상황은 이미 끝나 어색한 처지에 놓인다면.
• 상대방이 이미 확고한 위치를 차지하여 기본 규칙을 세워버렸다면.
• 상대방에게 너무 많은 것을 양보하여 끝나고

보니 교환의 균형이 무너진 상태라면.
• 내가 그어놓은 마지노선을 상대방이 이미 일찌감치 넘어선 것도 모르고 있다면.
• 협상이 교착 상태에 빠진 이유가 바로 나의 스타일 때문인데 그것을 깨닫지 못하고 있다면.

좀 더 일찍 또는 다른 방식으로 대응했어야 했다

모든 것이 협상이다

필자는 협상을 넓은 의미로 이해한다. 협상이란 A 지점에서 B 지점까지 가고자 하는 사람들이 나누는 모든 대화로, 모든 주제가 여기에 포괄된다. 협상의 내용은 참여자 모두에게 중요하고 서로에게 영향력을 미칠 수 있다.

우리는 다음과 같은 대화 속에서 이런 역학 관계를 체험한다. 대화를 통해 서로가 기대하는 바를 토론해야 함에도 불분명한 상태로 방치할 때.

감정이 격앙될 때, 그리고 이익이 공유되거나 그렇지 않을 때.

정보를 숨길 때, 또는 테이블 위에 카드를 내밀 때.

여러 측면을 서로 비교 평가하고 선택을 내려야 할 때.

속마음과 다른 말을 할 때, 긴장이 고조되어서 하고 싶은 말을 하지 못했다는 사실을 나중에야 깨닫게 될 때. 감정에 휘둘려서 하지 말아야 할 말을 내뱉고 오래도록 후회할 때. 막다른 골목에 다다랐다는 느낌이 들어 다른 사람이나 자기 자신을 스스로 압박할 때. 우리가 이겼다고 생각했지만 알고 보니 정반대의 상황임이 드러났을 때. 협상의 마지노선을 몰라서 감히 아니라고 말하지 못할 때.

개입하고 싶었으나 그러지 못했을 때. 토론과 회의가 완전히 옆길로 새고 있음을 깨달았으나, 아무도 나서는 이가 없을 때. 좋은 해결책을 발견하지 못했을 때. 정신력이 부족할 때.

신뢰하지 못하면서도 어쩔 수 없이 끌려갈 때.

우리는 다음과 같은 상황에서 이런 역학 관계가 작용하는 것을 알 수 있다. 즉, 새로운 사업을 따내려 애쓸 때, 첫 토론에서 방향을 모색할 때, 제안서를 발표할 때와 계약을 맺을 때 등이다. 팀 구성에서, 워킹 그룹 활동에서, 프로젝트 착수 회의에서, 업무 범위 변경에 관한 토론이나 평가 회의에서도 마찬가지다.

서로 협력하기 원하거나 이미 협력 중일 때. 한 사람이 다른 사람의 리더 역할을 할 때, 또는 결정을 내려야 하는 상황에서 일이 너무 빨리 진행되는 것이 아닌지 또는 올바른 정보에 근거한 것인지 의심이 들 때도 그렇다.

협상의 대상을 다른 곳에서 찾을 때, 연합을 구성하거나 파트너십을 결성할 때.

혁신을 일구어낼 때, 스타트업을 창업하거나 펀드를 조성할 때.

기업을 인수하거나 구조조정에 나설 때.

언제, 어디서나, 어떤 상황에서도 누구나 항상 협상 중이다.

모든 것이 협상이다.

언제나 협상한다

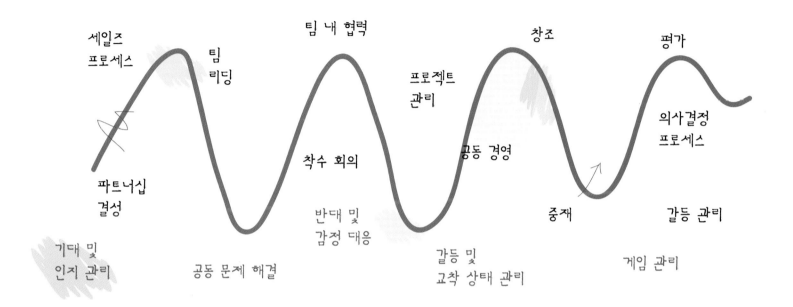

세일즈
프로세스

팀
리딩

팀 내 협력

창조

평가

의사결정
프로세스

프로젝트
관리

파트너십
결성

착수 회의

공동 경영

중재

갈등 관리

기대 및
인지 관리

반대 및
감정 대응

게임 관리

공동 문제 해결

갈등 및
교착 상태 관리

자 이젠 감이 왔으리라 믿는다. 어떤 문제에 관해서든 양측이 서로 영향을 미칠 수 있고 서로가 진전을 이루기 원할 때 그것을 협상이라고 할 수 있다. 물론 '협상이란 이런 것이다'라는 견해는 여러 가지가 있을 수 있으며 절대적으로 옳은 정답은 없을지도 모른다. 그러나 협상이 무엇인지에 대

한 견해는, 내가 배우고 익히는 내용에 분명히 영향을 미친다.

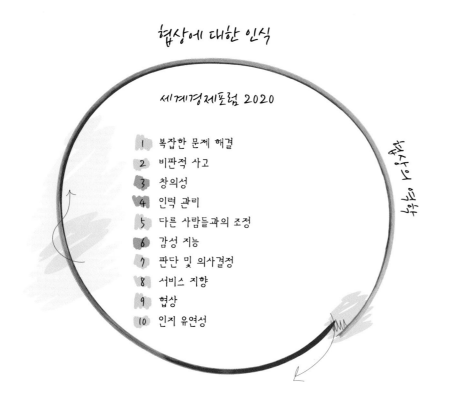

협상에 대한 인식

세계경제포럼 2020

1 복잡한 문제 해결
2 비판적 사고
3 창의성
4 인력 관리
5 다른 사람들과의 조정
6 감성 지능
7 판단 및 의사결정
8 서비스 지향
9 협상
10 인지 유연성

뷰카의 도전과제

최근 발간된 세계경제포럼 보고서에 따르면 2020년에 대두될 핵심역량 중에서 아홉 번째로 중요한 항목이 바로 '협상'이다. 협상하기 위해서는 열거된 핵심역량 중 많은 것이 필요하다. 필자는 사회·조직심리학자 카스텐 드 드루Cartsten de Dreu 교수가 제시하는 협상의 정의를 선호한다. 그것은 간단히 다음과 같다. "협상이란 가치를 창출하고 분배하는 것으로, 여기에는 반드시 이익과 손실(혹은 비용과 혜택)이 따른다. 아울러 장·단기적 이슈를 다루어야 하며 혜택을 반드시 얻을 수 있는지, 비용은 정확히 어느 정도인지는 확실히 알 수도, 그렇지 못할 수도 있다." 이것을 뷰카의 맥락에서 해석해보면 많은 사람이 경험하는 또 다른 과제가 무엇인지 곧바로 알 수 있다. 바

로 점증하는 복잡성과 불확실성으로 인해 사람들 사이의 갈등이 고조되는 것이다. 같은 이슈에 대해 다양한 인식과 기대가 작용하기 때문이다.

많은 사람이 '협상'에 대해 가졌던 질문으로 되돌아가서 그것을 분류해보면 협상 과정에 세 가지 측면이 작용한다는 사실을 알 수 있다.

관계 측면: 개인적 및 심리학적 측면과 의사소통 과정의 상호작용

• 나는 내가 진행하는 모든 협상의 한 요소이다. 그런데 나는 과연 협상이 진행되고 있다는 사실을 인식하고 있는가? 나의 의사소통 스타일, 강점, 위험성, 약점, 그리고 그것이 타인에게 미치는 영향을 인식하고 있는가? 개인의 심리적 부담이 상대방과의 상호작용을 어떻게 규정지으며, 결과에 긍정적 또는 부정적 영향을 얼마나 미치는가?

• 사람들은 서로에게 어떤 방식으로 영향을 미치는가? 말로 표현하는 것은 무엇이며, 말하지 않은 채 암시에 그치는 내용은 무엇인가? 장밋빛(또는 다른 식으로 왜곡된) 색안경과 잘못된 가정은 현실을 어떻게 왜곡하는가? 사람들은 어떻게 연대를 형성하고, 또 갑자기 깨지기도 하는가? 나는 어떻게 사람의 마음을 '읽고', 신뢰

를 형성하는가? 문화적 차이는 협상에 어떤 영향을 미치는가?

- 상대방과 유대감을 창출하고 유지하는 데 언어는 어떤 역할을 담당하는가? 유대감이 형성된 것처럼 보이다가도 말 한마디만 잘못하면 단번에 관계가 무너지고 벌어지면서 교착 상태와 갈등의 위험이 싹튼다. 지금 어떤 게임이 벌어지고 있는지 알고 거기에 대처할 수 있는가?

내용 측면

- 협상에 내용과 본질을 담는 방법은 무엇인가? 내가 마주한 협상 과제는 무엇인가?
- 어떤 이해가 달려 있는가, 어떤 해결책을 구상했는가, 그리고 비용과 혜택은 어떻게 나눌 것인가?
- 다른 대안은 없는가?

프로세스 측면

- 어떻게 프로세스를 관리할 것인가, 저항과 지연사태에는 어떻게 대처할 것인가?
- 어떤 수를 두어야 하는가? 여러 건의 협상을 동시에 진행할 경우도 있다. 구조와 절차는 수립되어 있는가?
- 전략적, 전술적 질문을 어떻게 다룰 것인가? 올바른 결정을 도출하고 훌륭한 합의 또는 거래를 이루어내는 방법은 무엇인가?

모든 협상 과제들이 (20페이지)의 예와 같이 뒤엉킨 실타래처럼 복잡해 보인다고 해도, 이제 관계, 내용, 프로세스 분야의 과제로 크게 나눌 수 있게 되었다. 전체적인 맥락을 이해하기가 훨씬 쉬워졌다. 협상의 핵심 요소는 관계와 내용, 프로세스를 동시에 관리할 수 있는 원 안에 모두 존재한다. 이렇게 세 가지 요소를 나누는 방법은 우리가 나아갈 길의 토대가 된다. 앞으로 사용하는 도해에서 관계 측면은 빨간색으로, 내용 측면은 파란색, 프로세스 측면은 초록색으로 표시하여 시각적으로 구분하였다.

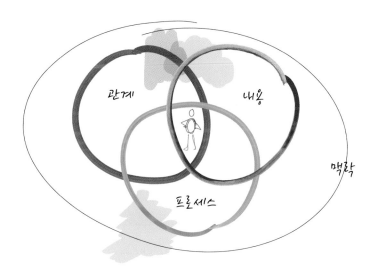

협상은 관리다

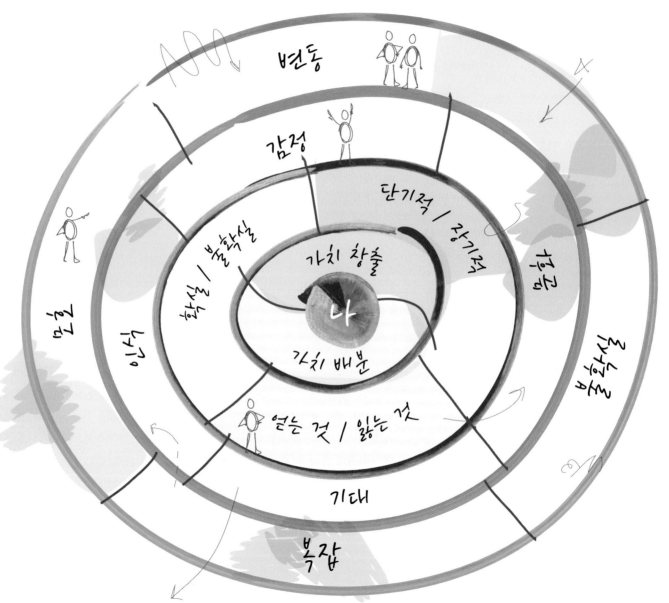

뷰카 세상에서 협상이란

변동

감정

단기적 / 장기적

확실 / 불확실

가치 창출

나

가치 배분

얻는 것 / 잃는 것

기대

복잡

이해관계가 항상 중심에 있다

이해관계는 협상의 언어에서 가장 핵심적으로 작용한다. 이 사실에서 알 수 있는 것은 무엇인가? 개인 관심사와 업무상 이해는 언제나 주요 요소이다. 개인적 이해관계 역시 동기나 핵심 이해로 간주할 수 있는 것으로, 애초에 협상에 나서는 이유이자 모든 것이라 해도 과언이 아니다. 몇 가지 예를 들어보자.

개인 관심사

야망, 이미지, 지위, 실적, 더 가지려는 마음, 경력 관리 등이 모두 내재 동기가 될 수 있다. 개인 관심사는 개인적 금융 이익, 일자리 지키기, 개인적 발전 등과 같이 각기 다른 성격을 띨 수도 있다.

업무상 이해

이것은 과업이나 책임과 관련된 이해관계이다. 수익 창출, 규모 확대, 이익 최적화, 협력 강화, 혁신 촉진, 문제 해결, 고객 만족 증대 및 관계 지속 등이다. 이 이해관계에는 층위가 있어서 어느 것이 다른 것보다 더 중요한 경우가 있다.
서로 다른 방식으로 접근해야 할 세 가지 범주의 이해가 존재하며, 이것은 협상의 상황에서 크고 작게 작용하게 된다.

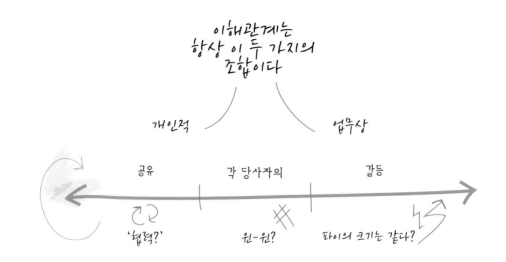

공유 이해

'공동 이해' 또는 '공통 이해'라고도 불리는 이것은 양측 모두 비슷하게 중요시하는 이해관계를 말한다. 예를 들면 양측이 서로 약속한 사항을 함께 제시간에 완수함으로써 비용을 줄이고 관계를 지속하기를 원하는 경우다. 진정한 파트너십에서라면 공유 이해가 많이 존재할 것이다. 각자는 갈등의 해결이 유용하고도 필요한 일이라고 느끼며 양측 모두 이를 똑같이 소중히 여긴다. 개인적 상황에서도 마찬가지로 수많은 '공유 이해'가 작용하리라고 기대할 수 있다. 사람들은 공통성에 대해 말하면서도 언행이 일치되지 않는 경우가 있다.

각 당사자만의 이해

이것은 어느 한쪽 당사자에게 중요하고 매우 큰 가치가 있으면서도 상대방에게는 해가 없거나 영향을 미치지 않는 이해를 말한다. 이것은 개인적일 수도 있고, 업무에 관련된 일일 수도 있다. 한쪽은 자신의 이미지를 높이는 데 큰 가치를 두지만 다른 쪽은 그런 일에는 별 관심이 없을 수도 있다. 구매 담당자에게는 비용을 낮추는 것이 중요하지만, 그러기 위해 결국 내가 가격을 내려야 한다면 나에게는 손해가 된다. 하지만 상대방의 비용을 낮추면서도 내 이윤에는 영향이 없는 방법이 있을 수도 있다. 각 당사자만의 이해는 얼핏 갈등의 요인으로 보이겠지만 꼭 그렇지만은 않을 수도 있다. 모든 일은 결국 똑같은 파이를 어떻게 나누느냐의 문제일 뿐이라고 말하는 사람들이 있다. "비용을 꼭 낮춰야 하니, 당신이 가격을 내려주시오." 또는 "예산 범위 내에서 움직여야 하므로 좀 도와주셨으면 합니다." 그러나 이 문제는 사안을 어떻게 바라보느냐에 달려 있다. 양측의 이해를 모두 만족시킬 방법도 있다. 각 당사자의 이해는 상호 연결된 것으로, 결국 윈-윈의 해결책이 나타날 수도 있다.

서로 충돌하는 이해

이것은 용어의 정의 그대로 분배에 관한 이슈다. 한쪽이 더 가지면 상대방은 그만큼 잃어야 한다. 최종 결과물을 분배하는 것을 '어색하게' 여기는 경우가 있는데, 그것이 바로 갈등과 긴장을 불러오는 요인이다. 결국 누가 무엇을 얻고, 누가 어떤 일을 하며, 누가 어떤 결과를 가져가는가의 문제이다. 어떻게 추가 수입과 손실, 추가 비용, 시간, 역량 등을 분배할 것인가? 비용은 어느 정도까지 용인되는가? 가장 야단법석을 떠는 사람이 누구인가, 권력을 가진 사람인가, 아니면 지위에 따라, 무작위로, 또는 그저 느낌에 따라 분배가 결정되는가?

나의 관점은 무엇인가

협상이라는 과제를 바라보는 방식의 바탕에 자리한 신념은 무엇인가? 나는 어떤 사고방식을 가지고 있는가? 이 질문은 이미 언급한 몇 가지 딜레마와 관련이 있다. 협상의 역학을 바라보는 이 책의 관점은 이미 언급된 바 있다. 그러면 과연 나는 이 게임을 어떻게 치르고자 하며, 그 바탕에는 어떤 믿음이 있는가? 나는 무슨 일이 있어도 이기기만 하면 되는가?

그게 아니라면 공동 프로세스의 여지를 둘 것인가? 또, 파이를 키우는 방법을 우선시하여 분배할 때가 되었을 때 결국 더 많이 가질 기회를 얻을 것인가?

신념은 사물을 바라보는 관점과 사고, 행동 방식에 영향을 미친다. 의식적이든 무의식적이든, 신념은 나의 준비상황과 전술, 전략, 더 나아가 얻어낸 성과에 대한 인식에까지 영향을 미친다. 이른바 '패러다임'이라고 하는 몇 가지 유명한 협상원칙을 살펴보고자 한다. 누군가가 긴장된 상황과 갈등에 어떻게 대처하는지를 종합한 결과를 '잠깐만 둘러봐도' 그 사람이 어떤 스타일을 선호하는지 파악할 수 있다. 이를 통해 자신에 관해 얼마나 알 수 있는지 살펴보자.

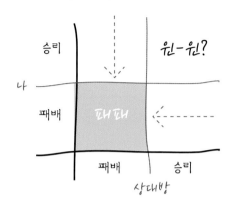

나의 목적은 무엇인가?

승리

나

패배

패패

원-윈?

패배   승리

상대방

고정된 파이   또는   파이 키우기

우리가 많이 들어본 협상 패러다임 중에 '가능한 한 많이 얻어내라'라는 말이 있는데, 이것은 협상을 대하는 어떤 원리를 풍자하는 표현이다. 협상에 나선 이유는 이기는 것이다. 아마 어떤 대가를 치러서라도 이겨야 하는지도 모른다. 그렇게 되면 협상이란 얻어낸 결과물을 어떻게 나누느냐의 문제로, 가능한 한 많이 얻어내는 것이 목적이 된다. 파이의 크기는 고정되어 있고 오로지 그것을 어떻게 나누는가가 문제일 뿐이다.

관계에는 그다지 큰 중요성을 부여하지 않는다. 양측이 모두 "나만 중요하고, 당신보다는 내가 더 가져야 해"라는 태도로 접근한다면 쌍방의 언어는 즉각 충돌을 일으키고 교착 상태에 빠지게 된다.

이제 문제는 이런 태도가 나의 이해에 도움이 되느냐이다. 비즈니스를 장기간 지속하기 원한다면, 상대방에게 해를 입혀가며 단기 이익을 극대화하는 것이 과연 내 이익에 맞을까? 그렇지 않다면 파이를 키워 여러 당사자에게 더 많은 몫이 돌아가게 하는 것이 낫지 않을까? 파이를 더 키울 수 없는 경우, 양측 모두에게 바람직하면서도 달성 가능한 건설적인 해결책을 찾아볼 의지가 있는가, 아니면 오로지 자기 자신만 바라보는가? 사람들은 의식적이든 그렇지 않든, 관계 유지와

좋은 거래 사이에서 저울질하며 한쪽을 선택하는 경우가 많다. 이때 그들은 관계에는 관심을 두지 않고 좋은 거래를 이루어내는 데에만 집중한다. 오로지 이기기 위해 협상에 임할 뿐이다. 승리는 존경받을 만한 일이기도 하다. 어떤 협상에서든 승리는 내가 반드시 얻어야 하는 것으로 당연시된다. 아울러 승리자를 치하하는 것은 합당하고 논리적인 일이다. 왜냐하면 우리는 목표를 달성하고 성공을 이룬 사람들을 우러러보기 때문이다. 그러나 그 승리가 다른 사람의 희생을 바탕으로 하거나 수단과 방법을 가리지 않은 결과라면 문제가 된다. '승자독식'은 아직 쉽게 옹호할 수 있는 가치가 아닌 것 같다.

'가능한 한 많이 얻어낼' 것인가, 건설적인 협력을 추구할 것인가? 나인가, 우리인가?

이 질문에 대한 대답은 상황에 따라 달라진다고 말하는 사람도 있다. 거기에는 그럴 만한 이유가 있다. 구매 담당자들이 여기에 대해 훌륭한 틀을 마련해두었다. 필자는 그것을 조금 변형해서 표현했지만(다음 페이지 참조), 결국은 다음과 같은 내용으로 집약된다. 즉, 누군가의 상품이나 서비스에 크게 매달리지 않고도 비슷한 대안을 많이 확보하고 있다면, 그들에게 의존하지 않고 협상에서 당당한 태도를 고수하여 많은 것을 얻어낼 수 있

행동 → 반응

행동 → 반응

결과?

상대에게 야박함

같은 위치

건설적 대화?

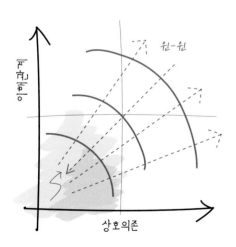

인간관계

원-원

상호의존

다는 것이다. 필자도 이 말이 맞는다고 생각한다. 문제는 구매자로서 나의 위치를 어디까지 내세울 것이냐, 또는 공급자의 처지에서는 과연 어디까지 견딜 수 있는가 하는 점이다. 칼같이 냉정한 협상 태도를 보이는 것이 잘못은 아니다. 그렇다면 문제는 협상 내용과 인간관계의 측면에서 어디까지가 그 한계선인가 하는 것이다.

협상 당사자들이 서로를 중요시하고, 진정으로 서로에게 중요한 역할을 하며, 또 상호의존적인 태도를 보여주는 흥미로운 파트너십 사례는 실제로 많이 존재한다. '교체 비용'이 높아서 어쩔 수 없이 협력하는 경우도 있을 것이다. 그러나 양측이 서로에게 매우 필요한 존재이면서도, 긴장과

갈등을 빚는 온갖 게임이 벌어지는 모습을 볼 수 있다. 사실은 서로 원-원 관계에 있으면서도, 마치 상대방이 중요하지 않거나 상호의존 관계가 아닌 것처럼 행동하는 경우도 있다. 온갖 모습의 교착 상황이 벌어지고 금방이라도 판이 깨질 것 같은 상황이 오기도 한다. 그러면 사람들은 믿을 수 없다는 듯이 이렇게 생각한다. 어쩌다 상황이 이렇게 되었을까? 왜 아무도 나서지 않는 것인가? 어째서 우리가 서로에게 이렇게도 까다롭게 굴었을까? 그러면서도 우리는 프로세스 진행 과정에 어떤 문제가 있는지는 전혀 모른 채 계속 발버둥만 치고 있다.

'가능한 한 많이 얻어낸다'라는 태도로 협상에 접

근할 때 지위의 역학 관계가 조성되곤 한다. 한쪽이 특정 위치를 주장하면, 상대방은 그에 대응하여 자신의 위치를 내세운다. 서로의 처지를 옹호하기 위한 논쟁이 난무하면서, 공격과 방어의 역학 관계가 조성된다. 작용과 반작용의 전형적인 패턴이다. 이렇게 되면 시간이 소모되고 관계와 성과 측면에서 모두 압박을 받게 된다. 사람들은 이 게임이 원래 그런 것이므로 당연하다고 말한다. 그 결과 누가 보더라도 역효과가 초래되는데도 관련자들은 이를 감수하는 일이 벌어진다. 프로젝트에 시간과 돈이 너무 많이 들어가고 일이 커질 대로 커져 마침내 중역진에게 보고된 다음에야 문제가 해결되고 원상 복귀에 이른다. 그런 상황에 대처하지 못한 무능 탓에 너무 큰 대가를 치른다. 필자의 최우선 관심사는 어떻게 하면 건설적 협력을 통해 파이를 맞있게 굽고, 또 키울 수 있느냐다. 그렇게 되면 양측 모두에 더 많은 이익이 돌아갈 것이다. 물론 이것이 언제나 타당한 것은 아니고, 심지어 바람직하지 않은 경우도 있겠지만, 기본적인 태도, 즉 행동의 기초가 중요하다는 점을 강조하고자 한다.

상황이 긴박해질수록 기본 태도와 반응 패턴이 가장 잘 드러난다. 상황이 어떻게 흘러가는지 살펴보기로 하자.

갈등의 상황에 대처하고 협상하기: 어떤 스타일을 선호하는가

이런 맥락에 널리 사용되는 도구로 토마스 킬만Thomas Kilmann 설문지가 있다. 또 이에 비견할 만한 것으로 더치DUTCH*를 들 수 있다. 이 진단법은 반 드 블리트Van de Vliert의 연구에 기초를 두며, 이후 드 드루를 비롯한 연구진들로부터 검증된 것이다. 설문지를 활용하면 갈등 상황에 대처하는 자신의 스타일을 엿볼 수 있다. 갈등 상황이란 결코 간격을 메울 수 없을 것 같은 불일치가 존재하고, 압력이 가해지는 환경을 말한다. 사람은 모두 이기적인가, 아니면 협조적인가? 회피하고 후퇴하는 스타일인가(A), 손해가 되더라도 수용하고 양보하는 스타일인가(B), 협력으로 문제를 해결하고자 하는가(C), 경쟁에 뛰어들어 즐기는 스타일인가(D)?

중도적 위치를 다른 말로 '타협'이라고도 부르지만, 필자는 이를 협상가 위치라고 부른다. 유능한 협상가는 현 상황을 파악한 채 유연하고 신속하게 대응한다. 그들은 자신의 행동에 책임을 질 준비가 되어 있다.
강좌 참가생들의 답변을 임의로 선택하여 사례 연구에 포함했다. 설문에 응답한 후 목록의 왼쪽

*네덜란드식 갈등 대처 진단법

아래에 설명된 다섯 가지 선호 스타일별로 자신의 점수를 합산해보라. 갈등에 대처하는 나의 선호 스타일은 무엇인가? 이미 살펴본 앞 장의 내용을 생각해보라. 나는 어떤 관점을 가지고 있는가?

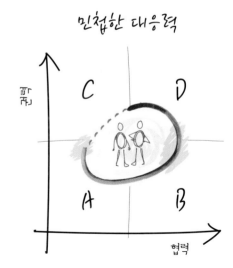

사례 점수		절대로 그렇지 않다	거의 그렇지 않다	가끔 그렇다	자주 그렇다	거의 항상 그렇다
1	나는 상대방이 원하는 바에 따라 양보한다.	1	**2**	3	4	5
2	나는 양측 모두 진정으로 만족할 해결책을 찾을 때까지 쟁점을 연구한다.	1	2	3	4	**5**
3	나는 타협안을 찾고자 한다.	1	2	**3**	4	5
4	나는 서로의 차이를 놓고 맞서는 것을 피한다.	1	2	**3**	4	5
5	나는 나의 위치를 내세운다.	1	2	**3**	4	5
6	나는 상대방이 옳다는 점을 인정한다.	1	2	**3**	4	5
7	나는 나의 목적과 이해를 주장하면서도 다른 사람들의 목적과 이해 역시 존중한다.	1	2	3	**4**	5
8	나는 우리가 중도적 해결책을 모색해야 한다는 점을 강조한다.	1	**2**	3	4	5
9	나는 가능한 한 의견 차이가 발생하지 않도록 한다.	1	2	3	4	5
10	나는 이익을 창출하기 위해 노력한다.	1	2	3	**4**	5
11	나는 중간쯤에서 타협하려고 한다.	1	**2**	3	4	5
12	나는 양측의 생각을 모두 검토하여 서로에게 최적의 해결책을 찾기 위해 애쓴다.	1	2	3	**4**	5
13	나는 양측이 모두 자신의 요구를 약간씩 양보해야 한다고 주장한다.	1	2	**3**	4	5
14	나는 차이점을 있는 그대로 드러내지 않도록 노력한다.	1	**2**	3	4	5

	사례 점수	절대로 그렇지 않다	거의 그렇지 않다	가끔 그렇다	자주 그렇다	거의 항상 그렇다
15	나는 나에게 좋은 결과를 얻기 위해 싸운다.	1	**2**	3	4	5
16	나는 상대방의 관심사와 목적에 맞춰 내 위치를 조정한다.	1	2	**3**	4	5
17	나는 나와 상대방의 이해를 모두 충족시키면서도 실행 가능한 해결책을 모색한다.	1	2	**3**	4	5
18	나는 가능하면 타협안을 도출해내려고 한다.	1	2	**3**	4	5
19	나는 상대방과의 대립을 피하려고 노력한다.	1	2	**3**	4	5
20	나는 무슨 수를 쓰더라도 이기려고 애쓴다.	1	2	3	4	5
	수용형: 1번과 6번, 11번, 16번 질문의 점수를 합산하시오.	10				
	해결형: 2번과 7번, 12번, 17번 질문의 점수를 합산하시오.	17	이 스타일을 선호함			
	타협형: 3번과 8번, 13번, 18번 질문의 점수를 합산하시오.	10				
	회피형: 4번과 9번, 14번, 19번 질문의 점수를 합산하시오.	12				
	경쟁형: 5번과 10번, 15번, 20번 질문의 점수를 합산하시오.	12				

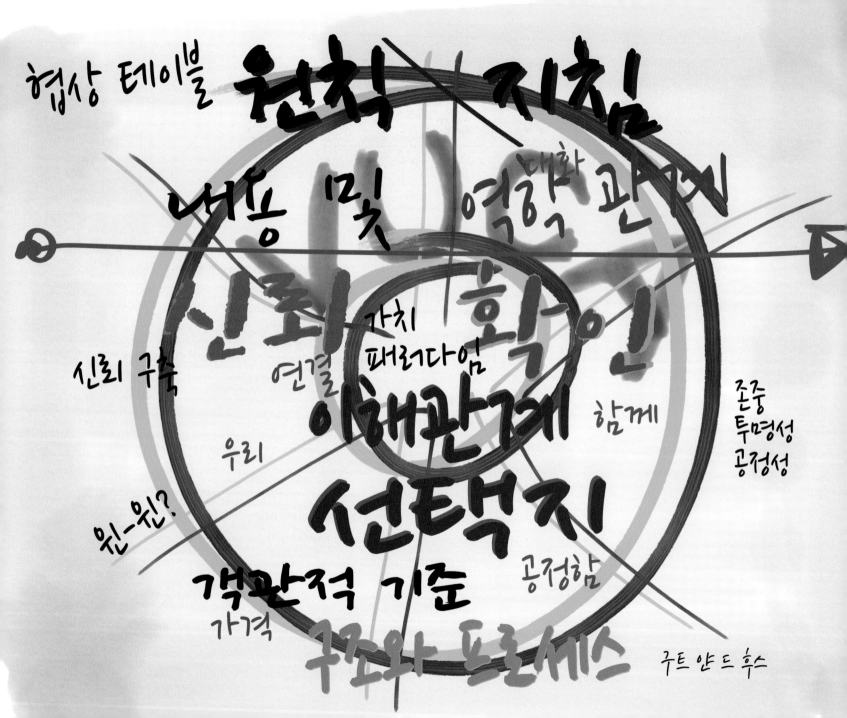

여정:
사고와 행동을 위한
가치와 지침

협상을 제대로 준비하는 데 효과적인 방법을 찾으려면, 어떤 가치를 추구해야 하는지 몇 가지 검토해보기로 하자. 상대방을 대할 때 어떤 가치를 바탕으로 삼고자 하는가, 또 협상이라는 과제에 늘 등장하는 일곱 가지 딜레마에는 어떻게 대처할 것인가? 일곱 가지 지침은 일곱 가지 딜레마에 어떻게 대처하는가라는 질문에 대한 대답이다. 이후로 우리는 일곱 가지 지침을 행동에 필요한 중심 사상으로 삼는다. 또 이를 심층 탐구하는 데 필요한 통찰과 시각을 소개한다. 차근차근 살펴보자.

열린 마음, 존중, 공정성

사람은 이기적인가, 협력적인가? 협상은 오로지 분배의 문제일 뿐인가, 파이를 먼저 키우는 일도 가능하다고 보는가? 이미 언급했듯이, 이런 사고방식은 수완을 발휘하는 데 상당한 영향을 미쳐 행동 방식까지 결정한다. 그뿐만 아니라 당사자들이 어떤 의도를 가지고 서로를 대하는지도 생각해볼 수 있다. 상대방을 향한 태도가 열린 마음과 존중, 공정성에 바탕을 두고 있으면 더 좋은 관계와 합의를 끌어낼 수 있다고 믿는다. 이런 덕목이야말로 모든 것의 토대가 되는 핵심 가치이다.

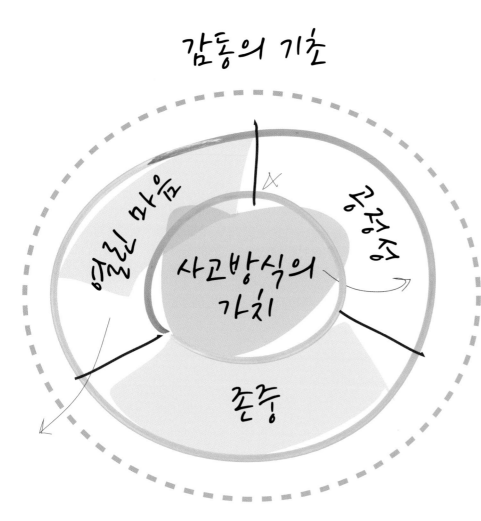

감동의 기초

열린 마음

공정증

사고방식의 가치

존중

열린 마음

열린 마음과 매력적인 태도로 상대를 대하면 보다 빨리 좋은 관계와 해결책을 만들어낸다. 상대방이 중시하는 것이 뭔지도 모르고 필요한 정보가 드러나지도 않은 상태로는 좋은 해결책과 합의를 끌어내기 어렵다. 자신의 이해관계에 대해 솔직하지 못하다면 그 이해가 해결책에 반영될 가능성도 작아진다. 양쪽 모두에 마찬가지다. 그렇다고 마냥 순진할 수만은 없다. 열린 마음에도 한계가 있으며 가진 카드를 모두 테이블에 내놓아서는 안 된다. 내가 가진 모든 것을 공유하면 무방비 상태가 되어 상대방이 악용할 수도 있기 때문이다. 열린 대화를 요구할 '권리조차' 허락되지 않고 단계적으로 신뢰를 쌓아가야 했던 시절도 있었다. 오랜 시간이 지나야 비로소 신뢰가 싹트는 문화 환경도 있다. 신뢰는 걸어서 찾아오고, 말을 타고 달아난다는 네덜란드 속담이 있다. 힘들여 쌓아놓은 모든 것이 순식간에 사라질 수도 있으므로 소중히 여겨야 한다는 의미다.

내가 먼저 마음을 열지 않으면서, 상대방에게 열린 태도를 기대할 수 있을까? 다시 말해 내가 먼저 마음의 철조망을 거두고 건설적인 태도를 보여야 상대방도 열린 마음을 가질 수 있다. 마음의 준비가 되었다면 이제 실제로 어떻게 열린 분위기를 조성할 것인가가 문제다. 한계선은 어디까지이며, 투명성이 결여된 상황에는 어떻게 할 것인가? 사람들이 자신의 이해관계와 의견을 기꺼이 밝힐 수 있도록 편안한 환경을 조성하는 것도 하나의 기술이다. 관계에 투자하고, 상대방에게 관심을 기울이며, 진정한 이해를 보여준다면 사람들은 분명히 자신의 마음을 열 것이다. 열린 마음을 갈망할 수는 있다. 그러나 그것을 강요할 수는 없다.

존중

사람은 누구나 기본적으로 상대방을 존중하려는 의향이 있다. 의견 대립이 너무나 심해서 갈등이 빚어질 수도 있고, 남의 의견에 동의하지 않고 다른 의견을 낼 수도 있지만 그런 상황에서도 서로를 존중할 줄 아는 것이 바로 기술이다. 상황을 있는 그대로 받아들여라. 상대방의 생각이 다를 수도 있다는 사실, 그리고 허용할 수 있는 한계선, 또는 그 너머에서 상대방이 게임을 펼칠 수도 있다는 사실을 인정하는 것이다. 물론 한계선은 존재한다. 그것은 나에게나 상대방에게나 마찬가지다. 존중하는 마음으로 그에 걸맞게 행동하면 상대방 역시 그럴 것이라 기대해봄 직하다.

공정성

공정성이란 존재하지 않는다고 말하는 사람들도 있다. 나의 이해가 달린 상황에서는 공정할 수 없는 것이 당연하다면서. 그러나 그렇지 않다. 공정성은 마치 음악의 화음과도 같다. 상대방이 희생되더라도 되도록 많이, 빨리 얻어내는 것이 목표가 되어서는 안 된다. 더군다나 파이를 나누기 시작할 때는 그래서는 안 된다. 공정한 원칙에서 출발하여 해결책을 찾기 위해 노력한다면 상대로부터도 같은 것을 기대할 수 있다. 그것이 언제나 변함없는 진리일까? 물론 그렇지는 않다. 그것을 나의 출발점으로 삼을 수는 있지만, 다른 사람의 관점은 다를 수 있다. 사람들이 나와 같은 관점으로 사물을 바라보게 하는 것이 바로 협상가가 직면한 과제다.

사람들은 왕복 이차선로를 오고 가듯 응답을 받고 싶어 한다. 열린 마음과 합리적 태도를 보여주고 상대로부터도 같은 것을 받기 원한다. 상대방을 존중하는 마음으로 대하면 그들 역시 똑같은 태도를 보일 것이라고 기대한다. 다행히도 이런 기대는 어느 정도는 맞아떨어져 심은 대로 거두는 경우도 많다. 하지만 그것이 언제나 변함없는 진리는 아니다. 기대가 무너질 때도 있다. 긴장이 고조되고, 게임이 펼쳐지며, 기본 태도가 서로 다른 사람들과 마주쳐야 할 때도 있다. 자신을 무방비 상태로 만들어(순진하게 속마음을 내보여) 상대방이 이용해먹도록 내버려 두어야 한다고 말하는 것은 아니다. 우리의 과제는 서로 다른 접근방식을 가진 사람을 상대로, 기본 전제에서 출발하여 얼마나 민첩하고 유연하게 대응하느냐 하는 것이다. 필요할 때는 단호하게, 적절한 순간에는 열린 마음으로, 그리고 갈등이 있더라도 상대에 대한 존중을 거두지 않는 자세를 유지해야 한다.

그런 맥락 속에서 또 다른 사실을 한 가지 공유하고자 한다. 하버드 대학교 심리학과 에이미 커디Amy Cuddy 교수는 첫인상에 관한 연구를 수행한 바 있다. 연구 결과, 사람들은 모르는 사람을 만나면 우선 두 가지 질문으로 상대방을 가늠한다는 것이 밝혀졌다. 하나는 '상대방을 신뢰할 수 있는가?'이고, 또 하나는 '상대방이 나를 존중하는가?'이다. 자신이 얼마나 많은 지식과 경험을 갖추고 있는지 상대방에게 보여주는 것이 중요하다고 생각하는 사람들이 많다. 그러나 실제로 사람들은 전혀 다른 잣대로 나를 가늠한다. 풍부한 지식과 경륜보다는 열린 마음과 존중, 공정성을 가지고 사람을 대하는 것이 좋은 분위기를 만드는 지름길이다.

일곱 가지 지침

그러면 앞에서 말한 딜레마들에 어떻게 대처할 수 있을까? 그런 딜레마는 협상이 진행되는 모든 상황에 등장할 것이다. 위에서 설명한 가치들이 그 기초가 된다. 일곱 가지 지침이 해답을 제공한다. 각 지침을 하나하나 취해가며 어떤 상황에나 적용될 수 있다. 그 지침은 준비 과정과 협상, 그리고 평가 및 개선 계획에 영향을 미친다. 그 모든 것들이 합하여 협상 테이블에서 자연스러운 절차가 구현되는 장면을 목격할 수 있을 것이다. 지금부터는 먼저 일반적인 차원에서 지침을 거론하고, 그것을 구체적으로 보여주는 사례를 제시한다. 그러면 전술적, 전략적 구성요소들이 드러날 것이다. 먼저 논의할 주제는 의사소통에 관한 두 가지 지침으로, 내가 어떤 행동을 취하든 끊임없이 작용하는 것이다. 이 지침을 명시적이든 암시적이든 어느 정도까지 표현하고자 하는가는 맥락(문화적이든 다른 면에서든)에 따라 달라진다. 여기에 대해서는 나중에 더 상세하게 설명할 예정이다(159페이지 참조).

관계와 내용

회의 도중에, 제대로 논의가 진행되지도 않는 데다 참석자 중 일부가 말을 아끼기 시작한다는 사실이 느껴진다고 하자. 무슨 일이 일어나고 있는가? 나는 어떻게 할 것인가? 어떤 큰 프로젝트의 킥오프 미팅이 진행되는 상황을 가정해보자. 진행할 프로젝트에 대해 서로 다르게 인식하고 있

다는 것이 느껴진다. 이런 상황에 대해 충분히 논의한 적도 없었고, 이런 사실을 떠올리는 것만으로 이미 마음이 불편하다. 프로젝트를 먼저 시작하는 것이 더 낫겠다는 생각이 든다. 대화를 시작했지만 서로 교감을 나누지 못한다. 그저 동문서답만 주고받는 것 같다. 누군가 짜증을 내는 것도 느껴지고, 나를 향해 비상식적인 언급이 오가는 것도 들린다. 나는 금세 분위기에 짓눌린다. 말문

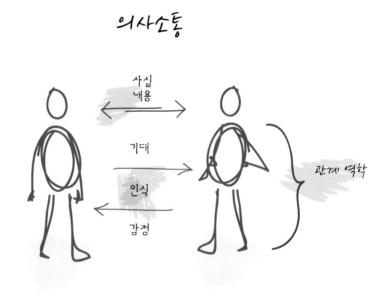

의사소통

사실
내용

기대

인식

감정

관계 역학

이 막히고 뭘 어떻게 해야 할지 모르는 상태가 된다. 중요한 회의임에도 사람들이 감정에 휘둘려 잘못된 결정을 내린다는 생각이 든다. 회의에 참석하고는 있지만, 정당한 수준을 넘어선 행동을 하도록 압박받고 있다. 저들이 나의 평정심을 흔든 것은 이미 한두 번이 아니다.

의사소통에는 불분명한 일들과 가정, 암묵적 기대, 감정 등이 개입될 수밖에 없다. 이런 모든 일이 나를 난처하게 만든다. 이 문제를 해결하는 데 도움이 되고자, 먼저 의사소통의 전반적 내용에 관해 이야기해보도록 한다. 그림에서 보듯이 사람들 사이의 의사소통은 다양한 차원에서 이루어진다.

• 나의 발언에는 언제나 본질적이고 사실에 근거한 정보가 담겨 있다. 물론 그렇지만, 한편으로는…
• 서로에 대한, 또는 상황에 대한 암묵적, 명시적 기대를 품는다.
• 서로에 대한, 그리고 상황에 대한 그림을 떠올린다. 다시 말해, 비전, 인식, 그리고 인상을 품는다. 서로를 어떻게 바라보는지, 또…
• 서로에 대한, 또는 상황에 대한 느낌과 감정이 있다. 만족감이나 기쁨을 느낀다. 상대방이 내 말을 경청하며 내가 인정받고 있다고 느낀다.

혹은 서로가 동문서답만 하고 있으며, 짜증을 내거나 실망에 빠진다.

관계의 수준은 밑바닥에 흐르는 분위기와 일치한다고 볼 수도 있다. 관계의 역학은 서로가 어떻게 상호작용하고 영향을 미치는가에 관한 문제다. 우리는 서로에 대한, 그리고 상황에 대한 인상을 받고 또 기대하며, 언제나 감정이 개입된다. 밑바닥에 흐르는 기류는 그 위에 존재하는 층위에 영향을 미친다. 바닥의 기류가 긍정적이면 실질적 토론이 쉽게 진행될 수 있다. 신뢰를 형성하고 유지하며, 서로에 대한 이해를 증진코자 한다면 관계에 주의를 기울여야 한다. 그러나 관계에 지나치게 몰입하다 보면 정작 협상 내용에는 집중하지 못해 사안을 분명히 직시하지 못할 위험도 있다.

밑바닥에 긴장의 흐름이 조성될 때는 내용을 제대로 논의하는 것이 더욱 어려워진다(심지어 불가능할 때도 있다). 감정이나 상황에 대한 특정한 인식 때문에 어느 한쪽이 제대로 경청하거나 유대를 맺지 못하게 된다. 사람들이 서로에 대한 기대를 명확히 표현하지 못하면 회의에는 많은 잡음이 섞이고 서로 동문서답만 주고받게 된다. 이렇게 되면 회의는 진전이 없이 정체된다. 사람들은 서로를 이용하고, 자신이 손해 봤다고 생각해

이를 갚으려고 감정에 호소한다. 압박감을 느끼거나 그러면 안 되는 줄 알면서도 감정적 압력에 굴복하고 만다. 협상의 내용과 관계의 측면은 끊임없이 뒤얽힌다. 관계에 긴장이 조성되는 것은 저절로 그렇게 될 수도 있지만, 어느 한쪽이 협상에서 더 많은 것을 얻어내기 위해 고의로 그럴 수도 있다.

지침 1은 밑바닥의 흐름과 표면적 움직임을 보다 의식적으로 다루는 데 도움이 되는 내용이다. 이 지침은 단순히 의사소통에 관한 내용이 아니라, 프로세스 전반에 걸쳐 적용되는 것이다. 여러분을 위해 마련된 그 지침을 다음 페이지에서 확인해보자.

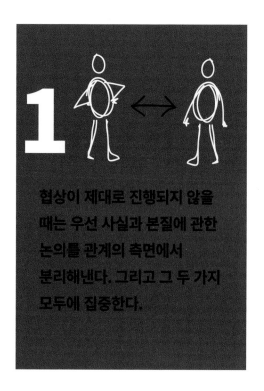

1 협상이 제대로 진행되지 않을 때는 우선 사실과 본질에 관한 논의를 관계의 측면에서 분리해낸다. 그리고 그 두 가지 모두에 집중한다.

이 지침에는 몇 가지 차원이 있고, 따라서 다음과 같은 다양한 방법으로 적용할 수 있다.

- 협상을 준비할 때 잠깐이라도 시간을 내어 곧 있을 회의에 대한 자신의 감정을 정확히 인지하고 있는지 확인해본다. 이것은 감정이 끼어들어 고요하고 명확한 사고를 방해하는 상황에서 특히 더 중요하다. 협상에 임하는 정신 자세를 준비하라. 그리 긴 시간이 필요한 것도 아니다. 이것은 기본적으로 메타인지*에 관한 내용이다. 무엇을 경험하고 느끼는가? 감정의 근본 원인은 무엇인가? 무엇을 걱정하는가? 불필요하게 자신을 구석에 몰아넣고 있지는 않은가? 자신의 상황을 점검하며 사실 여부를 확인해보자. 이 문제를 다른 사람과 대화해보는 것도 좋은 방법이다. 이렇게 준비를 하는 것만으로도 침착한 태도를 보일 수 있다.
- 상대방의 처지에서 그들의 방식으로 느껴본다. 그들의 위치에서 자신을 바라보고, 그들이 나와 이 상황을 어떻게 인식하는지, 어떤 기대를 하고 있을지 생각해본다. 양측이 바라보는 인식과 기대를 검토한 후 그것이 협상을 방해하고 있는지, 그리고 내가 거기에 명시적으로 주의를 기울일 것인지를 판단한다.
- 회의 중에는 항상 관계 측면에 집중한 후 내용

으로 들어간다. 관계에 투자함으로써 훌륭한 이해, 즉 존중과 배려를 얻는 데 공을 들인다.
- 감정을 드러내거나 언급하는 것을 재고한다. 그런 행동은 자신에게 방해가 될 뿐만 아니라 협상의 진행을 가로막을 수 있기 때문이다. 생선을 테이블에 올려놓아야 다른 사람들이 모두 보고 어디서 이상한 냄새가 나는지 궁금해하지 않는다는 이탈리아 속담이 있는 것은 사실이다. 그러나 자신의 감정을 표현하는 것은 바람직하지도, 적절하지도 않은 행동이 될 수 있다. 그 정도로 관계가 돈독하지 않다면 말이다. 따라서 우선 그 감정의 원인이 무엇인지 살펴본 다음, 만약 가능하다면 그것에 관해 이야기해볼 수 있을 것이다. 서로에 대한 기대가 무엇인지 불분명하다고 느낀다면 그에 관해 이야기해볼 수 있다. 아울러 협상의 진행과 서로에 대한 신뢰를 가로막는 인식이 있다면 어떤 것이든 먼저 논의한 후에 다음 단계로 나아가야 할 것이다.
- 나에게 비현실적인 기대를 불어넣으며 압박하는 것도 게임 일부가 될 수 있다. 즉, 부정적인 이미지를 조성하여 감정적으로 압력을 가하는 것이다. 이것은 '상대방이 게임을 펼친다면 어떻게 할 것인가'에서(163페이지 참조) 상세히 살펴볼 것이다. 다만 여기서는 관계의 역학과 내용

---

* 자신의 인지 과정에 대한 생각, 자신이 아는 것과 모르는 것을 자각하는 것

자신을 관리하라

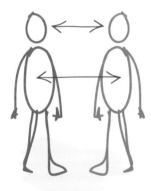

상호작용을 관리하라

을 서로 분리함으로써, 진행되는 게임에 휘둘려 실질적으로는 잘못된 방향의 결정을 내리는 오류를 범하지 않는 것이 중요하다는 점만 언급해둔다. 이 점에 관해서는 지침 2와 5를 함께 참조하기 바란다.

지침 1은 여정이 끝날 때까지 우리를 따라다닐 것이다. 밑바닥에 흐르는 기류와 표면상의 흐름을 늘 확인하고, 그 두 가지가 고의로든 우발적으로든 혼선을 빚을 때는 책임을 져야 한다.

사례

고객이 짜증을 내면서 화난 목소리로 이렇게 말한다. "이 협력은 유효하지 않은 것 같군요. 이제 끝냅시다. 더 논의할 필요도 없습니다." 여기에는 분명히 감정이 개입되어 있고, 따라서 내용에도 영향을 미쳐 문제를 일으키고 있다. 이럴 때는 감정을 허심탄회하게 터놓은 후에 실질적인 내용을 토의하는 것이 좋다. 예를 들면 이렇게 하는 것이다. "프레드, 내가 보기에는 당신이 좀 화가 나 있는 것 같은데요. 당신 생각에는…" 그 대목에서 감정에 관해 언급하는 것이 좋다. "프레드, 나는 좀 걱정됩니다. 지금 상황에 기분이 언짢으신 것 같은데요. 어떤 점에 신경이 쓰이시는 거죠?" 이로써 그에게 '테이블에 생선을 올려놓을' 기회를

제공한 셈이다. 상대방이 표현한 감정에 적절한 관심을 보인 만큼, 상대방은 내가 경청하고 있다는 사실을 깨닫고 비로소 실질적인 내용을 토의할 준비가 된다. 화내는 행동은 말로만 그러는 것일 뿐 실제로는 별로 심각한 것이 아니다. 먼저 감정을 이해하고 거기에 집중할 줄 알아야 한다. 그런 다음에야 비로소 내용 면에서 해결책을 논의할 수 있다.

협상 진행을 가로막는 부정적 인식을 감지했을 때는 먼저 거기에 집중해야 한다. "우리가 이 상황을 바라보는 방식이 서로 다른 것 같군요. 논의를 계속하기 전에 잠깐 그 문제를 짚고 넘어가면 어떨까요?" 또는 이렇게 말할 수도 있다. "바람직한 성과에 대해 우리가 서로 다르게 생각하고 있는 것 같네요. 먼저 그 점을 살펴보고 다음으로 넘어갑시다." 각자 기대가 다르고 서로 동문서답하고 있다는 것을 깨달았다면 그에 대해 뭔가 조처를 해야 한다. "바니, 우리가 협력해서 얻을 결과에 대해 기대하는 바가 서로 다른 것 같아요. 우선은 각자가 기대하는 바를 분명히 한 다음, 계속 진행하려면 어떻게 해야 좋을지 생각해봅시다." 계속 진행하는 것이 바람직하지 않다고 판단되면 그 점을 말하는 것이 중요하다. "프레드, 사실은 이 점이 마음에 들지 않습니다. 우리는 이

"데이터를
손에 쥐고 있지 않으면
당신은 그저 다른 의견을 가진
또 한 명에 불과하다."

-W. 에드워즈 데밍

문제를 다루는 방식에 이미 합의했었는데 그대로 지켜지지 않았네요. 저한테는 그게 매우 중요해요. 잠시 시간을 내서 그것부터 짚고 넘어갔으면 합니다."

협상 내용과 인간관계를 항상 분리해야 할까? 그 둘을 섞는 것이 가장 큰 관심사라면 어떨까? 다시 말해, 그 둘을 적절히 이용할 방법은 없는 것일까? 물론 첫 번째 원칙은 나의 이해가 존중되지 않고 협상에 진척이 없을 때는 잠시 멈추고 생각을 해보는 것이다. 바로 이럴 때야말로 실질 내용과 관계의 역학을 서로 명확하게 분리해야 한다. 그 둘을 섞는다면 그것은 관계를 강화하겠다는 목적 때문이다. 서로의 관계가 우호적이라면 협상 내용도 더 부드럽게 다룰 수 있다. 어쩌면 지나칠 정도로.

예를 들면 상대방에게 감정적으로 대응해서 압박할 수도 있을 것이다. 기대를 분명하게 표현하지 않으면서 회색지대를 남겨두고, 점점 그 모호함을 부풀려 나중에 이를 이용할 수도 있을 것이다. 과거의 온갖 불만들을 끄집어내어 상대방의 신경을 거슬리게 할 수도 있다. 고의로 게임을 펼치면서 회의에서 고압적인 태도로 선수를 치면서 가능한 한 많은 것을 얻어낼 수도 있을 것이다. 상대방이 그러한 묘책에 속수무책으로 당하는 사람

들이라면 많은 것을 얻어낼 수 있을 것이다. 그러나 상대방 또한 게임을 펼칠 준비가 되어 있다면 진검 승부가 펼쳐져서 과연 누가 이길 것인지, 먼저 눈을 깜빡이는 쪽이 누가 될지 아무도 모르게 될 것이다.

그런 게임에는 반드시 도덕적인 한계가 있다. 따라서 내가 어떤 역할을 하든, 게임을 강하게 밀어붙이는 것이 과연 나의 이해에 진정으로 부합하는지(장기적인 효과를 포함해서) 자문해볼 수 있다. 상대방에게 불리한 거래를 받아들이라고 강요할 수도 있다. 그러면 단기적으로는 원하는 것을 얻을 수 있다. 그러나 과연 중장기적으로도 그것이 통할까? '상대방'은 자신에게 유리한 거래를 얻어내기 위해 어떻게 행동할까? 정말 위험을 무릅쓰고 이런 식으로 나가도 될까? 그것은 아무리 봐도 전형적인 '소탐대실'에 해당한다. 어디까지나 내가 이루어낸 계약상의 행동일 뿐이므로 당한 상대방이 잘못이라고 생각할지도 모른다. 그러나 과연 그런 태도가 나에게 도움이 될까? 그리고 결국 법정 다툼으로까지 이어졌다고 하자. 그것이 나의 이해관계에 도움이 될까? 중도적 방법은 없는 것일까?

앞에서 언급했던 가치, 즉 존중과 열린 마음, 공정성 등이 행동의 시금석이 될 수 있다. 때로는

강자의 위치에서 협상을 진행하여 많은 것을 요구할 수도 있다. 이럴 때는 과연 어느 선까지 허용될까? 마치 아슬아슬한 줄타기와 같다. 그것이 바로 협상이 필요한 이유이기도 하다. 여정에 나섰지만 훼방꾼이 나타날 수도 있다. 평탄한 항해가 이루어지지 않는다는 사실을 깨닫고 무언가 조처를 해야 할 수도 있다. 계속 진행할 수도 있지만, 잠깐 멈춰 다시 한번 뒤돌아보는 것이 더 낫다. 자신의 의지와 상관없이 멈춰야 할 때도 있는 법이다. 그런 다음에는 행동해야 하고, 지침 1을 적용해야 한다. 때로는 개입을 원하여 진행을 멈추는 주체가 자신이 될 수도 있다.

지침 1에 따라 모든 것을 관찰하고 경청하면 사물이 다른 관점으로 보이고 의사소통의 특성을 좀 더 분명하게 인식할 수 있다. 그렇게 함으로써 유대를 강화하고 더욱 효과적으로 행동할 수 있다.

신뢰와 검증

"좋습니다. 그렇게 준비하겠습니다."

"그 제안에 합의했다고 이해하겠습니다."

"귀측 견적 가격은 경쟁사보다 훨씬 더 높습니다."

"지난번에도 그런 식으로 해서 먹혔으니 잘될 겁니다."

"내 생각에는 아무개 파트너와 같이 일해야 한다

고 봅니다. 이번 일에 가장 적합한 경력을 갖추고 있잖아요."

"그건 이미 전체 예산에 포함된 항목이잖아요. 우리는 그 비용을 별도로 지급할 생각이 없습니다."

"문제없습니다. 그 보고서는 월요일까지 제출하겠습니다."

"물론입니다. 해결할 수 있습니다." 모두 어디서 들어본 것 같은 소리인가?

너무 개략적인 정보만 확보하고 있어서 그들이 과연 무슨 말을 하는지 도저히 이해할 수 없을 때가 있다. 정보의 정확성에 의문이 들 때도 있다. 또 고의든 아니든 입수한 정보가 불완전할 때도 있다. 의사결정 근거로 삼은 가정이 정확하지 않은 명제이거나 왜곡된 정보였다는 사실을 깨달을 때도 있다. 회의했지만 결론이 흐지부지하고, 명확한 합의가 이루어지지 못할 수도 있다. 전혀 모르거나 아직 잘 모르는 사람, 그리고 아직 관계를 구축하지 못한 사람들과 의견을 주고받을 때도 있다. 아직 서로에 대한 신뢰도 싹트기 전에, 주고받은 정보가 불완전하거나 왜곡된 것으로 드러나 신뢰는커녕 의혹만 커지는 경우도 있다. 요컨대 협상에서는 언제나 두 번째 딜레마가 작용한다. 여기에 적절히 대응하기 위해 지침 2의 역할이 항상 중요하다.

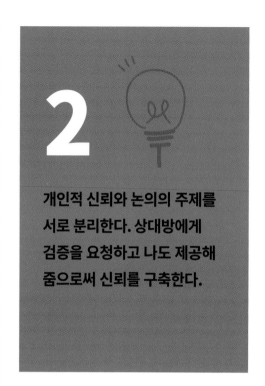

2

개인적 신뢰와 논의의 주제를 서로 분리한다. 상대방에게 검증을 요청하고 나도 제공해 줌으로써 신뢰를 구축한다.

이것은 팀원이나 동료들 사이, 또 공급업체나 고객과의 회의를 비롯한 모든 상황에 적용된다. 상대방과 좋은 관계를 유지하거나 서로를 신뢰하는지 여부에 상관없이, 관련 사안을 확인하는 것이 모든 것을 명확하게 하고 올바른 결정을 내리는 데 큰 도움이 된다.

검증 결과를 제공하고, 또 그것을 요구하는 것은 관련 사안을 명확히 하고 신뢰를 형성하는 좋은 방법이다. 검증은 모든 종류의 프로젝트 관리 프로세스에서 가장 기본이 되는 원칙이다. 시스템 공학과 표준운영절차SOP 등은 모두 올바른(확인 가능한) 정보가 중요하다는 사실에 기초한다. 실제로 상대방은 회색지대가 형성되는 것이 자신의 이해에 맞는 것이라고 여겨 이를 허용할 수도 있다. 합의 결과를 일부러 모호한 상태로 내버려 두어 나중에 이것은 합의한 내용이 아니라고 주장할 여지를 남겨놓는 식이다. 그런 측면에서 '기대관리'management of expectation의 중요성이 대두되고 있다. 예를 들면 특정 업계에서 '범위'를 정의하는 일을 중요시하는 것이 그런 이유다. 무엇을 하고 무엇을 하지 않는지, 기대하는 바가 정확히 무엇인지, 의도한 해결책이나 최종 결과물이 무엇인지 구체적으로 합의하지 않으면 온갖 종류의 위험을 떠안게 되기 때문이다. 또한 해결

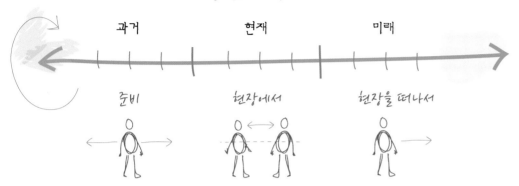

시종일관 확인하라

과거   현재   미래

준비   현장에서   현장을 떠나서

책이나 최종 결과물에 관해 언급하는 것이 너무 이른 때에는, 그 문제를 어떻게 다룰 것인지를 명확히 합의해두어야 한다. 일부 측면이 아직 확인되지 않았다는 사실을 명확히 밝혀두는 것이다. 합의 내용이 불분명할 경우 나중에 이를 다시 거론하는 것은 어색할 수밖에 없다. 추가 사항에 대해 논의하기도 매우 곤란해진다. "이것도 당신들이 하기로 했던 내용이죠. 이것도 원래 범위에 포함되어 있던 겁니다. 그러니 거기에 대해 추가 비용을 지급할 수는 없습니다." 사안을 확인하기 위해 그런 진술에 대해 의문을 제기할 수 있다. 언제 합의할 것인지, 합의 대상자는 누구인지, 어디서 합의문을 작성할 것인지 등의 질문은 상황을 명확히 해준다.

서로 간에 효과적인 의사소통을 유지하고 미래에 대한 명확한 합의를 해두면 신뢰 문제가 제기되는 것을 방지할 수 있다. 그렇다고 해서 언제나 자신의 카드를 테이블 위에 내려놓아야 한다는 뜻은 아니다. 그거야말로 순진한 행동이다. 누구나 숨은 의도를 가질 권리는 있다. 혼자만 간직한 채 다른 사람에게는 알려줄 수 없는 정보도 있게 마련이다. 문제는 한 걸음 앞으로 나아가기 위해 어떤 정보가 필요하며, 획득한 정보가 정확한가

하는 것이다. 확인 가능한 정보는 다음과 같은 역할을 한다.

• 준비: 나에게 필요한, 사실에 입각한 데이터는 무엇인가? 놓친 것은 없는가? 지금까지 주고받은 정보는 정확한가? 모든 사람이 최소한으로 공유하기를 바라는 정보는 무엇인가? 모두가 그 정보를 똑같이 해석함으로써 같은 출발선에 설 수 있도록 말이다. 어쩌면 이것이 바로 협상 그 자체일지도 모른다.

• 협상: 주고받는 정보에 세밀하게 귀 기울여보라. 그 정보는 정확한가? 이전 데이터와 정합성을 유지하는가? 일관성이 있는가? 놓친 것은 없는가? 자신이 원래 생각하던 그림과 맞아 들어가는가? 갑자기 새로운 정보가 나타나지는 않는가?

• 미래: 다음 단계로 어떤 조처를 할 것인지 명확한 합의가 이루어졌는가? 정보를 제대로 기록했는가? 누가, 무엇을, 언제, 어디서, 어떻게 할 것인지가 포함되었는가?

난해하고 불투명한 정보에 대응하는 몇 가지 방법

논점을 뚜렷이 부각하기 위해 다소 흑백 논리로 표현하긴
했지만, 난해하고 불투명한 정보(I)에 대응(R)할 때 지침 2
를 어떻게 활용하는지 몇 가지 사례를 제시한다.

I: "X 프로젝트가 최근에 제
대로 진행되지 않고 있어서요.
이 문제부터 해결해주시면 좋겠
는데요."

R: "유감입니다. 정확히 어떤 부분이
문제인지 살펴보고 이유를 찾아보겠습
니다. 그런 다음 어떤 해결책이 있는
지 알아보도록 하죠."

I: "좋습니다. 준비해보겠습니다."

R: "그렇게 말씀하시니
감사합니다. 정확히 어떤 조처를
하실 건지 알려주시겠어요? 그리고
조직 내에서 누구와 합의하실 건
지도요?"

오렌지와 사과를 비교하는 흔한 수법에는 이렇게 대응한다.

I: "걱정하지 마세요. 보고서는 제
시간에 드리겠습니다."

R: "바쁘신 와중에 그래 주시면 대
단히 고맙겠네요. 그런데 이 보고서
건은 어떻게 처리하실 건지요?" 또는
"그 자료, 우리 같이 검토해보는 것은
어때요? 어쨌든 저한테는 그 보고서
가 굉장히 중요하거든요."

I: "귀측의 가격은 경쟁사보다 높
아요."

R: "그럴 수도 있겠네요. 그런데 비
교 대상이 정확히 무엇인지에 달린
문제일 수도 있습니다. 저희가 드린
정보를 항목별로 검토한 후에 함께
평가해보면 어떨까요?"

확인을 요청하면 다음과 같은 반응이
돌아올 수도 있다.

I: "뭐라고요, 저를 못
믿으시겠다는 말입니
까?"

R: "글쎄요, 이건 믿고 못 믿고의
문제가 아닙니다. 우리가 똑같은 정
보를 놓고 전체 그림을 공유하는 게 중
요하다고 생각합니다. 그래야 다음 단
계로 나아갈 수 있을 거 아닙니까?"

I: "귀하의 동료와 이미 합의
한 내용이에요."

R: "알겠습니다. 합의 내용이 매
우 궁금하네요. 누구와 합의하셨습
니까? 상세한 내용을 알아보려면
어디로 찾아가야 할까요?"

이렇게 하면 신뢰 문제를 논의 주제와 분리할 수
있다.

데이비드 마이스터David Maister의 '신뢰 방정식'Trust equation에 나오는 항목들에 집중하고, 이를 신중하게 고려하면 신뢰를 구축할 수 있다. 이 공식이 모든 것을 말해준다. 자신의 신뢰도를 스스로 창출하고 개선함으로써 신뢰를 높일 수 있다. 약속한 바를 이행하고 자신이 왜 이런 행동을 하는지 그 이유를 보여주는 것은 예측 가능성의 측면에서 큰 도움이 된다. 관계에 관심을 쏟고, 상대방이 가진 문제에 공감하면서 친밀감을 만들어낼 수 있다. 마지막으로, 지나친 자기중심적 태도를 지양해야 한다. 상대방에게 관심을 집중하라! 쌓는다는 말은 동사다. 신뢰를 쌓아야 한다. 계속해서 의식적으로 뭔가 행동할 때 비로소 신뢰가 쌓이는 것이다.

동시에 이런 질문도 해야 한다. 즉, "더 깊은 신뢰를 쌓기 위해 무엇을 해야 하는가?" "어떻게 해야 우리의 실적에 확신을 가질 수 있겠습니까?" "우리가 어떻게 해야 당신이 우리와 함께 다음 단계로 나가는 데 도움이 되겠습니까?" "아직도 의심을 떨쳐버리지 못하신 것 같은데요. 확신을 가지고 함께 앞으로 나아가려면 무엇이 필요할까요?" 간단히 말해, 신뢰를 유지하고 발전시키는 데 상대방에게 필요한 것이 무엇인지에 집중해야 한다. 그것은 분명히 찾을 수 있다. 그리고 그렇게 할 때, 상대방의 확신이 쌓인다.

$$신뢰 = \frac{신용 \times 안정성 \times 친밀감}{자기 중심성}$$

요약

- 확인은 프로세스 전체를 관통하는 지침이자 기본 태도이다.
- 내가 먼저 내용을 확인해서 보여주면, 상대방에게도 똑같이 요청할 수 있다.
- 프로세스를 진행하는 데 중요한 것이라고 말하라. 지속할 수 있는 권리를 얻어내라. "우리가 좋은 해결책을 찾아내려면 양측 모두 사실을 똑같은 그림으로 바라볼 수 있어야 합니다. 그것이 바로 제가 당신에게 이러이러한 것을 요청하는 이유입니다."
- 앞으로 나아가기 위해서는 상대방과 같은, 올바른 정보를 얻어야 한다. 협상이란 무엇보다 어떤 정보를 사용할 것인지, 어떤 기초적 전제에서 출발할 것인지에 관한 것이다. 이것이 선결되어야 어떤 데이터를 놓쳤는지, 양측이 정보를 같은 방식으로 바라보고 있는지, 상대방이 게임을 펼치고 있지는 않은지 등을 알 수 있다.
- 신뢰를 쌓는 데 투자하라. 이것은 자신을 투명한 존재로 만들기 위해 끊임없이 노력해가는 과정이다.

지침 1과 2의 요약:
유능한 협상가는
내용에 관한 뚜렷한 그림과
관계의 역학을 꿰뚫어 보는
눈을 가지고 있다.

이해관계와 위치

언제 교두보를 차지할 것인가? 먼저 공통의 기반을 모색하는가, 일단 모랫바닥에 선부터 긋고 보는가? 회의하다 보면 서로의 관점과 입장을 밝혀야 하는 경우가 있다. 다시 말해 신속하게 의견을 개진하거나 일단 언급을 해둔다.

"그 금액은 지급하고 싶지 않습니다."

"우리는 그렇게 하지 않습니다."

"여기서는 그게 안 통해요."

"우리가 먼저 앞서가서는 안 된다고 생각합니다." 또는 "우리가 해야 할 일이 바로 이것이라고 생각합니다." 사람들이 특정한 입장을 밝히는 이유는 그것이 자신의 이해에 가장 잘 맞는다고 믿기 때문이다.

행동과 반응

누군가가 특정한 위치나 관점을 취하는 것은 모종의 결론을 미리 내비치는 셈이다. 즉 "내가 원하는 것은 이러이러한 것입니다."라고 말하는 것이다. 거기에 동의할 수도, 그러지 않을 수도 있지만, 그것은 마치 이진법과 같아서 해석의 여지가 없다. 상대방이 어떤 입장을 고수하고 있지만, 그의 생각이 중요한 것인지 아직 분명치 않을 때가 있다. 입장이란 그들의 숨은 관점이나 관심사

가 표현된 것이라고 볼 수 있다. 사람들은 자신이 원하고 생각하는 것, 또는 그렇지 않은 것을 언급하려는 경향이 있다. 그것도 아주 강하게 말이다. 한쪽으로는 진지를 구축하면서 다른 쪽으로는 정반대의 입장에서 반응한다. 그러다 보면 알아채지도 못하는 사이에 '입장에 얽매인 논의'를 하게 된다. 한편으로는 상대방의 의견을 마구 비난하면서 다른 한편으로는 다르게 반응한다. 이것은 행동과 반응이라는 패턴으로 이어진다. 즉, 공격과 방어의 패턴이다. 내가 상대방보다 더 똑똑해

야 하고, 더 나은 말솜씨로 그들을 이겨야 한다. 자신도 모르는 사이에 말싸움이 되어버린다. 어느 편이 상대방에게 자신이 옳다고 설득할 수 있느냐라는 싸움이 되고 만다. 이렇게 되면 관계는 심각한 압박에 놓이고, 시간은 낭비되며, 협상은 역효과만 낳게 된다. 입장과 관점을 표명하는 것이 꼭 자신의 이해에 들어맞는 것은 아니다.

세 번째 딜레마에 대처하기 위해, 지침 3을 하나의 접근방식으로 선택할 수 있다.

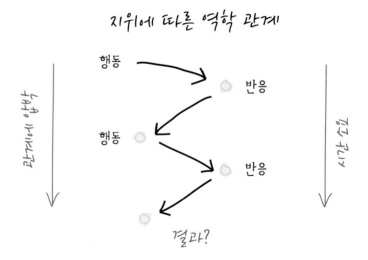

지위에 따른 역학 관계

3

자신과 상대방에게 작용하는 이해관계와 관점에 집중한다. 특정 입장과 관점을 취하지 않는다. 그러나 필요할 때는 그것도 수용한다.

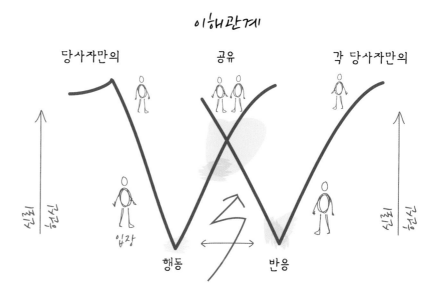

서로의 이해와 관점(사물을 바라보는 방식)에 집중하면서도, 가능한 한 경직된 관점을 취하지 않아야 한다. 이해관계와 전제조건, 목적 등은 모두 서로 연결되어 있다.

서로의 관심사에 관해 대화해야 하는 이유는 나중에라도 실질적인 해결책을 모색할 토대가 되기 때문이다. 아울러 그것을 통해 서로를 더 잘 이해하고 관계를 강화할 수 있다. 그래야만 유대와 연대가 싹튼다. 상대방의 관심사에 먼저 관심을 기울이라. 그러면 나의 관심사를 존중받고 이익도

얻을 수 있다. 사람들은 누구나 자신에게 중요한 일에 관해 말하고 싶어 한다. 그러므로 그것에 관해 질문하라. 질문을 적절하게 던지고, 경청하며, 공통의 관심사를 추구할 줄 알고, 더 깊게 파고들 때와 입을 다물 때를 아는 협상가는 신뢰할 만하다는 평판을 얻게 된다. 스티븐 코비는 이렇게 표현했다. "먼저 남을 이해하려 애쓴 후에 남이 나를 이해해줄 것을 기대하라." 낮은 가격이나 특정한 해결책 또는 선택지 등을 언급했다고 "관심사"를 밝힌 것은 아니다. 숨겨진 관심사와 관점을 찾는 과정을 통해 맥락을 이해하고, 상대방의 관심

사를 알아채며, 자신의 행동반경을 넓힐 수 있다.

여러분이 특정한 입장을 절대로 내세우지 말아야 한다는 것은 아니다. 자신에게 매우 중요한 것이 있다면 그것은 협상 밖의 영역이 될 것이다. 논의의 대상이 될 수조차 없는, 관철하느냐 포기하느냐의 영역에 속할 것이다. 이익률이 너무나 중요하기 때문에 어느 선 이하로는 절대 떨어뜨릴 수 없다든지, 합의안에 특정 요소를 반드시 포함함으로써 최소한 얼마만큼의 파이를 차지해야만 하는 경우도 있다. 자신에게 중요한 것이 무엇인지, 협상 가능한 것과 그렇지 않은 것이 무엇인지 알고 있어야 한다. 특정 위치를 주장하려면, 그런 위치(자신의 관심사)를 내세우게 된 배경을 언급하는 것이 도움이 된다. 그런 다음, 특정 사항은 논의의 대상으로 삼을 수가 없는 이유를 설명하는 동시에, 대안으로 자신이 생각하는 해결책의 범위를 제시해야 한다. "우리에게는 ~[이해관계]라는 한계가 있으므로 지금으로써는 X에 관한 한 더 양보할 수가 없습니다[위치]. 우리가 이 문제에 관한 해결책을 찾아낸다면 귀하에게는 Y에 관해 더 많은 것을 드릴 수 있습니다[다른 대안을 통한 양보의 여지 마련]." 즉, 회의 석상에서 이해관계를 내세워야 하고, 그런 다음에야 적절한 해결책을 찾을 수 있다. 이것이 적용되는 방식에 관해서는

상세한 프로세스를 참조하기 바란다(81페이지).

나의 선택지와 그들의 선택지

해결책을 혼자 마련할 것인가, 함께 협력해서 모색할 것인가? 매우 난처한 딜레마다. 한쪽이 제안하면 상대방이 거절하고, 여기에 절충안이 제시되며, 다시 반대 제안이 테이블에 오르는 식으로 이어지는 협상 패턴을 흔히 볼 수 있다. 그런 식으로 형성된 패턴은 자기 반복적 특징을 가진다. "제안을 해보세요.", "뭔가 획기적인 것 없습니까? 당신의 해결책을 들어보고 싶습니다." 아마 이런 말을 숱하게 들어보았을 것이다. 이런 패턴은 협상 전술의 한 요소로 취급되어 지속해서, 의도적으로 등장한다. 또한 동료와 회의에서 해결책을 찾는 과정에서도 이처럼 '위치에 얽매인' 대화 방식이 등장하는 장면을 흔히 본다. "나는 그것을 이런 식으로 보는데…", "나는 어떻게 생각하느냐 하면…", "우리가 어떻게 해야 하느냐 하면 말이지…" 이런 말들은 여지없이 반대 위치의 반응을 끌어낼 뿐이다. 이런 역학 관계가 일어나지 않도록 하는 것을 목표로 삼아야 한다. 이 딜레마에 대해서는 지침 4를 사용하여 반응하는 것이 현명하다.

4 □○△

먼저 여러 가지 선택지를 함께 생각해낸 다음, 어떤 것이 이해관계에 가장 부합하는지 함께 결정한다.

자신의 사고와 행동의 기초를 지침 4에 두면 협력 프로세스로 가장 빨리 진입할 수 있다. 양측이 함께 선택지를 검토하고, 양측의 이해에 부합하는 가능성을 모색해야 한다. 혼자보다는 둘이 함께 생각하는 것이 낫고, 협력은 유대감을 자아내며, 서로의 창의성을 활용하여 더 나은 해답을 찾아낼 수 있기 때문이다. 서로 함께할 때, 파이를 구울 수도 더 크게 키울 수도 있다. 우선은 선택지와 실행방안, 또는 잠재적 해결책을 가능한 한 많이 모색해야 선택할 수 있다. 먼저 펼친 다음에 좁혀가는 것이다. 해결책을 찾아낸 후에는 분배 문제를 논의한다. 이는 지침 5를 적용하여 풀어가면 된다.

사실 최적의 거래가 이루어지는 경우는 거의 없다. 함께 가치를 만들어낼 수도 있었지만 그런 기회는 늘 무산되곤 한다. 사람들은 뻔한 해결책으로 너무 빨리 빠져들며, 그렇게 해서 찾아낸 결과는 전혀 매력적이지도, 포괄적이지도 않다. '가치 영역'을 탐색하는 일은 일어나지 않는다.

이런 상황에 만족해서는 안 된다. 논의가 교착 상태에 빠질 위기에 처했을 때도 현상을 타파하여 돌파구를 여는 아이디어를 찾아낼 수 있다. 어쩌면 함께 풀어갈 이해관계를 미처 다 찾아내지 못

했을 수도 있다. 그러니 한 발 물러서서 이해관계를 다시 살펴보고 놓친 것은 없는지 점검해보라. 해결책을 최대한 다각도에서 찾아내어 가능한 한 많은 관심사를 만족시키기란 쉽지 않은 일이다. 그러기 위해서는 정교하게 접근해야 하고, 따라서 시간이 소요된다. 일종의 투자라고 보아야 한다.

유연한 조직 속에서, 다양한 파트너와 함께, 또는 프로젝트팀에서 일하는 사람들이 점점 많아진다. 그들은 파트너십을 맺어 일하면서 공동 성과물을 창출한다. 멀리 떨어진 사람들과 협력하는 일도 잦아진다. 선택지를 찾기 위해 직접 마주하여 대화할 수 없을 때가 많지만, 그러나 서로 만나서 이야기하면 해결책을 모색하기가 훨씬 수월해진다. 이것은 아주 흥미로운 도전이다. 이메일로 일을 진행할 때 좋은 점은 무엇인가, 스카이프Skype나 화상회의를 활용하는 편이 더 좋은 상황은 무엇인가, 그리고 반드시 직접 만나야 할 때는 언제인가? 많은 양의 정보를 주고받는 일은 굳이 직접 만나지 않아도 할 수 있다. 정말로 상대방에게 직접 들을 필요가 있고 그런 의사소통이 중요한 경우에는 스카이프 또는 화상회의를 열거나, 가능하면 직접 만나는 것이 좋다.
물론 입찰 절차와 같이 직접 접촉이 허용되지 않을 때가 있다. 그런 경우야 어쩔 수 없지만 직접

파이 키우기

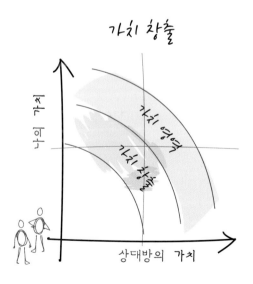

가치 창출

원-윈의 의사소통:

"의사소통에 있어 가장 큰 문제는,
의사소통이 이루어졌다고
믿는 환상이다."

-조지 버나드 쇼

대면을 선택할 수 있는 경우엔 직접 만나는 것이 의사소통에 유리하다.

공유 그리고 공정성

내가 선택한 모든 선택지, 상대방을 위해 했거나 상대방과 함께한 행동은 모두 시간, 돈, 품질, 활동, 수익, 손실 등의 측면에서 특정한 결과를 낳는다. 그러면 이익과 손실은 어떻게 나눌 것인가? 지침 5는 이런 분배 이슈를 다루는 데 도움을 준다. 분배 문제는 까다로운 프로세스가 될 수 있고, 곧잘 게임의 장이 되곤 한다. 분배 과정은 권력이나 힘, 감정, 무작위의 행운 중 어떤 것에 의

해 결정되는가? 투입해야 하는 노력과 잠재적 해결책이 이미 정해진 상황에서 공정한 조건을 정하는 것이야말로 가장 어려운 일 중 하나다. 자신의 이해를 관철하며, 자신이 기여한 바와 창출해낸 가치에 대해 정당한 보상을 받아야 할 것이다.

협상가들은 지배적인 위치를 차지하면 최대한 빨리 협상 주제를 분배 이슈로 바꾸려고 한다. "나는 X를 원하고 Y를 지급할 용의가 있습니다." 최근에 하버드의 브라이언 맨델Brian Mandell 교수로부터 기가 막힌 일화를 들은 적이 있다. 람보와 밤비라는 사람이 만나 식사를 한 얘기로서, 위압적인 협상가와 우유부단하고 관대한 상대방을 나

란히 대조한 것이다. 그냥 편하게 옮겨보겠다. "다음과 같은 상황을 생각해봅시다. 그런데 이런 일은 실제로도 종종 일어납니다. 람보와 밤비가 만나 함께 식사했습니다. 람보는 자신의 음식을 다 먹은 다음, 밤비의 접시에 남은 음식마저 모두 먹어치웠습니다. 그런 다음 밤비에게 청구서를 들이밀었습니다." 상대방이 내 몫까지 가져가 버린 후 뒤처리는 내가 다 해야 하다니…. 이것은 현실에서 반드시 피해야 할 상황이다. 분배를 논의하는 단계에서 일방적이고 위압적인 게임을 방지하려면, 지침 5를 언제나 가까이 두고 활용하는 것이 좋을 것이다.

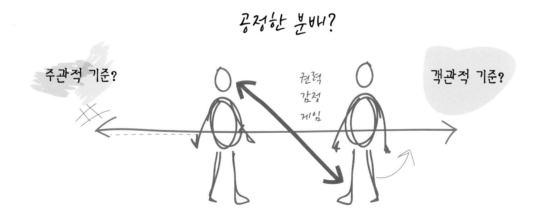

5

성과를 나눌 때는 객관적인
기준을 적용하여,
의사결정에 이르는 과정에서
내가 생각하는 공정성의
관점에 힘을 싣는다.

협상 과정에서 주관적인 기준을 앞세울 때가 많다. "나는 X로 충분하다고 생각합니다.", "Y보다 더 많이 드리고 싶지는 않군요.", "내가 원하는 것은 Z입니다." 등과 같이 말이다. 그러나 이익과 손실은 공정하게 나누어야 한다. 그러기 위해선 서로 인정할 수밖에 없는 기준이 필요하다. 그리고 그 기준은 양측이 모두 동의할 만한 내용이어야 한다. 통상적으로 적용되는 기준이나 '거래는 거래일 뿐'이라는 원칙, 표준, 시장에 맞는 기준, 과거에 사용된 바 있는 분배 기준, 또는 분쟁 발생 시 제삼자의 중재 등처럼 객관적이어야 한다. 나의 주장을 훌륭하게 정당화하면서도 상대방이 수용할 수 있는 기준이라면 가장 좋을 것이다. 나의 접근방식을 무너뜨리기 위해 상대방이 제기할 수 있는 논점에 대해서도 생각해보아야 한다. 이에 대해 벌어질 토론을 미리 준비해둔다면 더 좋을 것이다. 객관적 기준에는 다양한 특성이 있을 수 있다. 서로 협력하여 더 큰 가치를 창출하기 위해 노력한다면 상대방이 여러분을 쥐어짜 내려는 태도를 보이지는 않을 것이다. 협력하기 위해 애쓴다면 상대방도 어느 정도는 호혜의 자세를 보여줄 것으로 기대할 수 있다. 상대방의 관점이 다를 수도 있지만, 그렇기 때문에 더더욱 양측이 기대하는 바가 무엇인지, 한계는 어디까지인지, 공정한 것과 그렇지 않은 것이 무엇인지를 놓고

협상을 하는 것이다. 실제로는 그런 논의가 이루어지지 않는 경우가 많다. 정의의 여신이 보이는 모습은 지침 5의 철학을 상징한다. 눈을 가리고 (사람의 외모를 볼 수 없으므로 객관성을 유지한다), 저울을 들고 있으며(모든 측면을 공정하게 저울질한다), 법전을 기준 삼아(제정법과 법치주의를 객관적 기준으로 삼아) 판정을 내린다(칼로 잘라 나눈다).

언어에 담긴 객관적 기준의 예

인간의 의사소통 방식만 보아도 우리가 서로 많은 것을 공유해야 한다는 것을 알 수 있으며, 오랜 세월에 걸쳐 축적된 이런 경험이 수많은 언어 표현에 녹아들어 공정함의 기준을 제시하고 있다.

자르거나 선택하라. 최대다수의 최대행복. 약속은 약속이다. 모든 것에는 저마다의 값이 있다. 선착순 처리 원칙. 세상에 공짜는 없다. 행동하지 않으면 결과는 없다. 맞대응. 한쪽에게 맞으면 다른 쪽에도 맞다. 능력에 따라 일하고, 필요에 따라 나눈다. 좋은 시절과 나쁜 시절을 함께하라. 달걀을 깨지 않고는 오믈렛을 만들 수 없다. 오염자 부담의 원칙. 일사부재리의 원칙. 두 마리 토끼를 다 잡을 수는 없다. 가장 좋은 자리가 가장 싼 자리는 아니다.

리를 높이지 말고   목소리를 높이

목소리를 높이지 말고

이지 말고   목소리를 높이지 말

목소리를 높이지 말고

설득력을 높여라

하비 스펙터, TV 드라마 〈슈츠〉, 넷플릭스

여러분이 핵심 내용을 언급하거나 자기 생각의 공정성을 강조하고자 할 때, 이런 아이디어와 표현들은 그 말에 설득력을 더해준다.

분배 이슈의 예

파트너와 함께 휴가를 떠난다고 하자. 남미로 갈까, 혹은 아시아로 가는 것이 좋을까? 이런 종류의 토론은 역학 관계가 뒤따른다. 누가 결정을 내리며, 결정의 근거는 무엇인가? 끊임없이 떠들어대는 사람이 결정하는가? 아니면 이해관계로 돌아가 양측 모두 중요하다고 생각하는 측면에 근거하여 최선의 선택지를 함께 결정하는가? 또 합의를 끌어내지 못한다면 어떻게 결정하는가? 동전 던지기로? 아니면 이번에는 파트너가 결정하고, 다음번에는 자신이 하겠다고 할 텐가? 서로 치고받으며 결정하는가? 이도 저도 아니면 한쪽이 억지로 밀어붙이고, 다른 쪽은 어쩔 수 없이 받아들이는가? 이런 토론은 사려 깊은 대화가 필요한 민감한 논의일 수도 있다. 자신도 모르는 사이에 눈앞에 놓인 사안뿐만 아니라 관계에도 문제가 생길지도 모르기 때문이다.

프로젝트를 진행할 때 어느 한쪽이 맡은 일이 상대방보다 더 많아 보이면 옳지 않다는 생각이 든다. 뭔가 합당하지 않다는 느낌이 든다면 그것은 불공정하다는 신호가 될 수 있다. 이때 그것을 말로 표현하기가 어렵다. 의혹을 해소하기 위해 토론하고 싶다면 자신의 말을 뒷받침할 기준을 검토해봐야 한다. 분배 이슈를 누군가의 역할이나 책임의 문제로("존이 X 프로젝트를 책임지고 있으니, 그가 Y 임무도 수행하는 것이 합당하겠군.") 바라볼 수도 있다. 또는 그 상황에 대해 알고 있는 누군가의 지식에 기초해서 논의할 수도 있겠다. 혹은 누군가가 시간이 없다는 이유를 내세우는 것이 정당화될 수 있는가의 문제도 있을 것이다. 한 사람은 시간이 없고 다른 사람은 있다고 해서 한쪽이 모든 일을 다 하고 다른 쪽은 아무것도 하지 않아도 된다는 주장을 수긍할 수는 없어 보인다.

누군가가 어느 선보다 많이 지급하고 싶지 않아 "내 생각에는 이것이 최대치입니다."라고 말한다. 이럴 경우, 그는 자신의 주관적인 기준을 지급 금액에 적용하는 것이다. 여러분은 그 주장의 근거와 배경을 알고 싶을 것이다. 거기에는 완벽하게 합리적인 이유가 존재할 수도 있다. 다른 곳에서 똑같은 상품이나 서비스를 훨씬 싼 가격에 구할 수 있을 때 "이것보다 많이는 지급할 수 없습니다."라고 언급한다면 그렇지 않은 때와는 얘기가 전혀 달라질 수도 있다. 한편, 공정한 가격('공정한' 기준에 바탕을 두고 결정된 가격)과 기꺼이 지급할 용의(또는 능력)가 있는 가격 사이에는 엄연히 차이가 있다. 예산이 부족하다면 다른 해결책을 찾아낼 수도 있다. 물론 그것이 반드시 가격을 내리는 것을 의미하지는 않는다.

"우리가 결과적으로 손실을 봤으니 당신이 지급해야 합니다." 문제는 상황이 어떻게 진행되었으며 책임은 누구에게 있느냐의 문제이다. 책임 크기에 따라 비용을 할당하는 공식을 도입할 필요도 있을 것이다. 한쪽에만 전적으로 손실의 책임이 있다면 비용 전부를 그들에게 전가해도 불합리한 일은 아닐 것이다. 상황이 그렇게 단순하지 않고, 숯이 검정 보고 검다고 나무라는 식으로 복잡하게 얽혀있는 경우라면, 50 대 50으로 비용을 나누는 것이 가장 합리적인 해결책이 될 것이다. 실제로는 상대방이 여러분에게 책임과 비난을 되도록 많이 전가하려 애쓰겠지만, 그렇게 되면 그 또한 게임 일부가 되고 말 것이다. 문제는 여러분이 그 불공정한 측면을 거론하고, 더 공정한 것은 무엇인지 밝혀낼 수 있느냐 하는 것이다. 온갖 감정이 개입하여, 분배 과정에 큰 압력으로 작용하게 될 것이다. 그런 상황이 펼쳐진다면 지침 1을 적용하여 우선 감정을 처리한 후에 분배 문제로 들어가야 한다.

두 회사가 합병을 계획하며 새로운 장소를 물색 중이다. 신규 사무실을 설치할 최적의 장소는 어떻게 결정해야 할까? "우리 위치를 고려할 때, 본사 사무실은 회사 가까운 곳으로 하는 것이 타당하다고 생각합니다!" 물론 다른 쪽의 생각은 다를 것이다. 이런 배분에는 어떤 기준을 적용할 것인가? 목소리 큰 사람이 이기는 권력 게임으로 갈 것인가? 아니면 양측 모두 수긍할 만한 기준을 함께 모색할 것인가? 그런 모색의 과정이 바로 협상이다. 물론 다양한 기준이 고려 대상이 될 수 있다. 즉, 직원 수, 직원 통근 시간의 차이, 혹은 고객 관점에서 가장 적합한 장소 등이 될 수 있다. 양측이 해결책을 도출하지 못할 때는 제삼자가 대신 결정해줄 수도 있다. 그것 역시 하나의 객관적인 기준이다. 동전 던지기를 할 수도 있겠지만, 양측에서 같은 수의 인원을 선임해 실무 그룹을 구성한 다음, 다른 대안을 마련해보는 것도 좋다. 또, 여기서 도출된 결과물은 반드시 받아들여야 한다는 점을 양측이 미리 약속하는 것이 중요하다. 그렇지 않다면 애초에 협상을 시작하는 것은 의미가 없다.

의견 차이는 반론의 역학 관계를 형성한다. 내 생각은 이것이지만 상대는 저것이라고 생각한다. 이러한 위치는 점점 경직되어 깨닫지도 못하는 사이에 교착 상태에 빠지고 만다. 그러면 다시 좋은 결정을 내리는 데 필요한 정보로 되돌아가 이해관계와 가능성을 가늠해봐야 한다. 양측이 함께 협의했는데도 이 문제가 해결이 안 되면 누가, 또는 어떤 것이 문제 해결에 도움이 될 수 있는지 서로 논의해야 한다.

양측이 가진 '최종 대안'

"정 그렇게 나오면 우리가 알아서 하겠습니다."
"마음에 들지 않으시면, 당신네 경쟁사와 일하겠습니다." "당신네 같은 회사가 수십 개도 넘어요."
"양측 모두 상대방이 자신에게 더 종속되어 있다는 인상을 주려고 애쓴다(여섯 번째 딜레마 참조). 그러면서 드디어 선을 넘게 된다. '사실'은 온갖 종류의 협상에서 노골적으로 사용(혹은 오용)된다. 각자 상대방의 한계점을 찾아 헤맨다. 내가 상대방에게 매달리고 있다는 사실을 저쪽이 아는 순간, 그들은 지위를 남용할 것이다. 거꾸로, 내가 그들에게 의존할 이유가 전혀 없다는 사실을 입증한

다면 나의 지위는 공고해질 것이다. 협상에서 나의 지위는 부분적으로는 내가 상대방에게 얼마나 의존적인가에 달렸다. 이 점에서는 양쪽이 마찬가지다. 나에게는 저들 말고 대안이 없는데 저들은 그렇지 않다면 나의 협상력, 즉 지위는 상당히 약해질 수밖에 없다. 이런 힘의 차이가 협상을 뒤흔들 수 있으므로 이 원리를 반드시 알고 있어야 한다. 다음 페이지에서 기술하는 지침 6을 염두에 둔다면 여기에 적절히 대처할 수 있다.

6

협상?
대안 마련

**나의 최종 대안을 알고
(없으면 만든다),
상대방 것도 파악한다.**

합의를 끌어내지 못할 때는 어떻게 할 것인가? 그리고 상대방은 어떻게 나올 것인가? 즉, 협상 결렬 시의 최종 대안을 고려해야 한다. 협상을 준비하는 단계에서 내가 가진 최종 대안은 협상의 진행 여부를 결정하는 최고의 변수다. 때로는 대안 자체가 너무 훌륭해서 나머지는 고려할 필요도 없을 수도 있다. 어쨌든 협상하는 편을 선택했다는 것은, 협상이 필요하고 그것이 나의 이해에 맞는다고 판단했기 때문이다. 만약 그렇지 않다면 다른 일에 시간을 사용하는 것이 더 낫기 때문이다. 최종 대안은 플랜 B다. 내가 가진 최종 대안이 썩 훌륭하지 못할 때는 협상을 잘 이끌어야 한다는 압박감이 높아진다. 최종 대안을 가지고 있지 않을 때는, 그것을 만들어낼 수 있는지가 문제다. 그러나 투자 측면에서는 다소 주의가 필요하다. 최종 대안을 준비할 것인지 결정한다는 것은 시간, 노력, 자금 면에서 비용을 투입할 가치가 있는지를 가늠하는 것을 의미한다.

최종 대안의 예

당장은 아무것도 하지 않는 것, 상대방이 하기 전에 내가 먼저 하는 것, 경쟁자의 제안을 살펴보는 것, 법적 조치에 들어가거나 똑같은 결과물과 이익을 얻을 수 있는 다른 고객을 찾는 것 등이 최종 대안의 예가 될 것이다. 다른 일이나 파트너를 물색하는 것, 새로운 프로젝트팀원을 구하는 것도 포함된다. "지금 당장 제리가 팀에 합류하지 않겠다면, 누가 나를 도울 수 있을까?" 교착 상태에 빠졌을 때 한 차원 높은 수준의 대안을 모색하고, 독립적인 제삼자를 참여시키는 것이 바로 최종 대안이다. 윌리엄 유리는 《월스트리트저널》과의 인터뷰에서 이렇게 말했다. "모든 협상은 대안을 하나씩 감추고 임하는 것입니다. 내가 가진 최종 대안은 어쩌면 영향력이나 힘의 주요 결정요인이 될 수 있을 것입니다. 그런데도 우리는 그저 합의 결과에만 초점을 맞추고 거기에 얽매인 나머지, 그것 외의 다른 모든 것은 포기해 버리고 있습니다. 그러므로 최종 대안은 우리에게 일종의 자유를 선사합니다. 협상장을 박차고 나갈 수 있는 자유 말이지요."

최종 대안을 고려하면 협상 과정에서 내가 상대방에 대해 어떤 지위를 차지할 수 있는지 분명하게 눈에 들어온다. 양측이 가진 최종 대안은 내가 어떤 유리한 위치를 차지할 수 있느냐를 결정짓는다. 다른 곳에서 스카우트 제의를 받은 채 연봉 협상에 임했고, 고용주는 내가 없으면 난처한 상황에 부닥친다는 사실을 내가 알고 있다면, 나의 지위는 상당히 달라질 수밖에 없다. 한쪽의 덩치가 상대방보다 압도적으로 크다고 해서 그들에게

"다음부터 협상장을
박차고 일어설 때는,
그렇게 할 준비를
미리 하시오."

-하비 스펙터, TV 드라마 〈슈츠〉, 넷플릭스

힘이 있다고 볼 수는 없다. 덩치 큰 쪽에게는 없는 무언가를 작은 쪽이 가지고 있다면, 작은 쪽이 오히려 치명적이고 강력한 존재가 되는 것이다.

상대방의 최종 대안을 추측해보라. 상대방이 나에게서 기대한 바를 얻어내지 못했을 때 그들이라면 어떻게 할 것인가? 그러면 의외로 자신의 위치가 생각보다는 낫다는 것을 깨닫고 그들에게 훨씬 덜 얽매이며, 불안감도 덜해진다. 자신의 지위를 인식하고 최종 대안을 확보하면 자유와 독립을 만끽할 수 있다. 상대방은 그렇지 않은 척하지만 실제로는 나에게 훨씬 더 얽매여있다. 이것은 상대방의 처지가 되어 그들의 최종 대안을 분석해보면 알 수 있는 일이다. 합의를 이루어내지 못했다고 가정해보자. 어떤 결과가 일어날까? 누가 더 난처해질까? 일이 무산될까? 더는 앞으로 나아가지 못하게 될까? 시간이 낭비될까? 추가 비용이 발생할까? 상대방이 시장 기반을 잃게 될까? 상대방 체면이 깎일까? 최종 대안은(잠정적으로) 일을 중단하겠다거나 은근히 법적 조처를 할 수도 있다는 등의 위협으로 작용할 때도 있다. 물론 그것은 비현실적이고, 또 바람직하지도 않은 것이 분명하지만 말이다. 그럴 때 나는 상대방의 지위를 바꿔놓을 능력이 있는가? 어쩌면 그것은 내가 관심을 기울여야 할 감정 표현에 지나지

않을지도 모른다(지침 1로 돌아가는 것이다).

최종 대안을 또 다른 의미에서 충분히 고려해볼 가치가 있는 때도 있다. 비즈니스 환경이 훨씬 복잡해서 두 군데 이상의 파트너와 일할 수 있고, 그중에서 가장 좋은 파트너가 누구인지 결정할 경우라면, 나의 이해관계를 나열한 후에 그것을 다양한 최종 대안에 대입해 따져보는 것이 좋을 것이다. 그렇게 하면 가능한 대안을 전체적으로 검토하여 검증하고, 여러 후보군 사이에서 협상 대상자를 결정하는 데 도움이 된다.

구조와 프로세스

실제로 회의에 대비해 작전(구조)을 충분히 구상하거나, 좋은 결과를 얻기 위해 어떤 단계를 밟아야 할지(프로세스)에 대해 전략적으로 사고하는 사람들이 극히 드물다. 논의를 진행할 구조를 세워놓으면 전체적인 윤곽을 더 잘 파악할 수 있고, 회의에 더 큰 영향을 미칠 수 있다. 어떤 단계를 언제 밟아나갈지를 미리 알고 있으면 보다 효율적, 효과적으로 회의를 진행할 수 있다. 그래야 자신의 이해를 관철하는 데 필요한 유리한 위치를 점할 수 있다. 많은 경우, 협상의 단계는 조직 내부와 외부에서 모두 밟아나가야 한다. 그렇게

되면 다양한 차원, 다양한 당사자들 사이에서 단계가 진행된다.

여러 조직이나 파트너십 사이의 협상에 나타나는 이런 측면에 대해서는 고위층에서 말단 직원에 이르기까지 왜 이토록 무관심한지 흥미로울 때가 있다. 필자는 한동안 이 점을 밝히려 애썼다. 다양한 당사자들이 참여하는 주요 회의에서 핵심 인사에게 몇 가지 질문을 던졌다. 이 회의에서 거두고 싶은 최종 성과는 무엇인가? 그런 결과를 얻어낼 방법은 무엇인가? 당사자 중 누가 역할을 담당하며, 당신의 이해에 충분히 부합하는 결과를 얻기 위해 어떤 단계를 밟을 것인가?

그들 중 상당수가 이런 질문에 대답하기 어려워했다. 이러한 측면을 충분히 고려해본 적이 별로 없었던 것이다. 주요한 이해관계가 걸려 있음에도 논의는 거의 자동으로 진행되곤 한다. 핵심 회의를 개최하면서도 사전 준비가 턱없이 부족한 때도 많다. 관심은 온통 논의 주제에만 머물러있다. 회의를 정보가 오가는 장으로만 이해할 뿐, 나의 관심사를 적극적으로 대변하고, 관계를 관리하며, 진척을 이루어가는, 하나의 협상 과제로 보려 하지 않는다. 내가 어디로 가고자 하는지를 모른 채 주어진 길만 걷는다고 목적지에 도달할 수 있을까? 분명한 것은, 지침 7은 프로세스에 미치는 나의 영향력을 증대시키는 데 도움이 된다.

프로세스를 준비하라

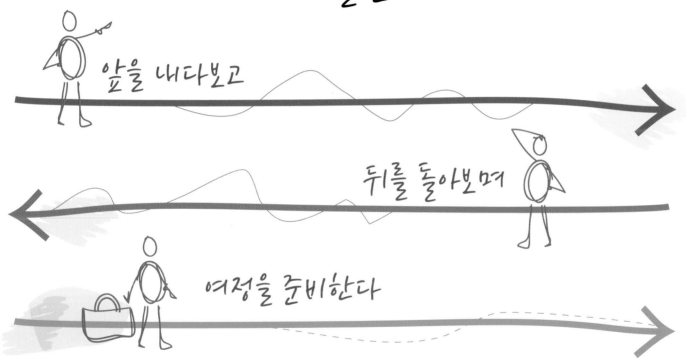

앞을 내다보고

뒤를 돌아보며

여정을 준비한다

7

**지침을 종합하고
구조와 프로세스에 대해
책임감을 인식한다.**

나에게 매우 중요한 안건이 있고, 복잡성이 증대되는 가운데에서도 앞으로 나아가려는 의지가 있더라도, 체계적인 논의와 프로세스에 대한 세심한 접근 전략이 없다면 아무것도 이룰 수 없다. 때로는 내가 회의 진행에 공식적인 책임을 지는, 즉 회의 의장을 맡는 경우가 있다. 또 그 정도까지는 아니더라도 나의 이해를 최대한 관철하기 위해 프로세스에(회의가 어떻게 진행되는지를 안다고 할 때) 부분적으로나마 책임을 느낄 때가 있다. 그럴 때, 만약 회의가 내가 원하는 대로 흘러가지 않는 것을 느끼면 프로세스에 개입할 수 있는 것이다.

이미 설명했듯이 협상 프로세스는 하나의 여정과 같다. 우리는 이미 그 여행을 시작했을지도 모른다. 그 길에서는 언제나 여러 명의 동반자를 만나게 될 것이다. 우리는 어디에선가 왔고, 이미 여러 모험을 함께 겪었으며, 그리고 목적지를 앞에 두고 있다. 때로는 잠시 멈추어 서서 모든 사람이 여전히 함께 있는지, 경로를 이탈하지는 않았는지, 목적지에 제대로 도착할 수 있는지 등을 점검해야 한다. 도중en route에 온갖 일들이 일어날 수 있다. 함정과 구멍, 갈림길, 맞바람, 비, 태양 등을 마주칠 것이다. 생각 차이, 관계 갈등, 새로운 동반자, 추가 정보, 심지어 막다른 골목까지 등장한다.

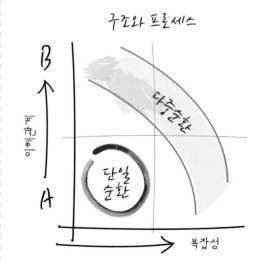

구조와 프로세스

복잡성

1

협상이 제대로 진행되지 않을 때는 우선 사실과 본질에 관한 논의를 관계의 측면에서 분리해낸다. 그리고 그 두 가지 모두에 집중한다.

2

개인적 신뢰와 논의의 주제를 서로 분리한다. 상대방에게 검증을 요청하고 나도 제공해줌으로써 신뢰를 구축한다.

3

자신과 상대방에게 작용하는 이해관계와 관점에 집중한다. 특정 위치와 관점을 취하지 않는다. 그러나 필요할 때는 그것도 수용한다.

4 □ ○ △

먼저 여러 가지 선택지를 함께 생각해낸 다음, 어떤 것이 이해관계에 가장 부합하는지 함께 결정한다.

5

성과를 나눌 때는 객관적인 기준을 적용하여, 의사결정에 이르는 과정에서 내가 생각하는 공정성의 관점에 힘을 싣는다.

6 협상? / 대안 마련

나의 최종 대안을 알고 (없으면 만든다), 상대방 것도 파악한다.

7

지침을 종합하고 구조와 프로세스에 대해 책임감을 인식한다.

협상에서는
모든 것이 함께 작용한다

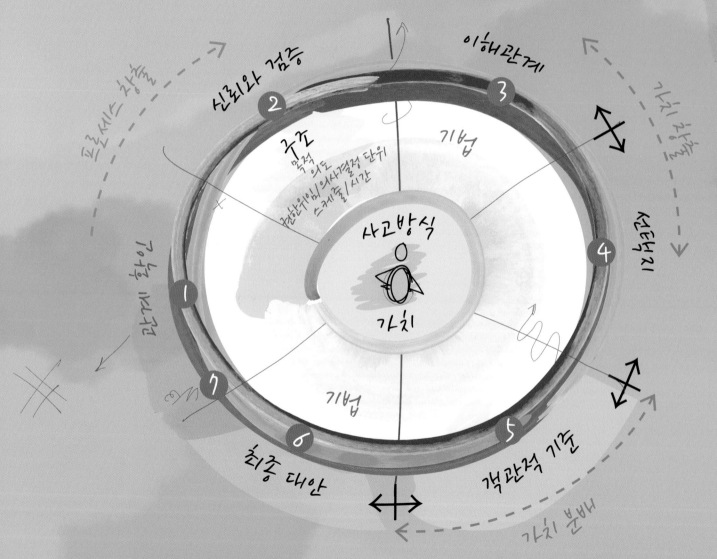

협상에는
모든 것이
복합적으로
작용한다

일곱 가지 지침은 협상 준비 과정에서도 도움이 된다. 그것을 특정한 순서로 조합하면 협상에서 지켜야 할 일종의 기준선이 된다. 원그림을 이용해서 프로세스를 시각화할 수 있다. 원은 양측이 둘러앉는 협상 테이블(원은 뾰족한 모퉁이나 가장자리가 없다)을 상징한다. 원형 테이블은 하나 됨을 상징한다. 원형 테이블에서 사람들이 모두 같은 편이 되는 느낌을 받는다. 물론 언제나 그런 마음이 드는 것은 아니지만 말이다. 아울러 둥근 모양은 회의의 끝이 곧 다음 회의의 시작이라는 사실을 상징한다.

지금까지 살펴본 지침은 준비 과정을 조율하는 데도 도움이 된다. 협상의 목적은 내가 준비한 대안보다 더 좋은 협력 관계나 의사결정, 거래 등을 이루어내는 것이다. 협상에 임하기까지 당신은 내가 무엇을 얻고 싶은지, 나 자신과 상대방 모두에게 좋은 것은 무엇인지, 누구와 협상을 하려고 하는지, 대인관계는 어떤지 등을 고심했을 것이다. 아울러 내가 제안하고자 하는 실질적인 해결책에 대해서도 심사숙고했을 것이다. 나의 한계가 어디까지이고, 모든 사람이 가진 대안은 무엇이며, 특별히 접근 금지구역은 있는지도 고려했을 것이다. 특별히 관심을 집중해야 할 관계의 측면이 있는지도 살펴보았을 터이다. 대화를 시작하기 전에 짚고 넘어가야 할, 나나 상대방에게 민감한 이슈가 또 있는가? 이런 점들을 진지하게 검토하면 협상에서 다룰 내용과 나와 마주할 상대방에 대해 좀 더 정확한 그림을 그려볼 수 있다. 이 과정에서 뭔가를 해야겠다는 감정이

협상 테이블

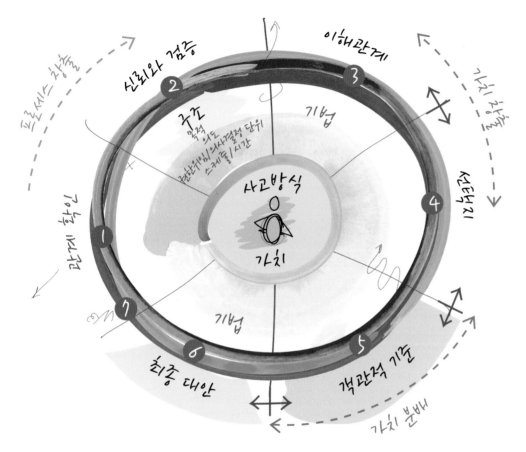

신뢰와 검증

이해관계

프로세스 컨트롤

가치 창출

구조
목적
어디
판단타임/의사결정 단위
스케줄 시간

기법

사고방식

가치

선택사항

가능성 비교

기법

최종 대안

객관적 기준

가치 분배

드는가? 협상 테이블에 마땅히 나올 것으로 기대한 사람의 모습이 보이지 않는가? 만약 그렇다면 어떻게 할 것인가? 이번 협상은 여러 단계를 거쳐야 하는 프로세스인가? 맨 먼저 어떤 단계를 거칠 것인가? 접근 방법은 무엇이며, 어떤 목표를 향해 노력하는가? 지금부터 이 모든 것들이 복합적으로 함께 작용할 것이다. 따라서 전략과 전술, 프로세스가 중요해지는 단계이다.

지침 1과 지침 2에 대해서는 프로세스가 끝날 때까지 계속 주의를 집중해야 한다. 본질적인 내용뿐만 아니라, 관계의 역학에도 눈을 떼지 말아야 한다. 특히 프로세스 초기에는 이 두 가지 지침을 더욱더 명확하게 고려해야 한다. 이것은 협상 프로세스의 첫 번째 단계 바로 그 자체이기 때문이다. 지침 3과 4, 5를 사용하여 좋은 해결책을 만들어내고 올바른 결정을 내린다. 그리고 그 성과는 내가 가진 최종 대안에 비추어 판단한다. 이해관계, 그리고 프로세스의 복잡성에 따라 다르겠지만, 협상은 단 한 번에 마무리될 수도, 몇 번의 라운드를 돌고서야 끝이 날 수도 있다.

$$E = Q \times A$$

프로세스를 관리하려면 사람들의 동의를 끌어내는 것이 굉장히 중요하다. E=QxA 공식은 나의 행동을 이해하는 데 도움이 된다. 내가 미치는 영향력의 효력effectiveness은 해결책의 우수성quality과 그에 대한 수용도acceptance를 곱한 값이다. 올바른 의견이라고 해서 모든 사람이 거기에 동의할 것으로 기대하면 오산이다. 이 여정은 다른 이와 함께하는 것이다. 그러면서 그들과 연대를 유지하여, 그들도 참여시키는 과정이다. 그것이 바로 협상을 진행하는 방식이다. 유능한 협상가는 두 가지 다른 렌즈로 사물을 바라봐야 한다. 하나는 바람직한 해결책을 확대하는 렌즈이고, 다른 하나는 그 해결책이 잘 수용될 수 있는 프로세스를 고르는 렌즈다. 이 두 가지 관점은 협상의 모든 단계에 영향을 미친다. 신뢰와 헌신은 단계별로 쌓아가는 것이다. 이것을 명심한다면 우리는 이제 협상 테이블에 앉을 준비가 된 것이다.

올바른 분위기와 관계 구축하기

회의를 시작할 때는 밝은 분위기를 조성하는 것이 좋다. 아직 서로를 모르는 상태라면 서로 인사를 나누고 관계에 더욱 집중하는 편이 좋을 것이다. 처음 만난 자리에서는 누구나 짧은 문답을 주고받으며 상대방이 믿을 만한 사람인지 가늠한다. 어색한 분위기를 깨는 가벼운 농담과 짧은 대화를 통해 사교적인 분위기를 조성할 수 있다. 상대방에게 초점을 맞추고, 흥미를 끌 만하면서도 논의 주제에서 벗어난 가벼운 이야기를 나누면 유대감을 더욱 돈독히 할 수 있다. 말하자면 개인적 관계의 부가가치를 높일 수 있다. 때로는 이쪽의 그런 행동에도 별 반응을 보이지 않고 곧

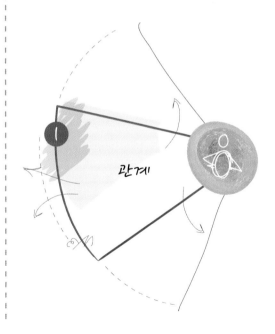

관계

바로 본론으로 들어가기를 원하는 상대방도 있다. 그래도 아무 문제는 없다. 보조를 맞추되, 상대를 이끌면 된다.

이렇게 관계에 집중해야 하는 프로세스 초기 단계는 이전까지의 경과와 논의 주제, 개성, 문화적 측면 등에 따라 지속시간과 집중도가 달라질 수 있다. 문화적 배경에 따라서는 몇 차례의 회의를 거쳐야 비로소 서로 속 깊은 얘기를 주고받을 정도로 친숙해질 수 있다. 때로는 음료와 스낵을 나누며 관계 구축을 위한 가벼운 시간을 보낸 후 곧바로 비즈니스에 들어가기도 한다. 사람들, 그리고 그들이 선호하는 스타일과 문화를 유심히 관찰해보면, 프로세스의 이 첫 단계에 어떻게 접근해야 할지 실마리를 찾을 수 있다. 여러 메타프로그램(120페이지 참조)과 문화적 측면(159페이지 참조)을 분명히 파악하는 것도 도움이 된다.

시작부터 체계적인 단계를 구축하라

관계 구축 단계가 지나고 다음으로 넘어가야 할 적절한 순간이 언제인지는 회의 과정에서 자연스럽게 깨닫게 된다. 양측이 이 자리에 함께한 진짜 목적이 표면에 드러난다. 서로 만난 이유는 무엇이고, 앞으로 무엇을 할 것이며, 그 문제를 어떻게 다룰 것인가? 단지 서로를 알기 위해 만난 것이든, 사전 준비 미팅이든, 문제 해결을 위한 회합이나 평가 모임, 또는 킥오프 미팅이든, 양측은 서로의 기대를 적절히 관리하고 서로 한배를 타고 있음을 확실히 해야 한다. 체계, 즉 구조가 마련되어 있지 않으면 전체 윤곽을 파악할 수 없고 자연히 나의 영향력은 줄어들 수밖에 없다. 비공식적인 논의와 공식적인 협의는 접근방식이 분명히 다르다. 중요한 문제를 놓고 논의할 때는, 회의에서 거쳐야 할 체계적인 단계에 대해 미리 생각해보고, 관련된 사람들과 사전에 그 단계에 대해 토의해야 한다. 또한 회의 목적과 의제에 관해 동의를 끌어내는 것이 매우 중요하다. 회의 도중에는 약속한 것에는 변함이 없는지, 또 확대 또는 조정이 필요한 것은 없는지 확인해야 한다.

모든 회의에는 목적과 의제(단계적 계획)가 존재하고, 시간이라는 요소도 작용한다. 회의의 종류

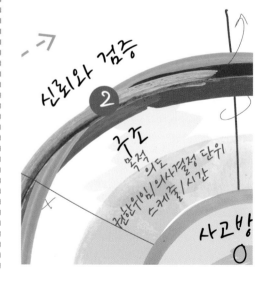

에 따라 의도(회의를 진행하고자 하는 방법)와 권한(자신과 상대방의 의사를 결정할 권한)이 중요할 수도 있다.

회의는 그것이 첫 번째이든 두 번째이든 그 후에 열리는 후속 모임이든 상관없이, 먼저 시작 단계를 거쳐야 한다. 이미 지나간 일도 있고 논의되고 있는 현재 상황도 있으며 나아가고자 하는 목표도 있다. 지침 1에는 시작부터 수행해야 하는 명확한 임무가 있다. 회의를 준비할 때는 관계 측면을 살펴보고, 특히 먼저 논의하지 않으면 회의 진행에 방해가 될 만한 사항이 있는지 확인한다. 관계에 관해 확인하여 특별한 사항이 없더라도 여전히 여기에 정성을 기울여야 한다!

회의의 목적

처음에는 다소 추상적인 용어로 표현해놓음으로써, 회의를 진행해가면서 유리한 위치를 점할 여지를 남겨두어야 한다. 모든 사람이 논의의 목적을 수긍하는지 확인해야 한다.

- "오늘 우리가 대화를 나누게 된 것을 기쁘게 생각합니다. 이미 언급했듯이 오늘 이 자리에서는 우리가 귀측을 위해 할 수 있는 것이 무엇인지 알아보고자 합니다. 여러분도 같은 생각이신지요?"
- "우리는 오늘 협력 방안에 관해 최대한 많은 선택

지를 찾아보기 위해 모였습니다. 이 자리에 계신 분들 모두 같은 생각이시겠지요?"
- "우리는 오늘 X 문제에 관한 해결책을 찾아보려 합니다. 여러분이 이 회의에서 기대하는 것도 역시 이것이겠지요?"
- "오늘 신규 가격 협정에 관해 대화를 나누게 되어 기쁘게 생각합니다."
- "아직 결론이 모호한 부분이 많이 남아 있습니다. 따라서 우리는 오늘 이 회의에서 확실한 결론을 내릴 수 있는지 알아보겠습니다. 회의는 약 두 시간 정도 걸릴 것으로 생각합니다. 지금까지 설명해드린 내용이 타당하다고 생각하시는지 궁금합니다."

의도

회의를 어떻게 진행할 생각인지, 즉 협상 진행 방법에 관해 언급하는 것이 합리적일 것이다. 회의가 건설적, 생산적 방향으로 진행되기를 바랄 수 있다. "저는 이 문제를 함께 해결할 방법을 찾기 위해 최선을 다할 겁니다. 귀측도 마찬가지이신지요?" 또는, "이 문제를 해결하려면 우리가 함께 창의력을 발휘해야 한다는 점을 잘 알고 있습니다. 저는 기꺼이 최선을 다하고자 합니다. 여러분은 어떠신지요?" 활발한 논의가 진행될 것으로 판단되면 적극적인 태도로 마음을 여는 참석자도 생기기 마련이다. 그렇게 되면 대화의 분위기가

조성된다. 회의에 임하는 의도를 분명히 밝히면 상대방의 태도가 어떤지 지켜볼 수 있어서, 그들이 나에게 우호적인지 적대적인지도 파악할 수 있다. 회의가 그다지 진전을 보이지 않을 때는 프로세스를 진행하면서 다시 의도를 확인해보는 것이 바람직하다. "스콧 씨, 함께 해결책을 찾아내기가 쉽지 않을 것 같다는 생각이 드는데요. 귀측이 과연 회의를 계속 진행하기를 원하시는지 궁금합니다." 문화적 배경에 따라서는 이보다 좀 더 우회적으로 표현하는 것이 좋을 수도 있다. 이 점에 관한 상세한 내용은 '문화적 차이에 대처하기'(159페이지)와 '프로세스 개입'(106페이지) 등을 참고하기 바란다.

의제

의제는 회의를 진행하기 위한 단계적 계획이다. 회의 유형별로 다르겠지만, 언제나 특정한 순서에 따라 모든 일이 진행된다. "여러분, 이미 전화로 내용을 주고받았듯이 오늘은 우리가 서로에게 무엇을 줄 수 있는지 살펴보기로 했습니다. 제가 제일 먼저 드리고 싶은 제안은, 우리가 집중해야 할 핵심 주제를 먼저 살펴보자는 것입니다[지침 2, 이 단계에서 이미 합의된 경우가 많다]. 그런 다음, 우리 모두에게 중요한 관련 내용과 또 어떤 선결 조건이 필요한지[지침 3]를 토의했으면 합

니다. 그리고 그것을 어떻게 실현할 수 있는지[지침 4], 필요한 조건은 무엇인지[지침 5]를 살펴보았으면 합니다. 여기에 동의하십니까?" 지침 3, 4, 5를 다양하게 변형한 조합도 프로세스 의제 설정에 도움이 될 수 있다.

의제가 미리 수립되어 있을 때 좋은 점은 시작부터 모든 사람이 구조를 뚜렷이 인식할 수 있다는 점이다. 그러면 사람들이 장광설을 늘어놓거나 샛길로 빠지려 할 때, 또는 양측 모두 다소 방향 감각을 상실할 때도 즉각 프로세스에 개입할 수 있다. "흥미로운 내용입니다. 그러나 우리는 다섯 시까지 모든 내용을 다루어야 한다는 점을 잊지 마시기 바랍니다. 지금은 우리가 정한 의제로 돌아갔으면 합니다. 괜찮으시다면 방금 언급하신 내용은 나중에 다시 이야기해보는 게 어떨까 합니다만."
의제를 결정하는 회의는 원래 복잡하거나 시간이 많이 소요될 여지가 있다. 어쩌면 이것이 바로 협상의 본질이라고 볼 수도 있다.
프로세스나 프로젝트의 책임자가 의제 설정에서도 주도권을 발휘하는 경우가 많다. 나의 관심사가 의제에 포함되지 않았다면, 그것이 포함되도록 조치해야만 한다.

시간

시간이 얼마나 소요될 것 같은가? 할애할 수 있는 시간과 회의에 필요한 시간을 회의 시작 전에 미리 확인해야 한다. 그리고 회의 초반에 이를 다시 한번 점검한다. 시간이 부족할 수 있으므로 이럴 때는 대안을 마련해야 한다. 의제를 바꾸거나 스케줄을 다시 잡는 등의 조처를 하는 것이다.

권한

오늘 이 자리에서 대화를 나누는 사람들이 결정권을 가지고 있는가, 아니면 다른 사람에게 허락을 얻어야 하는가? 의사결정 과정에 누가 영향을 미치며, 상대는 어떤 식으로 결정을 내리는가? 결정을 내릴 힘을 가리켜 흔히 '권한'이라고 한다. 회의를 효율적으로 진행하기 위해서는 회의 석상에서 목표한 바에 관해 결정을 내릴 권한이 있는지를 아는 것이 중요하다. 회의가 끝날 때가 되어서야 권한을 가진 사람이 불참했거나, 나중에 이 회의를 다른 사람들과 한 번 더 해야 한다는 사실을 알게 되기도 한다. 그것은 프로세스에 도움이 되지 않을뿐더러, 전술적으로도 어리석은 일이다. 이 자리에서 함께 결정을 내릴 수 있다고 생각했다는 것은 양측이 이미 모종의 약속을 맺은 셈이다. 그런 점에서 나 역시 내가 가진 권한에

대해 신중하게 생각해볼 필요가 있다. 나에게 허용된 재량권의 한계와 내가 진행할 수 있는 일의 범위를 내부 협상으로 정하는 과정이 중요하다. 요컨대, 협상 테이블에 나서기 전에 나의 권한에 관해 내부적으로 토의를 마쳐둘 필요가 있다는 것이다. 나의 전술과 전략을 고려하라. 그리고 회의에서는 언제나, 의사결정이 이루어지려면 누가 참여해야 하는지를 가능한 한 일찍 물어보라. 그래야만 나의 전략과 전술을 그것에 맞게 수정할 수 있다. 회의 석상에서는 꼭 필요한 결정권자가 참석했는지를 확인해야 한다. 그렇지 않다면 계획을 변경해야 한다. 더 상세한 내용은 '다층 결정 구조 및 여러 당사자가 존재하는 경우'(91페이지)를 참조하기 바란다.

관계에 특별히 주의를 기울여라

다른 사람들과 함께 일할(그리고 어떤 식으로든 협상할) 때는 서로 관계가 어느 정도 수준인지를 파악하는 것이 중요하다. 관계가 우호적으로 보이면 실질적 내용도 더 부드럽게 진행될 수 있다. 그러면 때때로 관계에 타격을 입더라도 견뎌낼 수 있다. '상대방'을 더 잘 알고 열린 마음과 존중하는 태도로 서로를 이해하며 토의한다면(아무리

복잡한 내용을 다룬다고 해도), 올바른 길로 들어선 것이라고 볼 수 있다. 바꿔 말해, 관계에 긴장이 조성되고 갈등이 빚어질 때는 관계에 특별히 깊은 주의를 기울여야 한다.

관계 구축과 유지

함께 일하는 사람들과의 관계가 어느 정도 수준에 이르렀다고 생각하는가? 서로를 피상적으로만 아는가, 아니면 그 이상인가? 서로에 대해 얼마나 아는가? 평소와는 다른 환경에서 서로의 또 다른 측면을 알게 될 때 관계는 강화된다. 별다른 노력을 들이지 않고도 상당한 보상을 얻을 수 있다.

오늘날에는 상호의존적 관계의 가치를 무시하는 풍조가 있다. 이것 역시 또 하나의 어려운 주제임이 분명하다. 지나치게 가까운 관계가 오히려 비즈니스에 좋은 영향을 미치지 못한다는 견해도 힘을 얻고 있다. 비즈니스에서 발휘되어야 할 냉정하고 단도직입적인 태도가 가까운 관계로 인해 방해받고, 따라서 상업적 성과에도 영향을 미칠 수 있다. 지나치게 격의 없는 비즈니스 관계는 부정직한 관례를 만들 수도 있다.

경계가 모호한 이런 상황을 제외하더라도, 보편적으로 인적 상호작용에서 관계를 유지하려는 활동의 비중은 점점 더 낮아지고 있다. 어쨌든 개인적으로도 그런 활동에 충분한 시간을 내지 못하는 것이 사실이다. 친밀한 관계에 그리 큰 가치를 두지 않기 때문에 거리를 유지하려는 사람도 있다. 때로는 명백히 숨겨진 전술이 존재하고, 그 게임의 일환으로 거리를 두기도 한다. 주변 핵심 인사를 중심으로 내부 및 외부적 관계를 진단해보라. 그들은 나와의 관계를 중시하는가? 그렇다면 그들이 우선하는 가치는 무엇인가? 내가 맺고 있는 관계들의 수준을 추정할 수 있는가, 그리고 그것을 강화하려는 의지가 있는지 스스로 평가할 수 있는가? 핵심 인물들과 대화를 통해 인적 관계를 진단해보는 것도 좋은 방법이다. 관계를 더 깊이 진전시키기 위해 할 수 있는 일이 없는지, 그리고 지금까지 해온 일 중에 개선하거나 바꿀 것은 없는지 묻는 것도 도움이 된다. 서로에 대한 돈독한 이해를 어떻게 계속 유지할 수 있으며, 그러기 위해 우리가 할 일은 무엇인가? 관계 강화를 위해 무엇을 할지, 또 얼마나 자주 만날지를 서로 합의해두는 것이 좋다. 관계 증진을 위해 노력한다는 것은 양측이 신뢰와 확신을 얻는 일에 투자한다는 뜻이다.

관계의 긴장 상태

심각한 의견 차이를 보이거나 심지어 갈등이 존재하는 경우에는, 섣불리 상황에 뛰어들기 전에 먼저 관계의 역학을 살펴보는 것이 중요하다. 갈등이 빚어지는 원인은 양측이 상황에 대해 서로 다른 기대와 인식을 쌓아 올리다가 마침내 감정적인 반응을 보이기 때문인 경우가 많다. 해결책을 모색하기 위해서는, '밑바닥 감정'을 세심하게 표현하거나, 문화적 차이에 주의를 기울이는 것이 좋은 출발점이 될 수 있다. 관계 측면(기대, 인식, 감정 등)에 관해 이야기하는 것이 도움이 될까? 내가 처한 문화에서 그런 문제를 투명하게 직접 말하는 것이 정상적일까, 그렇지 않을까? 일의 진도 면에서는 건설적일까? 지금은 그럴 때가 아니라고 생각할 수도 있다. 조화를 중시한다면 관계에 긴장이 조성되고 있다는 사실을 말하기 힘들 수도 있다. 성격상 그런 논의 자체를 회피할 수도 있다. 그런 주제를 터놓고 얘기할 수 있는지는 꽤 까다로운 딜레마이다. 관계의 긴장이 저절로 사라지는 것도 아니고, 그런 분위기가 해소되지 않으면 실질적인 대화의 여건이 충분히 조성되지 않기 때문이다.

상대방이 속마음을 털어놓으면, 아직은 협상을 진행할 의지가 있다고 생각하고 해결책을 모색하는 행동을 단계적으로 취할 수 있다. 즉, 3, 4, 5단계 프로세스를 따르는 것이다. 이렇게 팽팽한 긴장감이 도는 주제를 먼저 처리한 후, 해결책을 찾는 일에 더 집중해서 결정을 내릴 수 있다. 또는 모든 일을 멈추고 '시간이 해결하도록' 내버려두는 것도 한 가지 방법이다(특히 그런 주제를 드러내놓고 논의하기 어려운 문화에서는 더욱더 그렇다). 또는 민감한 영역은 제쳐두고 다른 건설적인 방법을 알아보는 것이 더 현명할 수도 있다.

민감한 주제를 터놓고 논의하는 것은 그 자체가 목적은 아니며 그러는 편이 좋다고 판단될 때 취할 수 있는 하나의 수단일 뿐이다. 그런 이슈는 너무나 고통스럽거나 민감할 수도 있다. 그럴 때는 감정을 고조할 만한 복잡한 이슈는 회피하는 것도 좋은 방법이다.

구조와 프로세스에 특별히 주의를 기울여라

더 복잡한 프로세스에 뛰어들기 전에, 프로세스 자체에 분명히 주의를 기울인 다음 앞으로 나아가는 것이 현명한 행동이다. 협상 프로세스를 준비하는 것은 꽤 복잡한 일이다. 따라서 다음과 같은 항목을 고려하거나 논의할 필요가 있다.

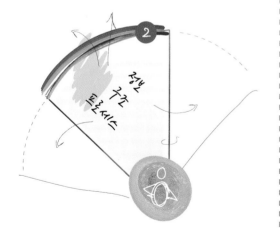

- **목적**: 협상의 목적은 무엇인가? 무엇을 언제 얻고 싶은가?
- 우리가 사용할 **정보**는 무엇인가? 우리는 모두 같은 정보를 가지고 있는가, 또 그 정보에 대해 양측이 생각하는 그림도 같은가? 그렇지 않다면, 어떻게 양측이 올바른 정보를 함께 취득할 것인지, 또 그 정보에 대해 같은 이해를 공유할 것인지에 관해 합의할 용의가 있는가?
- **의지**: 양측의 태도는 어떠한가? 협상을 진행할 준비가 되어 있으며, 필요한 시간을 할애할 의지가 있는가? 각자 프로세스에 대한 자신의 책임을 인식하는가?
- **관련된 사람들과 당사자**: 누가 참여하는가? 우리가 잊고 있는 사람은 없는가?
- **권한 문제**를 점검했는가? 누가 의사결정에 관여하는가? 의사결정은 어떻게 이루어지며 어떤 기준을 적용하는가?
- **장소**: 회의가 열리는 장소는 어디인가?
- **시간**: 일정은 어떻게 진행되는가? 회의는 얼마나 자주 열리는가? 언제 종료할 계획인가?
- **프로세스**: 여러 당사자는 어떤 방식으로 참여하고자 하는가? 누구와 함께, 어떤 절차를 거칠 예정인가? 프로세스를 주도하는 사람은(혹은 요청할 대상은) 누구인가? 계획은 어떻게 조정할 것인가? 협상의 성공 여부를 어떻게 알 수

있는가, 어떻게 측정할 것인가? 갈등이나 스케줄 지연, 또는 예상치 못한 환경 등과 같은 프로세스 붕괴 상황에는 어떻게 대처할 것인가?

• **의사소통**: 의사소통은 어떻게 할 것인가? 언제, 얼마나 자주, 어디서, 누구와 연락을 주고받을 것인가?

다중의 당사자가 관여된 협상에서는 이 내용이 곧 협상 그 자체라고 볼 수도 있다.

협상의 핵심

회의에서 관계에 주의를 기울이고 적절한 체계를 갖추는 것은 신뢰와 진전의 가능성을 극대화하려고 노력하는 것과 같다. 어쨌든 양측이 함께 나아갈 길을 논의하는 초반에 모종의 약속이 맺어질 것이다. 협상의 핵심은 지침 3, 4, 5를 따를 때 얻을 수 있다. 그리고 여기에도 순서가 있다. 프로세스 초기에 나누는 대화이든 이미 상당히 진척된 상황이든 관계없이 이 순서에 주의를 기울여야 한다. 물론 상대방이 나의 의도대로 따라오지 않거나, 논의의 주제를 곧바로 분배 이슈로 바꾸고자 할 수도 있다. 그리고 그 흐름에 순응할 수밖에 없을지도 모른다. 내가 한두 발 앞설 때도 있고, 때로는 거꾸로 양보할 때도 있다. 그러나

어디로 가는지만 알고 있으면 한 걸음씩 전진할 수 있다.

단 한 번의 회의로 프로세스 전체를 한꺼번에 끝마칠 수도 있다. 다양한 프로세스를 매번 다른 사람들과 몇 번씩이나 반복할 때도 분명히 있을 것이다. 깊이 있는 대화에 초점을 맞춘 특별한 회의를 여는 것도 좋은 생각이다. 예컨대 이해관계에 관한 토의를 통해 사안의 전체적 맥락과 핵심 내용을 좀 더 깊이 파악할 수도 있다. 어쨌든, 되도록 많은 당사자의 이해관계에 관해 뚜렷한 그림을 확보해야 한다. 그래야 이후 해결책의 범위를 도출하고, 협상을 쉽게 풀어갈 수 있다.

가능한 선택지가 무엇인지, 또는 윈-윈의 해결책을 찾을 수 있는지를 모색하는 회의를 별도로 개최할 수도 있다. 그뿐만 아니라 비용과 수익의 분배에 관한 내용도 별도로 논의할 수 있다. 그러면 다양한 선택에 따라 어떤 결과가 나올지 판단해볼 수 있다. 누가 무엇을 갖고 누구는 또 어떤 것을 얻는가? 누가 언제 무엇을 해야 하는가? 이에 관한 회의를 몇 차례 더 거쳐야 할 수도 있다.

이런 개별 회의는 각각 저마다의 개회 및 의제 단계가 있으며 이는 이미 언급한 바 있다. 지침 3, 4, 5가 무엇에 관한 내용인지는 이미 설명했지만, 그것을 프로세스에 적용하는 것은 완전히 다른

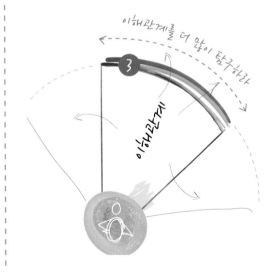

이해관계를 더 많이 탐구하라

이해관계

문제다. 지금부터는 그 단계들에 특별히 주의를 기울일 것이다. 또 후반부인 '다음 단계로 도약'에서는(101페이지 참조) 가장 중요한 단계로 이행할 것이다.

이해관계를 탐구하라

이해관계에 관해 대화할 정도로 열린 분위기가 충분히 조성되어 있는가? 자신의 이해를 말할 만큼 열린 태도를 보일 수 있는가, 그리고 어디까지 나아갈지를 알고 있는가? 협상할 수 있는 것과 없는 것을 뚜렷이 구분하는가? 테이블에 앉은 모든 이들이 이런 질문을 던질 것이다. 그리고 누구나 저마다의 의제를 숨겨둘 권리가 있다. 모든 것을 드러내기를 원치 않아서, 또는 그럴 만한 처지가 아니므로 패를 숨겨두어야 할 때도 있다. 그러나 함께 해결책을 찾고 싶다면 일정 수준 이상의 투명성은 반드시 필요하다. 그리고 투명성이란 저절로 주어지는 것이 아니며, 단계적으로 신뢰를 쌓아야만 얻을 수 있다는 사실을 알게 될 것이다.

상대방의 이해에 먼저 초점을 맞추면 더 큰 투명성을 얻을 수 있다. 잠시 멈춰 이 점을 곰곰이 생각해보면, 어떤 이해관계를 공유하고 있는지, 어느 한 편에게만 해당하는 요소는 무엇인지, 그리고 이해관계가 충돌하는 지점이 어디인지도 알

수 있다. 공통된 이해관계를 인식하면 헌신과 소속감도 당연히 커진다. 공통된 요소를 찾아낼 수 있다면 함께 앞으로 나아가는 것이나, 나중에 그것을 나누는 일도 쉬워진다.

이해관계를 명확히 드러내지 않으면 그것이 해결책 일부가 되기도 어렵다. 그러니 내 카드를 너무 깊이 숨기는 것은 스스로 발등을 찍는 셈이다. 내가 상대방과 거래를 원한다면 그 사실을 상대방에게 분명히 알려야 하지 않을까? 내가 중시하는 어떤 측면이 겉으로 드러나 해결책을 찾는 데 반영이 된다면 당연히 좋은 일일 것이다. 그다음에는 주어진 조건에 맞춰 실제로 적용해 나갈 방법을 찾으면 된다. 물론 최종 결과가 나의 이해에 충분히 들어맞는지도 따져보아야 한다. 자신의 이해를 명확히 드러내지 않으면 예기치 못한 결과를 빚을 수도 있다. 즉 나에게 이롭지 않은 협상 결과가 도출될 수도 있다. 압박을 받는 상황에서는 나의 이해에 분명 해로워 보이는 해결책이나 결정에조차 그대로 동의하고 마는 일이 벌어질 수 있다. 물론 추구해야 하는 투명성이 나 자신이 가진 한계에 제약을 받거나, 신뢰 문제가 발생하거나, 절차 혹은 문화적 관습 등의 요소에 의해 방해를 받는 경우가 있다. 절대 일어나지 않거나 주어지지 않을 일을 추구하면 안 된다. 그런 경우에는 이슈를 종합적으로

검토하여 대처할 방법을 고안해낸다.

지금 단계에서 가장 훌륭한 결과를 끌어내는 데 필요한 기법은 무엇인가?

질문하라: 이것은 가치 영역을 탐구하고 사업적·개인적 이해관계가 무엇인지를 찾아내는 한 가지 방법이다. 아울러 장·단기적 이해관계를 구분할 수 있고, 그 이해관계가 적용되는 맥락을 이해할 수도 있다. 세심하게 귀를 기울이고 질문을 던지며 자세히 살피다 보면, 긍정적인 분위기를 만들어 관계가 강화되고, 더 깊은 이해관계들이 밖으로 드러나게 된다. 이를 위해 반드시 던져야 할 질문이 몇 가지 있다. 상대방의 관심사는 무엇인가? 이 자리에서 무엇을 얻고자 하는가? 어떤 전제조건을 중시하는가? 상대가 추구하는 목적은 무엇인가? 해결책을 모색하기 위해 받아들일 수밖에 없는 전제조건은 무엇인가? 장·단기적으로 필수라고 생각하는 것은 무엇인가?

만약 상대가 개인적 이해관계를 거론한다면, 문제의 핵심에 접근한 것이나 다름없다. 이것이 바로 이른바 핵심 이해라 부르는 것이다. 이 핵심 이해를 파악하기 위해서는 개인적인 영역을 건드리는 질문을 던져 상대의 대답을 끌어내야 한다. "저는 우리가 함께 해결책을 찾아봤으면 합니다.

우리가 성공한다면 그것이 당신에게는 어떤 의미가 있을까요?" 또, 특별한 유대감을 조성하여 이후 해결책을 찾아낼 때 중요해질 정보를 얻어낸다. "우리가 X에 관심을 기울이는 것이 당신에게 중요하다는 사실을 잘 압니다. 그것이 왜 그렇게 중요합니까?" 혹은, "우리가 이 문제의 해결책을 찾아낼 수 있다고 합시다. 그러면 당신은 무엇을 얻을 수 있습니까?" 사실은 이런 질문을 던질 권리를 먼저 얻어낼 필요가 있다. 신뢰가 구축된 상태에서는 더 개인적인 접근이 가능하고 더 많은 질문도 던질 수 있다. 때로는 상대방의 반응(언어적 반응이든, 다른 종류든)을 통해 내가 지나치게 행동한 탓에 유대가 약화하고 있음을 깨닫기도 한다. 하고자 하는 질문이 용인되는지는 문화적인 측면도 함께 작용한다.

이해관계를 연결하라: 공통의 이해관계를 논의하고 거기에 자신의 이해를 추가한다. "A와 B, C가 당신에게 중요하다는 사실을 이해합니다. 우리 둘 다 C를 중시한다는 사실을 알게 되어 기쁩니다. 저는 거기에 덧붙여 D에도 관심을 기울이는 것이 합당하다고 생각합니다." 이런 태도는 상대에게 내가 그와 같은 편이라는 느낌을 주면서도 동시에 나의 이해에 관심을 기울여달라고 요청하는 효과가 있다. 중요한 것은 가능한 한 많은

이해관계를 협상 테이블 위에 꺼내놓고 서로 연결하는 것이다. 그래야만 나중에 선택지를 모색하는 공동 작업을 '함께' 할 수 있다.

우선순위를 설정하라: "제가 제대로 이해했다면, 당신은 결국 A, B, C를 원하시는 거군요. 그 세 가지 중에 무엇이 가장 중요합니까, 그리고 그 이유는요?" 가장 중요한 이해관계가 무엇인지를 알아야 한다. 이해관계에도 내부적인 위계 구조가 있으며, 따라서 우선순위를 설정하는 일은 매우 중요하다. 때로는 또 다른 핵심 이해가 등장하기도 한다.

경청하라: 공감하기, 상대를 격려하기, 질문하기, 요약하기, 그리고 깊이 파고들기 등과 같은 기법을 갖추고 이를 복합적으로 활용하면 더욱 적극적으로 경청할 수 있다. 편견을 품지 않고 경청하는 능력은 하나의 기술이다. 상대방의 말과 의사소통 방식을 경청하면 협상의 내용과 관계라는 측면 모두에서 커다란 성과를 거둘 수 있다. 경청을 올바르게 실천하면 상대방의 맥락과 상황을 더 잘 이해할 수 있고, 상대방 역시 이해받고 있다고 느끼게 된다. 필자의 강의를 수강하는 사람들 역시 남의 말을 더 잘 듣는 법을 배우고 싶다는 말을 많이 한다. 이것은 흥미로운 일이다.

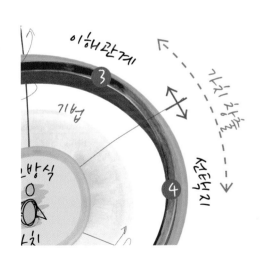

왜냐하면 누구나(물론 청각 장애인은 제외하고) 경청의 능력을 갖추고 있기 때문이다. 제대로 경청하지 못하는 이유는 무엇인가? 방해 요소는 무엇인가? 이미 해답이나 해결책을 머리에 떠올리고 있어서 상대방에게 더 집중하지 못하기 때문인가? 서두르고 있거나, 해당 이슈가 관심이 없거나, 다른 일 때문에 너무 바쁘기 때문인가? 주로 자신이 듣고 싶은 것만 듣는가, 아니면 의견이 다르더라도 편견 없이 상대의 말에 귀 기울일 수 있는가? '내부의 게임'(187페이지)과 '편향'(150페이지)도 참고하기 바란다.

확대해서 살펴보라: 필요하다면 더 깊은 질문을 던질 수도 있다. 서로에 대한 오해를 불러일으킬 불분명한 요소가 있을 수 있다. 필요하다고 판단되는 특정한 세부사항에 대해서는 계속해서 질문을 던지고 왜 그 질문을 던지는지를 설명함으로써 합리성을 부여하라. 예를 들면 다음과 같다. "귀하의 상황을 잘 이해하여 이후 더 큰 도움을 드리기 위해 몇 가지 질문을 드리고자 합니다. 괜찮으시겠습니까?" 이렇게 하면 상호 검증의 쳇바퀴에 빠져들 위험을 피할 수 있다.

공감하라: 상대방을 인격적으로 이해하고 그들과 유대를 맺는 일은 매우 필수적인 기술이다. 사람들이 말하는 내용뿐만 아니라 방식에까지 귀를 기울이는 것이다. '보조를 맞추고 이끌기'(146페이지), 그리고 '메타프로그램'(120페이지)에서 이 점을 매우 상세하게 살펴볼 것이다. 상대방에게 관심을 나타내고 주의를 기울일 때는 그들과 보조를 맞추는 행동이 저절로 나타나게 마련이다. 그런 유대감이 없이는 개인적이고 숨겨진 이해관계가 절대 드러나지 않으며, 서로 간의 신뢰도 훨씬 줄어든다. 너무 빨리 앞서가지 마라. 그들이 무엇을 원하는지를 느끼고, 무엇보다 관계를 형성하는 데 투자하라. 이렇게 친밀감을 형성하여 상대가 나와 대화하는 것을 안전하고 편하게 느껴야 한다.

요약하라: "흥미롭군요. 당신에게 필요한 주요 전제조건이 A, B, C라는 사실을 알겠습니다." 이렇게 말하면 내가 상대방을 이해했음을 알 수 있다. 이것이 바로 요약의 기능이다. 양측이 서로를 이해했음을 확인하고 넘어가야 한다. 아울러 요약은 프로세스 자체에서도 나름의 기능이 있다. 요약을 통해 당신은 한 걸음 한 걸음 프로세스를 관리해나갈 수 있다. 단계마다 이해관계는 과연 이것뿐인지, 빠진 것이나 추가 사항은 없는지 등을 요약을 통해 확인할 수 있다. "A, B, C 외에 포함해야 할 다른 조건은 없습니까?" 요약

은 지금까지 이룬 결과에 정당성을 부여하는 효과적 방법이기도 하다.

선택지를 함께 모색하라

이 단계의 목적은 지금까지 분명하게 드러난 이해관계에 근거하여 논의를 더욱 구체화하는 것이다. 이른바 '심화 프로세스'이다. 여기서는 윈-윈의 해결책이 될 선택지를 최대한 많이 찾아내는 것이 목표다. 선택지를 찾는 작업은 언제나 보람 있는 일이다. 이 상황을 다시 파이 이야기에 비유해보자. 맛있는 파이를 만들기 위해서는 여러 가지 재료가 필요하다. 어떻게 자를지 생각하기 전에 여러 사람과 함께 노력하여 파이를 더 크게 만들 수 있다. 즉, 원래 생각한 것보다 더 많은 가치를 추가할 수 있다.

그런 점에서 유용한 도구가 바로 창의적인 프로세스를 촉발할 창의적인 질문이다. 창의적인 질문은 각 당사자의 이해관계를 조율할 때 더욱 그 효과를 발휘한다. 예를 들어 상대방이 전체 비용을 줄이기 위해 내가 제시한 가격을 낮추려고 압박하는 상황을 생각해보자. 그렇게 되면 나의 수익이나 사업의 지속성 그리고 서비스 수준까지도 악화하기 때문에 가격을 낮출 수 없다. 가격만 놓고 얘기하다 보면 도저히 양립할 수 없을 것처럼 보이지만, 이럴 때 한 단계 높은 차원에서 문제를

바라보면 운신의 폭을 만들어낼 수도 있다. 예컨 대 이런 질문을 던져보는 것이다. "귀측의 비용을 줄이면서도 우리의 이윤에는 영향을 주지 않는 방법이 무엇인지 생각해보는 것이 어떨까요?"

이런 종류의 질문으로 상대방의 관심사를 더 깊 게 살펴볼 수 있다. 이렇게 하여 협상 이슈와 그 해결책에 관해 책임을 공유하는 분위기가 조성되 며 흥미로운 도전이 시작된다. 이 질문은 '심화 프 로세스'의 분위기를 고취한다. 창의적 프로세스 를 통해 열정과 헌신, 상호 신뢰가 강화된다. 뻔 한 해결책을 답습하지 않고 새로운 가치를 창출 하는 것은 멋진 일이다. 가치 영역을 더 크게 확 장해보자.

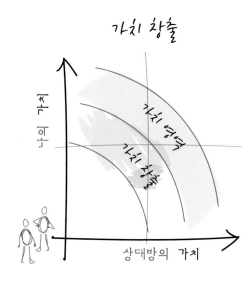

가치 창출

나의 가치

상대방의 가치

- 선택지를 고안하고 평가하여 그중 서로의 이해에 가 장 부합하는 것을 고른다. 여기에는 순서가 있다. 서둘러 결정하지 않도록 조심한다. 미리 주사 위를 던져 여지를 없앨 필요가 없다. 구상한 일 이 모두 제대로 실현되지 않을 수 있으므로, 앞 으로 취할 행동과 그렇지 않을 일을 계속해서 조심스럽게 평가해야 한다. 먼저 선택지를 고 안하고, 경중을 따져 평가한 다음, 전체적인 그 림을 보면서 추가하고 싶은 조건을 결정한다. 그곳이 바로 다음 단계가 시작되는 지점이다.

그다음에는 바로 분배의 문제가 대두되기 때문 이다.

- 양측 모두에 더 큰 도움이 되는 방법에는, 내 비용 을 최소화하거나 상대방에게 굉장히 좋은 조건 이 되는 선택지를 생각해내거나, 혹은 그 반대 의 경우를 들 수 있다. 기대했던 것보다 더 매 력적인 선택지, 처음의 기대보다 더 폭넓은 해 결책을 내놓을 수 있다. 상대방에게 가치 있는 무언가를 해주면 협력 관계의 위험요소를 미리 제거하는 효과를 얻을 수 있다. 일종의 선한 의

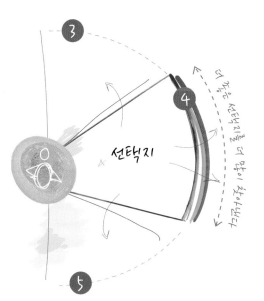

선택지

지를 보여주는 신호이다. 한쪽의 비용에 큰 부담이 되지 않으면서도 상대편에게 소중한 가치를 제공할 방법은 생각보다 많다. 상대가 깊이 생각할 수 있게 돕거나, 조금만 더 지원하는 일, 그들이 관심을 보일 만한 제삼자를 연결해주는 일 등이다. 이것은 유대를 강화하면서 협동 정신을 고취할 수 있는 행동이다. 잠시 시간을 내어 협상 범위를 좀 더 확장함으로써, 그만큼 더 행복한 경험을 만들어낼 방법을 생각해보자. 부가가치를 창출하려면 그럴 방법을 찾아야 한다.

잠깐 초점을 잃을 때도 있다. "X가 당신에게 중요하다는 것을 알고 있습니다. 그런데 잠시 맥락을 놓쳤는데요, Y 해결책이 어떻게 X에 부합하나요?" 3단계와 4단계 사이의 조화를 모색하려 애쓰는 중에 그 접점을 찾지 못하겠다면, 솔직하게 말하면 된다. 그것은 매우 정당한 처신이다. 이해관계와 선택지를 서로 연결하고자 노력하는 중이니까. 양측이 함께 선택지를 찾아낼 수 없을 때도 있다. 예를 들면 당신이 제안서를 제출하기로 했다든지, 이미 특정 절차에 합의한 경우 등이다. 선택지를 함께 구상하는 협력을 상대방이 원치 않을 때도 있다. 상대는 내가 선택지를 내

놓기를 원할 수도 있다. "당신이 이 분야의 전문가이지 않습니까?" 어떤 경우든, 함께 선택지를 모색하는 것이 혼자 찾는 것보다 더 많은 성과를 낳을 수 있다고 말하는 것이 좋을지는 고민해볼 문제다. 또한 상대가 그런 생각을 떨치고 나오게 만들 방법도 있을 것이다. 이 점에 관해서는 '프로세스 개입'(106페이지)과 '상대방이 게임을 펼친다면 어떻게 할 것인가'(163페이지)에서 더 상세하게 다룬다.

분배 이슈와 종반전

전체적인 합의를 끌어내는 데 필요한 조건을 정하는 것이 가장 어려운 일이다. 비용과 혜택을 나누는 일도 필수다. 지침 5의 핵심에 대해서는 이미 언급한 바 있다. 핵심 단어는 바로 공정성이다. 이것은 다소 모호하면서도 사람들이 쉽게 회피할 수 없는 개념이다. 공정성은 강력한 영향력을 가진 단어다. 불공정하거나 불합리한 대우를 당하고 싶은 사람은 아무도 없다. 물론 분배 문제를 논할 때면 여전히 꼼수를 쓰는 사람들도 있고 온갖 게임이 펼쳐진다. 혜택은 최대한 많이 얻어내고 부담은 상대방에게 전가하기 위함이다.

좀 더 복잡한 거래에서는 수많은 항목이 분배 대

상이 되며, 이럴 때야말로 올바른 정보를 얻어야만[지침 2] 좋은 것을 나눌 수 있다[지침 5]는 사실을 깨닫게 된다.

- 정확히 누가 무엇을 언제 하는가? 일을 누구에게 위임할 것이며 어떻게 그런 결정을 내릴 것인가? 결정 근거는 적합성, 시간, 헌신, 동기 중 어느 것인가? 미처 깨닫지 못하겠지만, 이때 그 선택의 근거로 삼을 만한 기준도 함께 찾고 있는 것이다. 그리고 일이 제대로 되어간다면 나의 이익도 중요 사항으로 고려될 것이다. 여기에 성패가 달린 일은 정확히 무엇인가? 가장 중요시하는 일을 우선순위 맨 앞에 두는 것은 당연한 일이다.

- 사람들은 일을 완수하는 데 많은 시간을 쓸 것이다. 천 시간쯤 걸려도 상관없는가, 아니면 팔백 시간 정도만 쓸 수 있는가? 추정의 근거는 무엇인가? 지금 상황을 제대로 볼 수 있도록 과거 경험에서 검증 가능한 정보를 얻을 수 있는가? 어떤 가정을 기준치로 삼아 결정을 내리는가?

- 비용을 합의해야 한다. 내가 기대하는 금액은 시간당 10만 원에서 20만 원 사이이다. 그 정도면 될까? 여기서 어떤 것이 공정한 것인가?

시장 가격과 부합하는가? 이전에 유사한 서비스를 구매한 이력이 있는가, 그때 비용은 얼마였는가? 10만 원과 20만 원 사이에서 어떤 결과를 끌어낼 수 있을까? 과거와 지금은 유사한 상황인가, 아니면 전혀 다른 상황을 비교하는 것인가? 가장 낮은 요금이 우리가 원하는 최선인가? 어떤 기준을 근거로 결정을 내릴 것인가? 누군가가 권력 게임을 펼칠 작정인가, 아니면 공정한 기준치를 근거로 해결책을 찾을 수 있는가?

- 위험을 감수해야 한다. 그러나 정확히 어떤 종류의 위험인가? 거기에 어느 정도의 가격을 매길 수 있는가? 누가 부담하며, 위험을 분산하는 데는 어떤 기준을 적용할 것인가?
- 추가 수익이 발생할 수도 있다. 그것은 무엇일까? 어떻게 계산할 수 있는가? 어떻게 배분할 것인가, 다시 말해 누가 무엇을 왜 차지하는가?

논의하다 보면 3단계에서 4, 5단계를 거치며 진척을 이루게 된다. 이전 단계의 결과로 분배 문제가 대두한다. 한두 단계 앞서갈 때도 있고, 오히려 뒤처질 때도 있다. 내가 무엇을 하고 있는지를 아는 한, 여러 단계 사이를 연결고리를 파악하는 것은 그리 어려운 일이 아니다. "저는 귀측이 X를 끝내는 것을 중요시한다고 들었습니다. 그 일을 할 수 있는 것은 우리뿐입니다. 그러니 저로서는 우리가 그런 노력을 하면서도 Y라는 가격이 깎이는 것은 공정하지 못하다고 생각하는 겁니다." 상대방이 모든 것을 독차지하려 들 때는 다음과 같이 말할 수 있다. "우리에게 이 가격을 관철시키려면, 우리가 제안한 해결책이 실행되어야 합니다. 그렇지 않으면 어쩔 수 없습니다." 이 말은 사실 정당한 가격을 지급하지 않고 모든 것을 가질 수는 없다는 뜻을 담고 있다. 내가 어떤 일을 중요하게 생각한다 해도, 적절한 해결책이 있을 수도 있지만, 도저히 어쩔 수 없을 때도 있는 것이다. 종반전에서는 프로세스 안에서 이해관계와 선택지에 대해 다시 언급해야 하고, 이것은 중요한 일이다. 사실 양측이 모두 받아들일 수 있는 대안은 효과를 발휘할 수도, 그렇지 않을 수도 있다. 그런 측면이 공정성에 영향을 미쳐서, 원래 기대했던 수준에 미치지 못하는데도 수락할 수밖에 없을 때도 있다.

프로세스 3, 4, 5단계를 거치면서 합의나 거래를 끌어낼 수도 있다. 협력 또는 거래의 실행 조건도 만족스럽다. 이럴 때는 합의 내용을 기록하고, 양측 모두 기록된 조건을 수락하는지 확인한 다음, 후속 단계에 관한 검증 가능한 합의를 도출한다. 물론 이것이 끝이 아닐 수도 있다.

종반전에 대비하는 최종 대안

협상 막판에 이르면 다소 공정하지는 않더라도 양보를 해야 하는 경우가 많다. 결승선에 도달한 것 자체가 기쁘고, 이제 거의 마지막이라는 것도 사실이다. 이미 대화는 충분히 했고, 잔치를 초라하게 끝내고 싶지 않다는 생각이 들 수도 있다. 그래서 동의하는 것이다. 어쩌면 또 다른 압박을 받는 건지도 모른다. 상대방은 (다시 한번) 나의 한계를 시험해보고 내가 저항하는지, 모면하는지, 또는 물러서는지 지켜볼 수도 있다. 마지막에 너무 많이 양보해버렸다는 한탄을 종종 듣는다. 예를 들면 가격 할인(돈), 관심(시간), 그리고 추가 사항(가령 높은 품질) 등을 말이다. 때로는 이렇게 하는 것이 옳다는 이유를 생각해내어 자신을 달래기도 한다. 이런 식으로 수많은 거래에 정당성이 부여되어왔다. "그러는 편이 우정을 지키는 길이었어. 어쨌든 원만한 관계와 좋은 분위기가 유지됐잖아." "상대방도 뭔가 얻는 것이 있어야지." 또 가장 흔한 이유 중 하나는 이런 것이다. "일종의 투자라고 생각하지 뭐. 나중에 어떻게든 보상받을 거야." 그러나 명심할 점은 공정성의 원칙을 두 눈 뜨고 지켜야 한다는 것. 그리고 모든 일은 양측의 최종 대안에 견주어 저울질해보아야 한다.

다음의 예를 사용하여 종반전, 즉 회의 마지막 단계에 관해 설명한다. 다양한 선택지가 나오지만 그 내용은 차근차근 살펴볼 것이다. 가장 먼저 지침 3, 4, 5를 적용하여 잠재적 합의에 필요한 요소를 요약해야 한다. "잠깐 숨 고르기를 하면서 중요한 사항을 다시 열거해보겠습니다. A와 B에 도달하는 것이 귀측에 중요하다는 점을 지금까지 이야기했습니다. B는 우리에게도 역시 중요하며, 우리로서는 C와 D도 중요한 일입니다. 지금까지 우리는 1과 2, 그리고 3[실행]을 하기로 합의했습니다. 우리는 거기에 합의했고, 모두 같은 열정을 보입니다. 조건에 대해 정리해보면, 몇 가지 요소에 대해서는 양측의 의견이 같지만, 한 가지는 아직 좀 더 논의해야 합니다. 우리는 200시간의 작업 소요 시간과 10만 원의 시간당 요금에 합의했고, 1, 2, 3을 마치는 데는 이것으로 충분할 것으로 봅니다. 아울러 귀측이 Y라는 추가 투자를 하기로 합의했습니다. 아직 우리가 합의하지 못한 분야는 Z라는 추가 투자에 관한 것입니다. 귀측은 그 투자비를 우리가 부담하기를 바라고 있습니다. 지금까지 제가 말한 것이

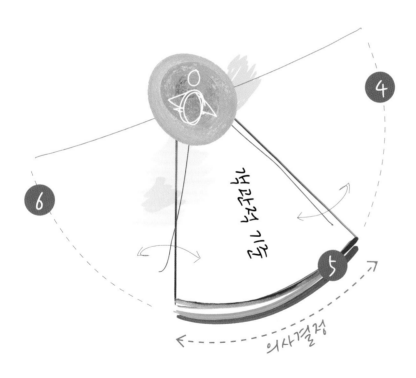

모두 맞습니까?"

종반전에서 민첩성과 유연성을 발휘하는 몇 가지 방법을 알아보면 다음과 같다.

- 거래가 마음에 들지 않는다고 가정해보자. 내가 감당할 의무는 너무 많고, 보상은 너무 적다는 생각이 든다. 쉽게 말해 비용과 혜택이 불공정하게 나뉜 것이다. 어쩌면 아직 뭔가 더 교환할 수 있을지 모른다. 상대방이 나를 위해 뭔가 해준다면 나는 그 투자를 받아들일 수도 있다. 계약 조항을 추가할 수도 있지 않을까? 그러려면 협상 양상이 더 큰 맥락으로 전개되는 등, 뭔가 매력적인 요소를 더해야 할 것이다. 교환 조건을 만들어내려면 내가 부담하는 비용은 많이 늘어나지 않으면서 상대방에게는 매우 유용한 기회가 될 조건을 더 찾아내야 한다. 물론 거꾸로 해도 된다. 나에게 적합하면서도 그들이 감당할 비용은 없거나 미미한 조건을 제시하는 것이다. 누군가가 나에게 다른 거래처를 소개했는데, 그것이 그에게는 별로 힘든 일이 아니었지만 나에겐 대단히 소중한 기회였다면 어떨까? 때로는 거래 범위를 좀 더 넓혀 함께 해결책을 모색할 수도 있다. 합의에 이르기 위해 양측에 필요한 것을 생각해보자. 이때 그것을 명시적으로 드러내는 것이 중요하다. "합의에 이르기 위해 우리가 필요한 것은…" 또는, "우리가 합의에 도달하기 위해 귀하에게 필요한 것은 무엇입니까?"라고 질문하는 것이다. 이에 대한 대답은 다음과 같을 것이다. "안타깝게도 우리 예산 범위를 넘어섭니다. 그러나 어쩌면 투자를 2년에 걸쳐 나눠 집행할 수도 있겠지요." "제 상사도 받아들일 수 있는 명분을 찾아내야 합니다." 또는 "지금은 우리의 우선순위가 다른 데 있지만, 그걸 다음번 회의 안건으로 올려놓고 상황을 한번 지켜보죠." 해결책을 찾아낼 방법을 꾸준히 생각하면서, 나중에 문제가 될 정도로 너무 많이 양보하지 않도록 한다.

- 도무지 피할 길이 없을 때도 있다. 그럴 때는 양보할 수밖에 없다. 즉, 이 거래는 놓치면 안 될 정도로 중요할 뿐 아니라, 내가 가진 최종 대안 역시 그리 강력하지 못한 경우를 말한다. 양보를 꼭 해야 한다면 이번 한 번뿐이라고 분명히 못 박아두어야 한다. "이번 한 번만 특별히 Z를 받아들이겠습니다." 다음에도 적용되는 선례를 남기면 안 된다. 그랬다가는 다음과 같은 말을 듣게 된다. "지난번에는 합의하셨잖아요. 왜 지금은 안 된다는 겁니까?" 양보는 아무 때나 해선 안 된다. 고객들이 '현재의 열악한 시장 환경으로 인해' 정말로 더 지급할 수 없다고 말할 때나 고려해볼 만한 행동이다. 협상에서 조금이라도 더 짜내기 위해 관계에 압박을 가하기도 한다. 물론 상황이 어려울 때 협조해줄 수도 있지만, 동시에 상대가 게임을 펼치는 것은 아닌지 의문을 품을 줄도 알아야 한다. 현재의 고착 상태가 정말 경제 환경 악화 때문인지, 아니면 그저 나를 떠보려고 하는 구실에 불과한지 어떻게 아는가? 만약 그 게임에 제대로 응하고자 결정했다면, 고객의 재정 형편이 나아지는 때엔 그 게임에서 적절한 방법으로 최대한 이익을 거둘 수 있어야 한다. 사전에 이에 대해 명확한 합의가 있어야 한다. 일단 상대에게 양보해버린 것은 게임이 끝난 다음에는 절대 되받을 수가 없기 때문이다. 아울러 이런 종류의 양보는 내가 고객에게 '무엇을 양보했는지' 다른 사람들이 아는 순간, 시장 내의 다른 관계에도 영향을 미친다는 사실을 알아야 한다.

- 바람직한 것과 달성할 수 있는 것 사이에 격차가 존재할 수 있다. 이로 인해 프로세스의 마지막에 이르러 누구도 감히 타개할 엄두를 내지 못하는 교착 상태가 찾아온다. 이렇게 되면 누가 먼저 움직이느냐의 문제가 되고 만다. 어쩌면 탈출구가 보이지 않을 수도 있다. 그러나 만약 나의 고집 때문에 스스로 발목이 잡혔다면? 물론, 나로서는 내 주장이 모두 본질적인 것으

로, 먼저 움직여야 하는 쪽은 상대방이라고 생각할 것이다. 그러나 일을 너무 어렵게 만들 필요는 없다. 잘 생각해보면 해결 방안이 분명히 있다. 고통을 분담할 준비가 되어 있는가? 주고받기를 성사시킬 여지가 있지 않은가? 얻을 수 있는 게 큰 경우라면, 동료를 포함한 다른 누군가에게 지원을 요청할 수 있다. 또 그 책임을 '윗선'으로 넘겨버리는 방법도 있다. 이 경우 나의 협상력이 와해할 위험이 있지만, 때로는 꼭 그래야만 할 경우도 있다. 내 선에서는 해결할 수 없어 문제 해결 책임을 윗선으로 전가한다는 말이다. 사실은 이런 말을 꺼내면 다시 한번 양측이 함께 해결책을 찾아보자는 쪽으로 전개될 가능성이 크다.

- '집에 가서' 그 제안을 좀 더 검토해보겠다고 말하거나, '타임아웃'을 선언하는 방법도 있다. 지금까지 진행 상황을 요약한 다음, 아직 결정을 못 했으며 더 생각할 시간이 필요하다고 말한다. 거의 합의에 도달했지만 아직 완전히는 아니다. 양측이 아직 합의하지 못한 세부사항이 남아 있다는 사실에 합의한다. 그 이슈를 아직 해결하지 못한 이유가 무엇인지를 언급해야 한다. 그러지 않으면 부정적인 인상을 품고 협상장을 나서게 될 수 있다. 또 다음번에는 우리

측 입장을 정리하여 수용 가능한 제안을 준비해오겠다고 말한다. 최종적인 최선의 제안 말이다. 원칙상 이것은 막장 게임의 최종 제안과 같아서 더는 협상의 대상이 되지 않는다.

- 프로세스 마지막에 내가 가진 최종 대안을 언급함으로써 다시 한번 판을 흔들 수 있다. "우리가 아직 해결하지 못한 내용이 한 가지 남아 있습니다. 양측 모두 이 문제로 넘어가지 못하고 있고, 또 다 그럴 만한 이유가 있다고 생각합니다. 따라서 우리는 자원과 인력을 다른 프로젝트에 투입할 수밖에 없습니다." 최종 대안을 밝히는 것은 결국 상대방과 계속 협상하기를 바라기 때문이다.

- 이해관계가 워낙 첨예하게 맞서서 둘 사이의 협상으로는 해결되지 않을 때, 독립된 제삼자에게 판단해달라고 요청하는 방법을 생각해볼 수 있다. 즉 갈등 중재 역할을 의뢰하는 것이다. 중재가 바람직할 때가 있는데, 예컨대 양측 관계가 위기에 놓였다거나 이미 심각하게 손상된 경우다. 양측이 먼저 이것을 제안할 수도 있고, 만약 법적 소송까지 발전된 단계라면 재판관이 중재를 권하는 경우도 있다. 중재든, 법정이든, 독립된 제삼자는 일종의 객관적 기준으로서 작동할 수 있다. 양측의 이해관계가 충돌

하는 위치에서 각자 한 발 물러서게 해주는 최종 대안의 한 예다.

마지막에 펼칠 수 있는 게임은 무척 많다. 모자 속에서 꺼내 드는 프로세스 관련 속임수가 얼마든지 있다. 예를 들면, 시간이라는 변수를 활용하여 프로세스의 속도를 늦추거나, 회의 막바지에 막 결론이 나려는 참인데 합의를 원하면서도 압박을 더 세게 펼치며 나오거나 시간을 좀 더 달라고 요청해오는 경우, 나의 제안에 응하지 않거나 마지막 순간에 추가적인 양보를 요구하는 등이다. 내용과 관련된 계책도 물론 존재한다. 다양한 사항이 협상 테이블에 올라오거나 보류되거나 복잡·미묘한 교환 게임의 일부가 되어, 나도 모르게 한계치보다 더 많이 양보해버리는 경우가 발생한다. 때로는 관계 그 자체를 저당물로 삼기도 한다. "아니, 왜 이렇게 어색하게 나오는 거예요? 거의 다 된 이야기잖아요. 그냥 알겠다고만 하면 되는 건데, 진짜."

"지금 여기에 합의할 수 없다고 하시면, 우리는 뭐 그만두는 수밖에 없습니다."

또는 "당신하고는 더 이야기해봤자 소용없겠네요. 상사분 모셔오세요."

'상대방이 게임을 펼친다면 어떻게 할 것인가'에

서(163페이지 참조) 이러한 사례를 모두 열거하고, 대처하는 방안도 살펴볼 것이다.

다층 결정구조 및 여러 당사자가 존재하는 경우

조직이나 네트워크에서의 역할에 따라 정도 차이는 있겠지만, 여러 참여자가 존재하는 협상에 참여하거나, 다층 결정구조를 가진 조직 환경에서 협상해야 하는 경우가 있다. 복수의 이해 당사자나 직접 연관된 사람들이 있다. 후자의 예로는 통합조직이나 컨소시엄, 복합 프로젝트, 네트워크 및 공동창작팀 등이 있다. 유연 조직에서 일하면서 파트너가 자주 바뀌고 역할마저 매번 바뀌는 일이 점점 보편화하는 시대가 되었다.

여러 당사자와 다양한 사람들이 각자의 역할을 가지고 프로세스에 참여할 경우, 상황이 한층 복잡해질 것은 자명한 일이다. 수많은 이해관계가 개입되며, 해결책을 모색하는 방법에도 다양한 종류가 있어 분배 이슈도 한층 더 복잡한 양상을 띤다. 조직 내 역학 관계도 존재하는데, 이는 조직에 속한 사람들은 고의이든 아니든, 결국에는 서로를 견제하기 때문이다. 누구와 언제, 그리고

어떤 조합으로 협상 테이블에 마주 앉을 것인가? 좋은 합의를 끌어내고 싶다면 어떤 단계를 밟아가는 것이 목적에 가장 맞는지 생각해봐야 한다. 여러 판의 체스를 동시에 두는듯한 상황이 펼쳐질 수도 있다. 따라서 접근방식에 대해 먼저 고민하는 것이 특히 중요해진다. 최종 목적과 거기에 도달하는 경로를 생각해야 한다. 목표 달성을 위해 일곱 개의 지침을 통찰의 근거로 삼아야 한다.

복잡한 프로젝트의 최종 평가를 도와달라는 요청을 받을 때마다 준비 과정이나 의사결정에 중요한 역할을 한 당사자나 참여자를 간과하는 경우가 있다. 그 결과 핵심 이해관계를 명시적으로 드러내지 못해 프로세스가 정체되고, 기획 단계에서의 문제와 품질 이슈, 과민반응, 신뢰 결여 등이 발생하며, 급기야 때 이른 법적 문제들이 불거져 나오는 경우도 적지 않다. 이 항목만을 다루는 데에도 족히 책 한 권의 분량이 필요하지만, 여기서는 몇 가지 사례를 언급하는 것으로 만족하고자 한다.

몇 가지 실제 사례

한 도급업자가 경매 절차를 거쳐 교통 상황 개선에 관한 큰 계약을 따냈다. 철로 아래로 지나는

터널과 새로운 우회로, 자전거 도로, 도로포장, 일반 도로와 가로등을 포함하는 공사였다. 모든 조건은 명확했고, 공사가 시작되었다. 일이 진행되는 과정에서 일부 당사자의 이해를 고려하지 못했다는 사실이 드러났다. 주민들은 도로 공사가 진행되면서 발생하는 교통 체증에 불만을 표시하였고, 환경단체들은 자신들의 목소리가 전달되지 않는다고 생각했다. 여러 가지 절차들이 무시된 것 같았다. 프로세스가 수렁에 빠졌고, 당사자들은 짜증을 내기 시작했으며, 발주자와 도급업자 사이의 신뢰는 위기에 처했다. 심각한 비용 초과 사태에 봉착했고, 양측은 결국 법정으로 문제를 들고 가게 되었다.

또 다른 사례로, 몇 달간이나 회의를 지속하면서도 마지막에 이르러서야 누군가가 소외되었다는 사실을 깨닫게 된 경우가 있다. 결정 권한도 없는 옆 부서의 이사 한 명이 자신의 의견을 주장하며 프로세스에 개입하면서 일을 망쳐놓은 사건이었다. 그런데 나중에 알고 보니 그 이사는 의사결정 과정의 핵심 지위에 있는 인물이었다. 프로세스는 정체되었고, 수많은 시간과 노력을 더 쏟아붓고서야 원래 궤도로 겨우 회복할 수 있었다. 이런 사례는 여러 형태로 변형되어 나타난다. 의외의 실력자가 갑자기 등장하는 때도 있다. 의도적으

다층 구조, 여러 참여자

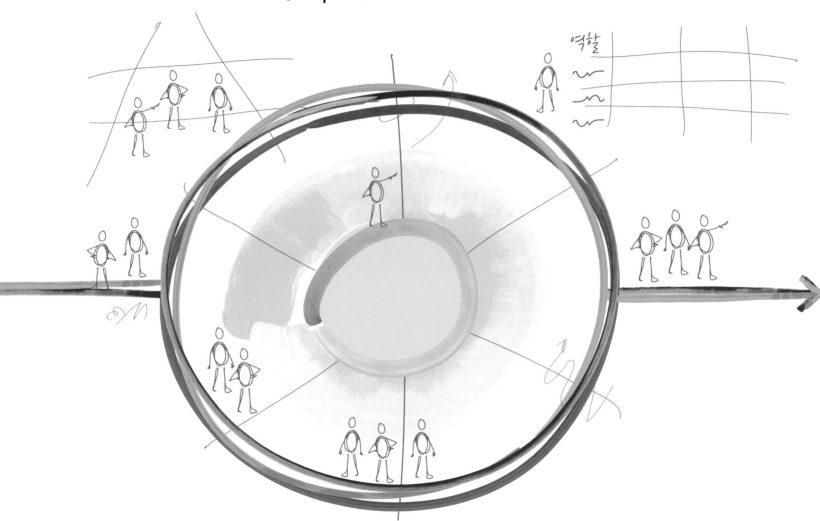

로 프로세스에서 배제되었던 사람이 마치 비장의 무기라도 되는 듯이 복귀해서 또 다른 압력으로 작용할 때도 있다.

한 의회 의원이 선거가 다가오자 자신이 정한 사안의 우선순위를 바꾸고 의사결정을 미루면서까지 다른 의제를 채택했고, 결국 일정이 늦어졌다. 이렇게 귀결될 것이 처음부터 뻔했지만, 당시에는 아무도 주목하지 않았다. 하청업자가 이미 많은 일을 했지만, 결국은 아무런 의미가 없었다. 다른 조처를 하기에는 때는 이미 늦은 상태였다. 시작할 때부터 아주 기초적인 질문을 간과한 결과였다. 바로 의사결정 과정에 관여하는 사람이 누구며, 그 과정은 어떤 단계를 거치는가 하는 질문이다.

전체적인 맥락과 현장의 상황, 그리고 의사결정 과정을 더 잘 이해하면 더 나은 결과를 얻을 수 있다. 조직 내·외부의 다양한 계층에 걸쳐, 여러 참여자를 대상으로 협상해야 하는 경우가 많다. 거래를 제안하고 싶지만 그러기 위해선 여러 참여자와 이해관계자의 합의를 끌어내야 하는 예도 있다. 때로는 고객에게 제시할 제안서를 여러 참여자와 함께 만들어야 하는 상황도 있다. 또 새로운 아이디어를 공동 마케팅에 활용하기 위하여 파트너십을 수립할 때도 있다. 요컨대 여러 참여

자가 개입되는 복잡한 상황에서는 협상을 시작하기 전에 잠시 멈춰 생각부터 해야 한다는 것이다.

다층 구조 및 여러 참여자가 있는 상황에서의 의사결정 프로세스

계층구조가 다른 조직 사이에 협상이 진행될 때는 양측 사이에 수평적인 연락선을 구축하는 게 관례이다. 이때, 서로 다른 계층구조를 최대한 고려해야 한다. 내가 맡은 역할에 따라 어떤 연락선이 필요한지, 그리고 누가 누구와 연락해야 하는지 내부조정을 해야 한다. 권한에 대한 내부조정을 마쳐야 하고, 전략과 전술도 논의해두어야 한다.

아울러, 현장 상황을 잘 파악하는 것도 중요한 일이다. 그러기 위해서는 내·외부에 걸친 의사결정 단위(DMU)decision-making unit를 파악해두면 도움이 된다. 의사결정 단위란 의사결정 과정에 역할을 담당하는 사람들로 구성된 시스템을 말한다. 이 시스템을 분석하여 그 결과를 전략과 전술의 기초로 삼는다면 나의 이해와 아이디어를 관철할 가능성이 더욱 커진다. 문화적 역학 관계를 잠시 숙고해보는 것도 특별한 의미가 있다. 사람들이 의사결정을 내리는 순간에 바로 특수한 관습과 문화적 양상 등이 작용할 수 있다. 마지막 주제에 관해서는 '문화적 차이에 대처하기'(159페

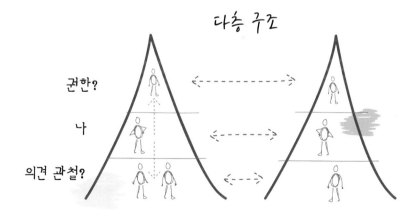

다층 구조

권한?

나

의견 관철?

의사결정 단위

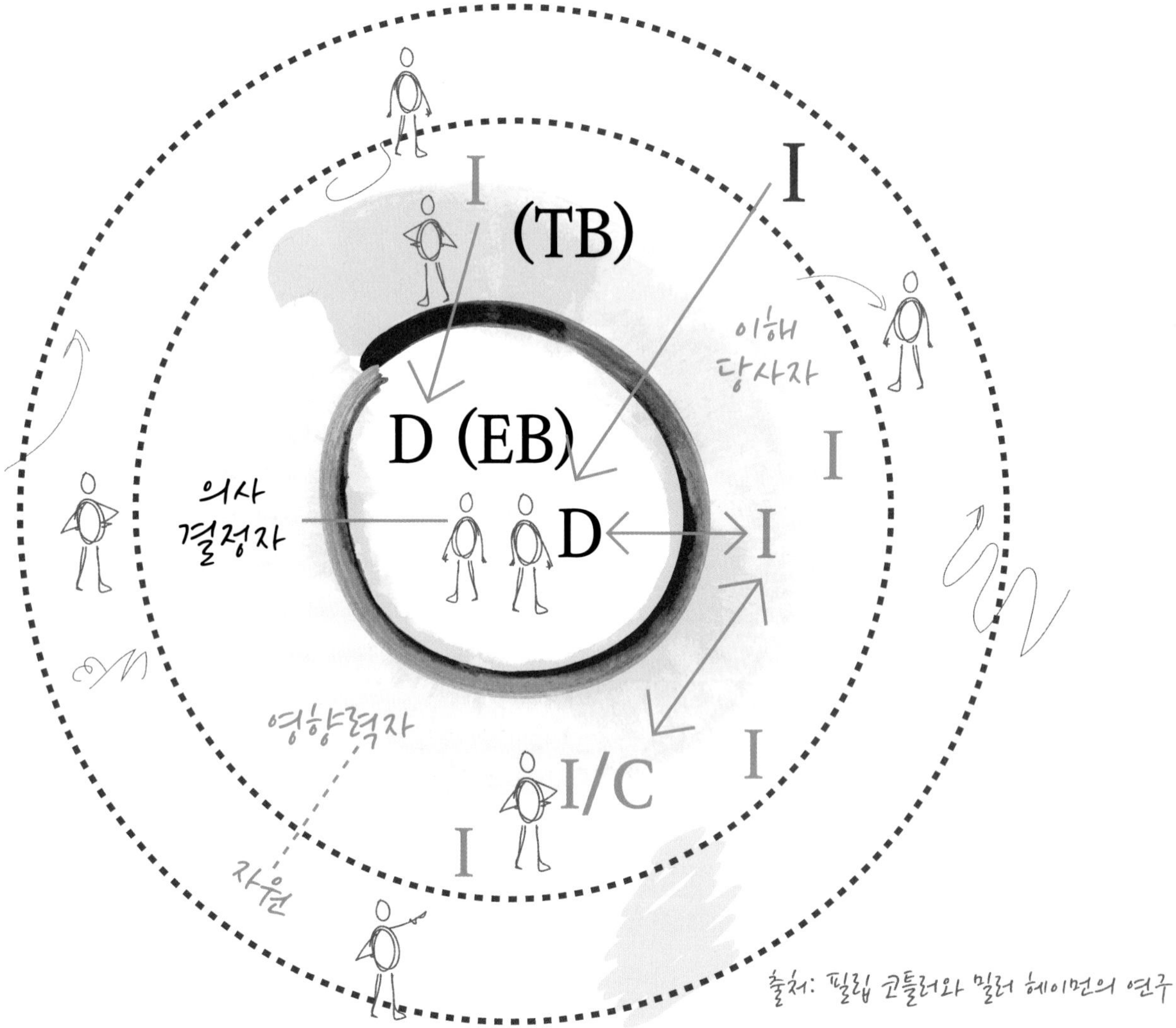

(TB)

D (EB)

의사
결정자

I

I

이해
당사자

I

D

I

I

영향력자

I/C

I

자원

출처: 필립 코틀러와 밀러 헤이먼의 연구

94

이지)에서 더 상세하게 다룰 것이다.

필자는 의사결정 단위를 정의하기 위해 필립 코틀러와 밀러 헤이먼의 연구에 근거한 모델을 사용하였고, 거기에 약간의 수정 작업을 추가했다.

의사결정 프로세스에서의 여러 역할을 다음과 같이 정의하였다.

- 재무 이해관계를 주로 추적하는 사람은 구매자나 소유주, 또는 재무이사 등이다. 이런 사람들을 경제적 구매자(EB)economic buyer라고도 한다.
- 실질적 이슈, 예를 들어 결과물의 기술적 품질이나 타당성, 내구성, 신뢰성 등을 담당하는 사람들이 있다. 이런 역할을 하는 사람은 혁신책임자나 기술서비스 부서장, 또는 품질책임자 등이다. 이들을 기술적 구매자(TB)technical buyer라고 한다. 상품이나 서비스의 소비자도 이 역할을 한다고 볼 수 있다(분석을 위해 별도로 구분한다).
- 코치(C)coach는 나와 같은 편에 있는 사람이다. 관계는 좋고 서로 간에는 신뢰가 존재한다. 다른 사람들에게라면 어색할 만한 질문도 그들에게는 할 수 있다. 예를 들면 의사결정 프로세스에 관한 질문 등이다.

- 문지기(G)gatekeeper는 말 그대로 문을 지키는 사람이다.

이들은 이상의 역할 외에도 의사결정권자(D)decision-maker 또는 영향력자(I)influencer가 될 수 있다. 역할이 중복될 수 있는 것이다. 경제적 구매자가 곧 의사결정권자이거나 영향력자일 수도 있고, 그러면서 동시에 나의 코치가 될 수도 있다. 이해당사자는 누구보다도 프로세스에 중대한 영향력을 발휘한다.

이런 분석을 기초로, 내가 논의하고자 하는 내용을 누구와 어떤 순서로 할 것인지를 계획하면 된다.

사람들이 의사결정을 내리는 방법은 여러 가지가 있다. 문화적 차이가 영향을 미칠 수도 있다. 의사결정에 관한 컨설팅 양식도 존재하는데, 그 내용을 보면 한두 명의 의사결정 전문가들이 다른 사람들을 컨설팅해주고 그 정보에 기초해서 의사결정을 내리는 방식이다. 합의에 따라 결정을 내리는 경우도 있다. 의사결정 단위에 속한 인원들이 논의를 거쳐 합의한 다음, 모두가 지지하는 내용으로 결정하는 것이다. 프로세스의 구조가 좀 더 권위적인 경우도 있다. 리더가 다른 사람의 의견을 경청하지 않고 홀로 의사결정을 내리는 것이다. 실제로는 훨씬 더 미묘할 수도 있다. 누구

나 무언가로부터 영감을 얻어 의사결정을 하므로 독단적으로 보이는 의사결정 방식에서도 타인의 영향을 어느 정도 받을 수밖에 없다.

다시 지침으로 돌아가자. 일곱 가지 지침은 협상을 준비하는 데 도움이 된다. 다층 구조와 여러 참여자가 있는 프로세스에서는 의사결정 과정, 그리고 그에 대한 나의 전술적 조치에 매우 세심한 주의를 기울여야 한다. 가능한 한 빨리 의사결정 프로세스를 파악해야만 당황하지 않을 수 있고, 그래야만 프로세스를 효율적이고 효과적으로 진행해갈 수 있다.

다음의 질문을 이용하여 의사결정 단위와 프로세스에 대해 최대한 통찰을 얻어낼 수 있다.

- 의사결정에 관여하는 사람이 누구인가?
- 이 프로세스에 참여한 여러 사람의 역할은(그리고 책임과 이해관계는) 무엇인가?
- 그들은 어떤 단계를 거쳐서 결정을 내리며, 또 어떻게 그 결정에 도달하는가?
- 선택의 근거가 되는 기준(이해관계)은 무엇인가?

원을 그려서 현장의 다양한 참여자가 처한 위치를 도식화할 수도 있다. 각자의 이름과 역할을 기록해보는 것이다. 게임 참여자들에 대해 좀 더 깊이 생각해보라. 역할 외에도 그들이 나에게 우호

적인지 적대적인지, 나를 돕고자 하는지, 약속을 지키려는 진정성을 보인 적이 있는지 등을 생각해본다. 눈에 띄지 않는 참여자나 알 수 없는 정보가 있지는 않은가? 이렇게 하면 당신이 마주하고 있는 의사결정 단위가 어떤 특질을 가졌는지를 정성적으로 평가할 수 있다. 이런 분석을 바탕으로 어떤 조치가 필요한지 검토한다. 놓친 정보와 그것을 획득할 방법, 그리고 참여자들을 내 편으로 끌어들이는 방법 등을 모색하는 것이다.

원을 채울 때는 다음의 사항을 유의해야 한다.
• 그룹과 개별 참여자를 모두 포괄하라.
• 누군가를 대신해서 협상에 임하는 외부 컨설턴트나 대리인 등의 참여자도 포함하라. 그들 역시 자신만의 이해를 가지고 있다.

우리가 분석하는 대상은 조직 체계이므로, 분석 작업을 꾸준히 반복해야 한다. 어쨌든 사람들의 위치와 역할은 변하며, 따라서 의사결정 단위 또한 변화를 겪게 된다.

복수 당사자의 양상

다층 결정구조 상황에서는 참여자가 여럿인 경우가 많다는 사실을 앞에서 언급했다. 협상에 여러 참여자가 있을 때는 참여자가 누구며 그들의 업무와 역할, 책임이 무엇인지 파악하는 것이 더욱 중요해진다. 여기서도 일곱 가지 지침을 출발점으로 삼으면 된다.

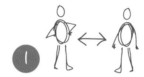

여러 그룹과 개인들 사이에 작용하는 기대와 인식, 감정을 파악하라. 긴장 관계가 존재하거나 관점과 기대 면에서 큰 차이가 있는가? 문화적 차이에 세심한 관심을 기울여라.

각 당사자 사이에 진전을 위한 충분한 신뢰가 조성되어 있는가, 아니면 다소 양보할 마음의 준비를 해야 하는 상황인가? 본격적인 협상에 나서기 전에 이 점을 먼저 언급하고자 하는가? 모두가 같은 정보를 공유하고 있는가?

여러 당사자의 이해관계를 파악하라. 이해관계를 가장 많이 공유하는 당사자는 누구인가? 각 당사자만의 이해관계는 어떤 것인가? 갈등의 조짐은 보이는가? 핵심 의사결정 단위에서 아무런 역할이 없으면서도 상당한 영향력을 발휘하고, 또 반드시 프로세스에 개입해야 하는 당사자가 존재하는가? 이해관계자를 참여시키고, 그들의 상황에 귀 기울이며, 그들의 이해에 관심을 표명하여, 전체 프로세스에서 그들의 참여를 어떻게 보장할 것인지에 관한 합의를 끌어내라.

④ □○△

주어진 맥락에 따라 해결책을 구상한다. 예를 들어 협력에 착수하기 위해서 혹은 합의에 도달하기 위해서 등이다. 한 번에 한 단계씩 프로세스 내에서 그들의 참여도를 점차 높여가며, 그 과정에서 그들이 해결책에 동의할 수 있도록 한다.

다층 구조, 여러 참여자

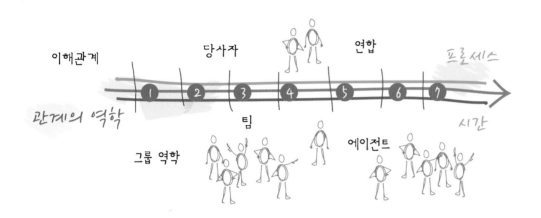

이해관계

관계의 역학

당사자

팀

그룹 역학

연합

에이전트

프로세스

시간

5

충돌하는 이해관계 사이에서 연결점을 찾을 가능성을 계속해서 고민해야 한다. 나의 의견이나 결정의 근거로 삼을 공정성의 근거는 어디에 있는가? 교착 상태에 봉착할 조짐이 보이기 시작할 때 도움을 줄 사람이 있는가?

6 협상?
_____
대안 마련

양측 사이에 상호의존성(또는 결핍 상황)이 다양하게 존재하는가? 상대방의 압도적인 지위 때문에 영향을 받는 특정 당사자가 존재하는가? 그것은 전체 역학 관계에 어떤 영향을 미치는가?

7

이 분석은 추가적인 전략과 전술을 결정하는 데 도움이 될 수 있다. 협상 테이블에서 누구와 가장 먼저 마주할 것인가? 어떻게 하면 프로세스를 단계적으로 구축할 수 있을까? 시간과 선결 조건, 정치적 요소 등이 모든 일에 제약 요소가 될 수 있다는 사실을 명심해야 한다.

여러 참여자 사이에서 협력을 구축하고 싶다면, 자신의 이해관계를 뚜렷이 파악하고 누가 가장 적합한 협력 파트너가 될 수 있는지 따져보아야 한다. 그런 상대가 바로 나의 인적人的 최종 대안이다. 그 상대가 언뜻 보기에 다른 이들과 별 차이가 없다면, 더 깊이 분석해보아야 한다. 아울러 공통의 이해와 각 당사자만의 이해, 그리고 충돌하는 이해를 모두 파악해야 한다. 그러고 나면 가장 눈에 띄는 협력 상대가 누구인지, 프로세스에 포함하고 싶은 대상은 누구인지, 또 어디가 병목인지 모두 눈에 들어온다. 그 모든 결과와 게임 참여자들을 결합해 일정과 연계하면 비로소 전략과 전술의 기본 틀을 마련할 수 있다. 나의 가정이 합리적인지 동료들의 반응을 살피고 혹시 놓친 것은 없는지 꼼꼼히 따져본다. 이는 마땅히 주의를 기울여야 할 만큼 복잡하고 중요한 문제다.

프로세스에서 차지하는 책임과 역할에 따라 주도적인 위치에 있을 수도 있고, 그저 단순한 참가자에 불과할 수도 있다. 그러나 역할에 상관없이 이런 이슈를 생각해볼 수 있으며, 일곱 가지 지침은 가이드라인이 될 수 있다.

- "어떻게 해야 우리의 이익에 가장 잘 부합할까?" 이 핵심 질문에 대한 적절한 해답 없이 일을 진행하는 경우가 많다. 어떤 상대와 이미 단계를 밟고 있는데도 별다른 대안을 모색하지 않았다면, 최선의 결과에서 이미 한 걸음 후퇴한 것이나 다름없다. 자신을 궁지에 몰아넣고 있는 셈이다. 그런 일이 곧잘 일어나는 이유는 사람들 마음속에 관성의 법칙이 작용하기 때문이다. "기왕 시작했으니 마무리를 지어야지." 의도 자체는 나무랄 수 없으나 적절한 대안을 함께 검토해야만 비로소 빛을 발할 수 있다. 더 큰 그림을 보는 것은 그 자체로는 목적이 될 순 없다. 하지만 나의 이익을 보살피는 데는 도움이 된다. 그러므로 어떻게 하면 나의 이익을 가장 잘 관철할 수 있는지, 또 누구와 함께해야 하는지 좀 더 여유를 가지고 지켜볼 필요가 있다.

- 협력에 대한 기대를 명시적으로 표현하는 게 너무 늦은 단계에서 이루어지는 경향이 있다. 가능한 한 프로세스의 이른 단계에서 기대하는 바를 말해야 한다. 신속하고 분명하게 드러내야 한다. 협력에 대한 양측의 기대가 서로 달랐기 때문에 프로세스가 지연되다가 결국은 깨지는 경우를 많이 목격한다. 서로가 기대하는 바를 너무 늦게 표현했던 것이다. 양측 모두 느낌만 있었을 뿐 결코 명시적으로 입 밖에 꺼내지 않았다.

- '접근금지구역'에 관한 언급은 프로세스의 초기에 미리 해야 한다. 접근금지구역은 원칙적으로 협상의 대상이 될 수 없는 영역이다. 대신 서로 도와줄 수 있는 영역이 어디인지를 파악해야 한다. 금지구역을 미리 확인해두지 않으면 나중에 이 영역이 어딘지를 탐색하는 데 많은 시간을 소모할 수 있다. 누구에게나 협상 불가한 영역에 속하는 이해관계가 있게 마련이다. 이 점을 인식하고 그것을 인정하라. 접근금지구역은 누구든 쉽사리 바꿀 수 있는 게 아니다.

- 협력관계가 복잡할 때 분배 이슈는 더 어려운 문제가 된다. 비용과 혜택을 나누는 문제에서는 두 눈을 바짝 뜨고 주의를 집중해야 한다. 객관적 기준에 바탕을 둔 공정성이 여기서도 중요해진다. 복수의 참여자가 협력에 참여하고 있다면 대개 그들은 저마다 특별한 역할을 가지고 있다. 예를 들면 어느 한 사람이 고객과 시장 정보를 맡고, 다른 사람은 활동과 자금을 담당하며, 또 다른 사람은 특허와 지식을 책임지는 식이다. 성과물을 분배하면서 의견 충돌은 보통 마지막에 가서야 불거진다. 프로세스 초기에 이해관계와 분배의 원칙에 관해 건설적인 대화를 나눴다면 훨씬 유익한 협력을 했을 것이라 후회하는 경우가 많다.

언제 만족할 것인가

지금까지 프로세스가 진행되어온 과정을 전체적으로 뒤돌아보면 이 질문에 대한 대답이 보인다. 좋은 합의에 도달하거나 좋은 결정을 내린 것은 언제인가? 협상에서 좀 더 많은 것을 얻어낼 수 있었을 거라고 뒤늦게 후회해본 적이 있는가? 그렇다면 분명히 뭔가를 빠뜨린 게 틀림없다. 혹은 협상이 잘못된 길로 들어선 게 틀림없다. 당신이 한 합의는 지금에 와서 생각해도 타당하며 보람 있는 결과인가? 관리자들에게 자신의 프로젝트에 관해 물었을 때 질문에 속 시원히 대답하지 못하고 쩔쩔매는 모습을 많이 봤다. 프로젝트가 성공하는 방향으로 잘 진행되고 있다는 것을 어떻게 알 수 있는가? 사실 우리는 협상과 프로젝트, 협력 등을 평가하는 손쉬운 지침을 가지고 있지 않은 것이 분명하다. 물론 프로젝트의 결과는 이런저런 재무 시스템에 기록되며, 평가가 이루어지기도 한다. 그러나 동시에 위의 질문에 대답하는 데 일곱 가지 지침을 이용할 수도 있다는 사실을 소개하고자 한다. 아래의 기준을 보조 도구로 활용해보기를 권한다.

좋은 협상을 위한 기준

협상이나 거래에서 올바른 결정을 내렸거나 좋은 결과를 얻었다면 그것은 아래와 같은 조건이 성립했기 때문일 것이다.

✓ 거래에 합의하는 이유를 철저하게 입증하지는 못하더라도, 협상 결과는 나의 최종 대안보다는 좋은 내용이어야 한다. 얼떨결에 합의에 이른 게 아니라 충분히 의식을 한 상태에서 선택한 것이기를 바란다.

✓ 양측이 각자의 장·단기적 이해에 최대한 충실하게 임했어야 한다. 나의 이익 역시 최소한도 이상은 확보했다. 그러면 이 거래는 웬만한 충격에도 견딜 만큼 탄력을 얻은 셈이다.

✓ 성과물이 공정하게 분배되리라 믿게 되었다. 이런 믿음은 신뢰와 관계 지속에 좋은 영향을 미친다.

✓ 관계가 증진되었다. 아니면 최소한 악화하지 않았다. 다소 견해차나 갈등이 생기더라도 해소할

수 있겠다.

✓ 잠재적 문제점이나 혜택에 관한 이슈를 논의하고 해결했다. 예를 들면 추가 업무 또는 업무량 감축에 어떻게 대처하는지, 장기적 위험이나 (추가적인) 수익을 어떻게 나눌 것인지 같은 문제들이다. 이렇게 되면 신뢰의 수준이 높아져 장기적으로 원활한 관계를 유지할 수 있다.

✓ 예측할 수 없는 상황에 닥쳤을 때 지켜야 할 프로세스(만약 …할 경우에는 …한다.)에 관해 확고한 합의를 이루어냈다. 이로써 재무적 긴급 상황과 위험에 대비한 안전판을 마련할 수 있다.

✓ 프로세스를 효율적이고 효과적으로 마쳤다. 시간이 과도하게 지연되면 그것은 성과와 관계 모두에 압박 요인으로 작용한다.

준비와 행동, 평가(협상 도중에도)에 있어 일곱 가지 지침을 의식적으로 적용할 때 훌륭한 성과를 서둘 수 있다. 이렇게 하면 프로세스를 계속해서 관찰할 수 있고, 필요할 때마다 조정할 수 있다. 물론 언제까지 여기에만 신경을 쓸 수는 없다. 그러나 그것은 목표로 삼아야 하며, 처음부터 충분히 생각해야 한다. 유능한 협상가는 처음부터 마지막 결과를 염두에 두고 시작하기 때문이다. 그들은 훌륭한 성과를 향해 나아가기 원하며, 그것을 이루기

위해 무엇을 해야 하는지를 생각한다.

지난 일을 되돌아볼 때마다 더 좋은 합의를 이루어낼 수도 있었을 텐데 하는 후회가 드는가? 앞날을 모두 알 수는 없지만 위에 언급한 요소를 모두 점검해둔다면 만족할 만한 결과를 얻을 수 있다. 이것은 꽤 어려운 일일 수도 있지만, 그래도 성공하려면 감수해야 한다. 어떤 사람은 이렇게 말하기도 한다. "상대방이 힘겨워하는 것을 보니 내가 제대로 대응했나 보네요." 그렇다. 협상에서는 상대방을 어느 정도 고민에 빠뜨리는 게 당연하다. 이것도 협상이라는 복잡한 게임 일부일 것이다. 본분을 망각하지 말고 나의 이익이 무엇인지 깊이 새기고 있어야 한다. 그게 바로 핵심이다.

다음 단계로 도약:
협상의 대가가 되는 길

뷰카의 시대에 좋은 합의를 이루어내는 일은 어려운 도전이라 할 수 있다. 여기에 여러 참여자가 등장하면 상황은 더욱더 곤란해진다. 프로세스는 복잡해지고, 게임이 펼쳐지기도 하며, 압박은 더 거세게 작용한다. 이미 기초적인 요소는 다 공부했다. 이제 한 단계 더 깊이 파고들 준비가 되었는가? 어쩌면 지금까지의 내용을 모두 숙지했으니, 더 깊은 내용을 원하고 있을지도 모른다. 후반부에서는 당장 적용할 수 있는 몇 가지 개념 및 도구, 그리고 주의 깊게 생각해보아야 할 측면도 몇 가지 소개한다. 먼저 협상 프로세스를 개선하고 가속하는 법으로 시작한다. 이를 통해 영향력의 원을 확장할 수 있을 것이다. 그다음으로는 관계와 내용 양면에서 민첩하고도 민감한 태도를 유지하는 데 도움이 되는 몇 가지 영감과 도구를 제시한다. 이를 통해 스스로 굳게 서서 재빨리 대응하는 데 필요한 기술을 터득할 수 있다. 또한 냉철한 머리와 뜨거운 가슴을 겸비하게 될 것이다.

영향력의 원을 확장하라

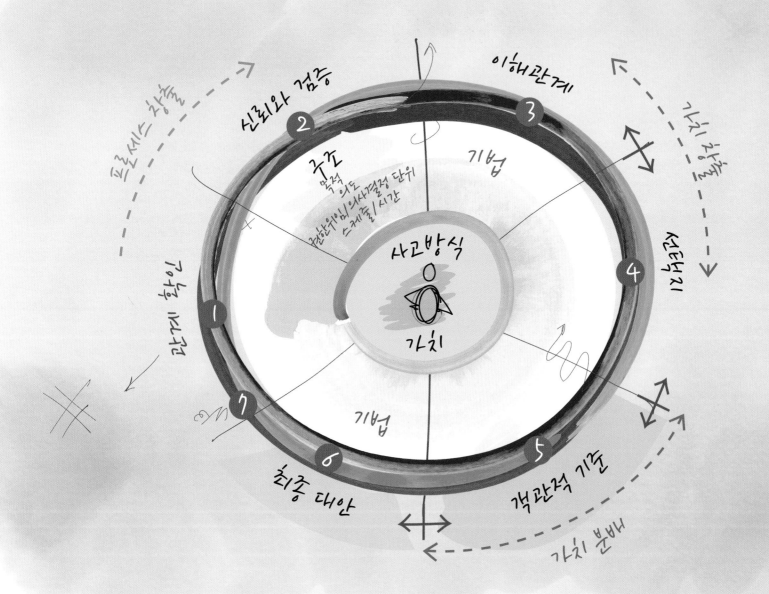

5

영향력의 원을
확장하라

협상 프로세스를 시작하고 그것을 끌어가는 것조차 어려운 일이지만, 그 과정을 더 신속하고 효율적으로 진행코자 하거나, 방향을 바꾸려 할 때는 프로세스에 개입해야만 한다. 이럴 때는 외부적 관점, 즉 제삼자의 중립적 시각으로 바라보고 행동하는 것이 더욱 중요하다. 이제 프로세스에 개입하는 여러 가지 방법을 소개하고자 한다. 여기에는 회의를 잠시 멈추거나, 갈등을 미리 방지하는 방법도 포함된다. 특히 창의성에 초점을 맞추어, 더 나은 합의, 더 매력적인 합의를 끌어내는 방법도 몇 가지 소개할 것이다. 마지막으로 협상 프로세스에서 배움을 얻는 방법, 리더나 프로젝트 관리자의 역할로 학습 과정을 더욱 가속하는 방법에 관해서도 설명할 것이다.

제삼자의 위치에서 관찰하고, 해석하고, 반응하기

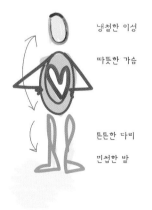

냉철한 이성

따뜻한 가슴

튼튼한 다리
민첩한 발

회의 중에 너무 흥분하거나 긴장해서 무슨 일이 벌어지는지, 프로세스가 어디까지 와 있는지, 내가 어디로 가고자 하는지도 모를 때가 있다. 상황에 너무 몰입하여 전체적인 관점과 자신의 영향력을 잃어버린 경우라 할 수 있다. 이럴 때는 한 발 뒤로 물러서서 자신을 객관화시켜서 관찰자의 시각으로 바라보고 행동할 줄 아는 여유가 필요하다. 우리는 이것을 '제삼자의 위치'라고 부른다. 나와 상대방이 제1·2의 위치에 마주 앉아 있다고 하면, 관찰자는 제3의 위치에 자리하고 있다. 이때 내가 제삼자의 자리에 앉아보면 첫 번째나 두 번째 자리에서보다 훨씬 더 많은 것을 볼 수 있다. 한 발 뒤로 물러서기 때문이다.

무엇을 관찰하였는가?

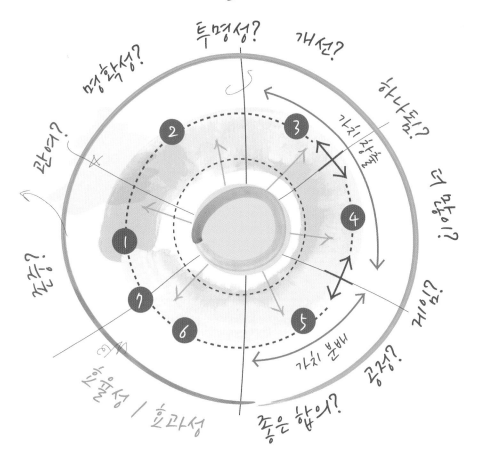

투명성?

개선?

하나됨?

명확성?

가치 창출

관여?

더 많이?

제안?

공평?

효율?

가치 분배

좋은 합의?

공정?

유효성 / 효과성

제삼자의 위치

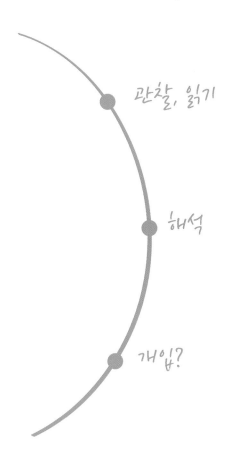

관찰, 읽기

해석

개입?

프로세스에 개입하는 데 필요한 몇 가지 도구를 소개한다. 협상의 과제를 넘어 상황을 바라본다. 프로세스에서 한 발 빠져나와 제삼자의 위치에 선다. 관찰하고 지침을 적용하며, 마지막 결론을 머리에 떠올린다(지침 7). 그런 후 지침 1에서부터 다시 민첩하게 움직인다.

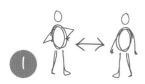

7 프로세스가 잘 진행되고 있는가? 차별화나 개선, 또는 정돈이 필요한가? 좋은 합의를 끌어내고 있는가? (99페이지 '기준'에 관한 내용 참조) 원활한 진전이 이루어지지 않는다고 느낀다면 그것은 프로세스 자체에 문제가 있기 때문인가, 아니면 다른 이유 때문인가? 이유를 규명해보라.

1 관계를 자세히 살펴본다. 모든 사람이 참석했는가? 자리에 보이지 않는 사람이 있는가? 또는 배후에서 실력을 행사하는 사람이 있는가? 진행을 저해하는 긴장 요소 또는 부정적 인식이 존재하

는가? 양측의 기대는 적절히 관리되고 있는가? 열린 분위기가 조성되어 있는가? 언급된 것과 그렇지 않은 것은 각각 무엇인가? 게임이 펼쳐지고 있는가? (163페이지 참조)

2 양측은 서로를 얼마나 신뢰하는가? 양측은 프로세스 진행에 필요한 정보를 충분히 가지고 있는가? 정보가 너무 많은 편인가, 아니면 부족한가? 정보를 얻기가 너무 어려워 거의 구걸해야 할 판인가? 한쪽으로 치우친 정보는 없는가?

3 이해관계는 다 드러났는가? 열린 분위기가 충분히 조성되는가? 이해관계는 충분히 충족되는가? 이해관계를 좀 더 드러내야 하는가? 아직 잘 파악하기 어려운 요소가 있다면 프로세스를 지연시키는 원인이 될 수 있다. 교착의 원인이 되는 무언의 금지구역이 있는가?

4 다양한 방안이 거론되는가, 아니면 좀 더 많은 선택지가 제시되어야 진지하게 검토할 수 있는가?

5 공정한 분배가 이루어지지 않거나 그것 때문에 긴장이 조성되는가? 교착 상태가 발생했거나 그런 조짐이 보이는가?

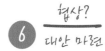

6 양측이 상대방에 의존하는 정도가 현격히 다른가? 어느 쪽에서 다른 대안을 모색하고 있지는 않은가? 그래서 프로세스가 지연되는 건 아닌가?

유능한 협상가는 프로세스에 책임감을 느끼면서, 제삼자의 시각으로 문제를 풀어간다. 제3의 관점에서 바라볼 때 프로세스가 한눈에 들어오고, 더 깊이 관여할 수 있으며, 다음 단계로 함께 나아가기 위한 공동의 과제로 인식할 수 있다. 프로세스 책임자는 '나'보다는 '우리'를 더 많이 생각하고 말한다. "우리가 지금까지 이루어온 내용을 함께 살

펴보고 앞으로 어떻게 같이 진행할지 결정합시다."

프로세스 개입

제삼자의 시각으로 바라보면 상황을 더 잘 파악할 수 있고 어떤 행동을 할지 알 수 있다. 그런 관찰 결과를 바탕으로 프로세스에 개입할 수도 있다.

프로세스 개입은 세 가지 요소로 구성된다. 즉, 일어나는 일에서 보고 들은 결과를 요약하고(명확화), 그에 관한 의견과 관점을 언급하며(영향력 발휘), 프로세스에 대한 제안을 포함한 나의 기대를 서술한다(방향 제시).

요약의 목적은 서로를 얼마나 이해했는지 확인하기 위한 것이라는 시각이 있으며, 실제로 그런 기능을 수행하는 것이 사실이다. 아울러 요약은 프로세스를 관리하는 데 없어서는 안 될 수단이다. 즉, 요약으로 프로세스를 통제할 수 있다. 프로세스 중에 길을 잃으면, 잠시 빠져나와 현재까지 상황을 요약함으로써 다시 통제권을 회복할 수 있다. 그렇게 하여 전체 경로를 다시 설정하고 프로세스를 지속하는 것이다.

"지금까지 우리는 몇 가지를 논의했고, 이러이러한 일을 달성하는 것이 우리 모두에게 중요하다는 점을 이해했습니다. 그러나 안타깝게도 우리는 아직 해결책을 찾지 못했습니다." 이런 식으로 프로세스 어디까지 와 있는지, 또 내가 어떻게 느끼는지를 요약한다. 현 상황을 요약하면 다음에 어떤 단계를 밟을 것인지 판단하는 데 도움이 된다. 아울러 생각할 시간을 벌어주고 프로세스에 매몰되지 않고 제삼자의 위치에 설 수 있다. 전체 개요를 파악하고 프로세스에 영향력을 높일 수 있다. "회의를 다시 시작하기 전에, 한 번 더 정리를 해보겠습니다. 제가 이해하는 바로는 이러이러한 일이 귀측에 매우 중요한 일입니다. 다음 단계로 넘어가는 데 필요한 모든 사항을 다루었는지 잘 모르겠습니다. 제가 말한 내용이 전부입니까, 아니면 우리가 기억해야 할 다른 내용이 또 있나요?"

요약한 후에는 다양한 방향을 선택할 수 있다. 프로세스를 다른 방향으로 전환할 수도 있다. "우리는 지금까지 몇 차례 회의했고, 이러이러한 일을 달성하는 것이 우리 모두에게 중요하다는 점을 이해했습니다. 그러나 안타깝게도 우리는 아직 좋은 해결책을 찾지 못했습니다. 이런 교착 상태를 타개하는 데 도움을 줄 만한 사람이 있을까요?"

본격적으로 더 깊이 파고들 수도 있고, 여러 가지 단계(3-4-5) 사이를 이리저리 오갈 수도 있다

- 이해관계를 요약하고 추가할 내용이 있는지 점검한다. 이렇게 함으로써 새로운 선택지의 요소를 풍부하게 늘릴 수 있다.
- 이해관계를 요약하고 선택지를 도출하기 위한 단계를 제안한다.
- 선택지를 요약하고 더 나은 선택지가 또 있는지 점검한다.
- 선택지를 요약하고 그중에서 실행에 옮길 만한 것이 있는지 자세히 살펴본다.
- 가용한 선택지들이 모두의 이해를 충족하는 최고의 방법인지 자문해본다.
- 객관적 기준을 요약하고 그중에서 비용과 혜택을 배분하는 근거로 삼을 만한 것이 무엇인지 선택한다.
- 분배 방식을 요약한 다음 한 발 뒤로 물러나, 해결책과 이해관계를 고려할 때 이 분배 방식이 합당한 것인지 점검한다.

더 좋고 빠르며, 공정하고 차별된 방법은 없는가? 만약 내가 프로세스의 어디쯤 와 있는지를 안다면 이 질문에 대답하기가 훨씬 더 쉬워질 것이다.

프로세스 개입

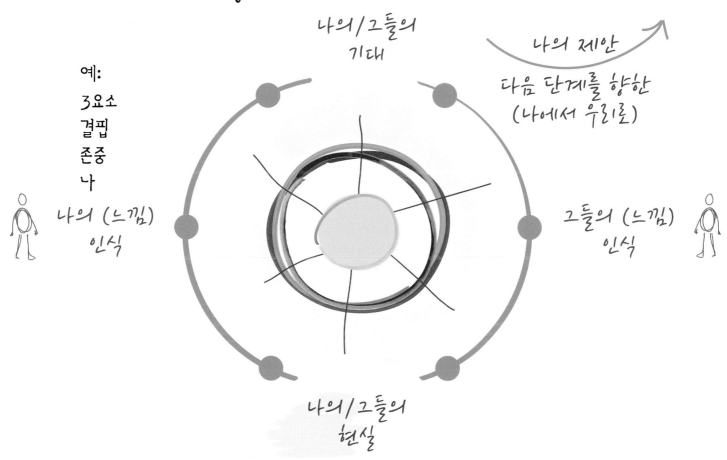

예:
3요소
결핍
존중
나
나의 (느낌)
인식

나의/그들의
기대

나의 제안
다음 단계를 향한
(나에서 우리로)

그들의 (느낌)
인식

나의/그들의
현실

사례

- "협상을 이어나가기 위한 정보가 충분치 않다고 생각합니다. 그런 정보는 우리에게 매우 중요합니다. 제안서를 만들 수 있도록 ABC라는 정보를 공유할 것을 제안합니다. 여러분은 어떻게 생각하십니까?"

- "제가 아는 내용이 맞는다면, 최대한 빨리 진행해서 7월 1일 전에 프로젝트를 시작하는 것이 귀측에 가장 중요합니다. 지금부터 단계를 밟아가려면 의사결정 과정에서 누가 어떤 역할을 할 것인가를 분명히 해두는 것이 꼭 필요하다고 생각합니다. 제가 보기에 당신은 그 정보를 밝히기를 주저하고 있습니다. 그러나 그 정보가 있어야만 앞으로 나아갈 수 있습니다. 어떻게 하는 것이 좋겠습니까?"

- "지금까지 나눈 이야기들을 되돌아보면서, 이 협력을 훨씬 더 매력적인 것으로 만들어줄 몇 가지 이슈를 아직 우리가 논의하지 않고 있다는 생각이 듭니다. 우리의 이해관계를 한 번 더 살펴볼 것을 제안합니다. 분명히 우리가 놓친 게 있다고 생각합니다."

- "비용을 줄이는 방안을 마련하는 것이 당신에게 중요하다는 점을 잘 이해하고 있습니다. 우리 이윤에 영향을 미치지 않는다면 그 점을 허심탄회하게 논의할 용의가 있습니다. 이윤을 희생해야 한다면 우리도 이 협상을 계속 진행할 수 없습니다. 우리 이윤 범위 내에서 귀측의 저비용 정책을 유지할 해결책을 같이 한번 찾아보시죠."

- "잠시 멈추고 지금까지 우리가 이야기해온 것들이 과연 양측 모두의 흥미를 끌 만한 내용인지 생각해봤으면 합니다. 우리는 A, B, C가 이 문제의 해답이 될 수 있다는 결론에 도달했습니다. 여기에 살을 좀 붙이려면 어떤 아이디어를 낼 수 있을까요? 우리가 좀 더 열의를 갖도록 할 무언가가 없을까요?"

- "귀하의 말씀은, 공동의 해결책을 도출하는 것이 중요하다는 거죠? 그렇다면 저는 당신이 어떤 가정에 근거해서 무슨 기대를 하고 계시는지 좀 더 자세히 알아야 합니다. 그래야 실행 가능한 제안을 만들 수가 있거든요. 지금까지는 그런 정보를 주고받은 적이 없습니다. 이 자리에서 그 정보를 확보할 방법은 무엇일까요?"

- "우리가 제안서를 내놓기를 원하고 계시는군요. 잘 알겠습니다. 그런데요, 제가 보기에는 지금부터 몇 가지 가능성을 더 모색해보고, 그 결과를 바탕으로 우리가 함께 계획을 세심하게 세워보는 것이 바람직하지 않을까 하는데요."

- "나중에 이런저런 제안서를 검토하느라 헤매기보다는 차라리 지금 시간을 좀 내서 몇 가지 가능성을 모색해보는 것이 좋겠다고 생각합니다. 그것이 양측 모두의 시간을 절약하는 방법이 아닐까 합니다. 어떻게 생각하십니까?"

일이 지체되는 것이 양측의 썩 좋지 못한 관계 때문일 수도 있다.

- "토의가 제가 원하는 만큼 제대로 진행되지 않은 것 같아서 유감입니다. 무엇이 문제인지 내내 의아했는데, 더 진행하기 전에 그 점에 초점을 맞춰봤으면 합니다. 제가 말한 부분에 대해서 어떻게 느끼고 계십니까?"

- "양측이 이 협력에 거는 기대가 서로 매우 다르다는 것을 알았습니다. 그 부분을 다시 논의해봐야 할 것 같습니다. 그래야 다음 단계로 나아갈 수 있을지를 알겠네요."

- "지난번 회의가 원활히 진행되지 않아 아직도 마음이 불편하신 것 같습니다. 제 생각에는 분명히 뭔가 정확하지 않은 부분이 있는데도 지난번에 너무 앞서나가 추가 협력까지 논의했던 것 같습니다. 먼저 이 점에 관해 이야기를 나눈 다음에 진행 방향을 고민해보는 것이 좋겠네요. 어떻습니까?"

의견 충돌이 발생해서 심할 경우 교착 상태에 빠질 수도 있다.

- "이런 식으로는 대화를 계속해봤자 의미가 없을 것 같습니다. 양쪽 모두 각자의 주장만 펼치고 있지 함께 해답을 찾으려는 행동은 전혀 보이지 않고 있군요. 며칠 정도 머리를 식혔다가 다시 하는 것이 어떨까요? 제가 보내드릴 제안서를 기초로 다음 주 수요일에 다시 만나는 거로요. 어떻습니까?"
- "이 문제의 올바른 해답이 무엇인지 양측 의견이 근본적으로 다른 것 같습니다. 이런 상황에서 어떻게 진행해갈지 의문이 듭니다. 우리를 도와줄 사람을 찾아보는 편이 낫지 않을까요?"

상대방이 게임을 펼치거나 긴장이 고조되는 경우(163페이지 참조)라면 상황은 훨씬 더 어려워질 것이다.

멈춤의 중요성: 타임아웃
프로세스 도중에 타임아웃 선언하는 것은 굉장히 유용한 방법인데, 실제로 활용하는 경우를 본 적이 거의 없다. 우리는 그런 방법이 있다는 사실을 알고는 있지만, 잠시 멈추는 것을 무능함을 드러내는 표시라고 보는 시각이 많은 것 같다. 실제로 이것을 자신의 유약함을 인정하는 것으로 간주하곤 한다. 일이 제대로 진척되지 않을 때는 언제나 비상 브레이크(즉 비상 멈춤!)를 밟을 수 있다는 사실을 명심하라. 타임아웃 선언은 다음과 같은

목적으로 고려해볼 수 있다.

- 좀 떨어져서 새로운 시각으로 상황을 바라볼 수 있다. 이것은 일이 잘 진행되어갈 때도 마찬가지다! 개선의 여지는 없는가? 지나칠 정도로 모든 일이 순조롭게 흘러가는가? 위험은 제대로 파악했는가? 열정에 들뜬 나머지 중요한 정보를 놓치지 않았는가?
- 한숨 돌리는 수단이다. 압박을 받는 상황에서 한 발 뒤로 물러나 잠깐 머리를 식힌 다음 다시 집중할 수 있다.
- 내가 대표하는 집단이나 기타 이해관계자들에게(동료나 관리자, 다른 조직에 있는 파트너 등) 권한에 대해, 또는 새 정보가 오가는 과정에서 새롭게 떠오른 통찰에 관해 컨설팅이나 피드백을 받기 위해서다. 또 교착 상태가 다가올 조짐이 보일 때도 마찬가지다.

협상에 너무 깊이 몰두해 있을 때는 잠깐만이라도 한 발 물러서는 것이 좋을 수 있다. 그 좋은 방법이 바로 프로세스를 요약하는 것이다. 즉 자리를 일어서지 않고도 잠깐 타임아웃의 효과를 볼 수 있다. 짧지만 생각할 시간을 버는 것이다. 새로운 에너지가 필요하다는 점을 깨달았을 때, 프로세스에 신선한 분위기를 불어넣는 방법에는 여러 가지가 있다. 잠깐의 커피 타임이나 산책, 다

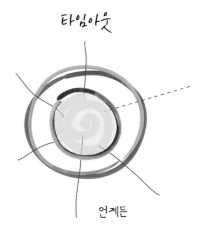

타임아웃

언제든

리 펴기, 창문 열기, 앉은 자세나 자리 바꾸기 등도 괜찮다. 어떤 이들은 잠시 흐름을 깸으로써 분위기를 바꾸기도 한다. 예를 들면 농담을 던지거나 좀 더 넓은 관점을 제시하여 주의를 환기하는 것이다. 이렇게 하면 분위기를 상당히 바꿔놓을 수 있다. 예컨대 최근에 어떤 미국인이 자신의 영어가 너무 영국식이라 죄송하다고 말하는 것을 들었다. 그 말에 온 방 안에 유쾌한 웃음이 터지자, 금세 긴장이 사라지고 경직된 분위기가 풀렸다.

프로세스에서의 창의성

프로세스에 미치는 영향력을 키우기 위해서는 더 좋은 선택지와 해결책을 찾으려는 창의적 고민이 선행해야 한다. 세상 모든 사람은 항상 새로운 가능성, '틀을 깨는' 혁신, 선구적 해결책, 신속한 개선, 그리고 새로운 협력 등을 찾아 헤맨다. 이 모든 것을 위한 핵심 기술이 있다면 그것은 창의성일 것이다. 창의성은 프로세스 전체에 걸쳐 가장 중요한 역할을 한다. 아울러 윈-윈의 선택지를 함께 모색해나갈 때도 꼭 필요한 덕목이다.

이미 언급한 것처럼 협상 테이블에서 프로세스를 끌어간다는 것은 창의적인 해결책을 찾기 위한 조건을 단계적으로 충족해나간다는 것을 뜻한다. 대화를 시작하는 단계에서는 유대감을 창출하기 위해 관계에 초점을 맞춘다. 이 단계에서는 토론을 바라보는 공통된 시각을 형성하는 것을 목표로 삼는다. 또 그런 의도를 드러내 긍정적인 분위기를 조성한다. 테이블에 둘러앉은 사람들이 모두 능숙하고, 내가 각자의 이해관계를 모두 꺼내놓게 하는 능력이 있다면 그때는 이미 선택지를 모색하는 데 필요한 모든 것을 갖춘 것이나 마찬가지다. 협상 초기 단계에는 무엇보다도 창의적인 프로세스를 향한 열린 분위기를 조성하는 데 집중해야 한다.

창의성은 배울 수 있는가?

이따금 자신이 창의적이지 못하다고 말하는 사람들이 있다. 그러나 창의성이란 반드시 그림을 잘 그린다거나 남다른 창조적인 취미를 가진 사람에게만 해당하는 것은 아니다. 어쩌면 우리는 창의성을 발휘하는 법을 잠깐 잊고 있을 뿐인지도 모른다. 어렸을 때는 누구나 나를 제한하는 이런저런 기대와 틀에 얽매이지 않았다. 살면서 점점 그러한 속박에 자신을 맞추는 법을 학습해온 것이다.

종종 대화가 복잡하게 꼬이는 때가 있다. 아마도 특정한 맥락이나 결과에 대한 각자의 기대가 다르기 때문일 것이다. 혹은 어쩌면 자신이 만든 일정표에 집착하다 보니 양측 모두 다른 각도에서 상황을 볼 여유가 없기 때문일 것이다. 자유롭게 해결책을 탐구할 여유를 갖지 못하는 이유는 이미 우리 마음속에 답을 정해두고 있기 때문일 것이다. 이것은 협상 테이블에서 만나는 상대방도 마찬가지다. 우리 모두에게는 특별히 관심을 기울이는 주제와 해답에 대한 고정관념이 있으며, 확고부동한 고정관념은 자신과 상대방 모두를 움츠러들게 한다.

남달리 창의적인 사람도 분명히 있지만, 몇 가지 조건을 따른다면 우리 모두가 창의적인 프로세스를 이루어낼 수 있다. 차별화된 방법으로 이해를 추구하거나 기발한 종류의 선택지를 찾아내고 싶다면, 프로세스-지향적 접근을 통해 '창의적인 공간'에 적극적으로 뛰어들어야 한다. 프로세스 전체에 걸쳐 창의적 브레인스토밍이 큰 힘을 발휘하는 지점이 별도로 존재하며, 여기서는 지침 4를 적용하면 좋다. 즉, 양측 모두의 흥미를 유발하고, 각자 생각했던 것보다 훨씬 더 구미가 당기는 선택지를 함께 찾아 나서는 것이다. 이 내용에 관해서는 이미 84페이지에서 다룬 바 있다. 지금부터는 창의적인 프로세스에 특별히 주의를 기울이는 법을 이야기하도록 한다. 그 과정에서 배우게 될 몇몇 규칙은 브레인스토밍에도

프로세스에서의 창의성

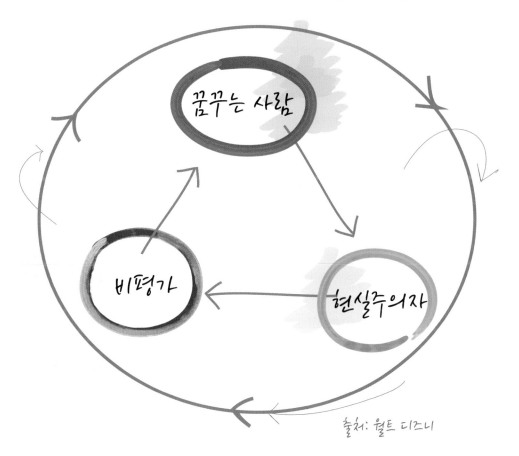

꿈꾸는 사람

비평가

현실주의자

출처: 월트 디즈니

적용할 수 있다.

디즈니 방식

최대한 많은 선택지를 생각해내어 구체적인 행동으로 옮길 수 있는 회의를 열고 싶다면, 디즈니 방식을 활용해볼 것을 권한다. 로버트 딜츠Rob-ert Dilts는 월트 디즈니의 사고와 행동 방식을 모델로 확립했다. 잘 알다시피 디즈니는 구현 불가능해 보이는 아이디어와 판타지를 현실 세계에 펼쳐놓은 사람이다.

진행되는 방식은 다음과 같다. 우선 물리적인 위치를 세 군데 마련한다. 테이블이나 방, 또는 의자 등을 세 개씩, 약간 거리를 두고 마련한다. 이 세 군데의 위치는 세 가지 서로 다른 역할을 상징한다(각각 꿈꾸는 사람, 현실주의자, 비평가에 해당한다). 여기에 약간 변형을 줄 수도 있다.

- 혼자 역할극을 할 수도 있다. 각각의 위치에서 시작하여 다음 장소로 이동하며 반복해본다.
- 다른 사람들과 함께하면 물론 더 효과적이다. 여기에 변형이 나올 수도 있다. 무작위로, 또는 사람들의 숙련도에 따라 위치를 배정할 수 있다. 물론 이것 역시 반드시 그래야만 하는 것은 아니다.
- 돌아가며 해도 된다. 먼저 모든 역할을 직접 다

하고, 나중에 서로 바꿔가며 해보는 것이다.

파트너십을 맺고 있는 사람들이 활동에 필요한 공동비용은 10% 줄이면서도 시장점유율은 5% 끌어올리기를 원한다고 하자. 이것은 꽤 힘겨운 도전으로 보인다. 이때 질문에 어떤 프레임을 적용하느냐에 따라 이미 특정한 방향으로 편향될 가능성이 있다. 좀 더 내부적인 상황에서 제기될 수 있는 또 다른 질문은 프로젝트가 비용보다 낮은 가격으로 진행된 것은 아닌가 하는 것이다. 약속한 품질을 제공하면서도 비용 효과도 충족하려면 어떻게 해야 할까? 이것 역시 어려운 질문이다. 질문에 대답한 다음, 세 가지 다른 역할의 관점에서 해당 과제를 바라본다. 이렇게 할 때 풍부하면서도 타당한 해결책을 찾아낼 수 있다. 각각 세 가지 역할의 관점에서 바라본 프로세스를 아래에 서술하였다.

1단계: 꿈꾸는 사람

꿈꾸는 사람은 모든 일을 확장하려는 경향이 있다. 어떤 환상도 품을 수 있다. 아무런 제약도 고려하지 않은 채 아이디어를 모을 수도 있고, 위험이나 타당성을 무시하는 것도 가능하다. 어떤 종류의 선택지를 떠올릴 수 있는가? 가능성과 기회를 파악하기만 하면 된다.

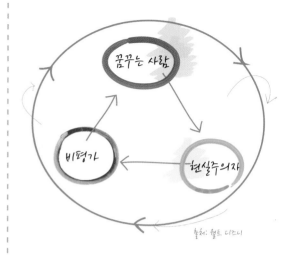

출처: 월트 디즈니

2단계: 현실주의자

이제 말 그대로 다른 위치에 서볼 때가 왔다. 다른 방이나 의자 혹은 테이블로 옮기는 것이다. 조금 전까지의 역할은 잊고 1단계에서 꿈꾼 내용을 실행에 옮길 방법(도전적인 질문들을 염두에 둔 채)을 생각하는 데 집중한다. 사람, 시간, 돈, 자원 등의 측면에서 필요한 것은 무엇인가? 그것을 성취하고 타당성을 부여하는 데 무엇이 필요하고 어떤 것을 치러야 하는가? 이 단계에서는 아직 위험과 제한요소는 생각하지 않아도 된다. 아이디어를 펼치고 결과를 구상하는 것으로 족하다.

3단계: 비평가

다시 위치를 옮긴다. 생각해볼 이슈는 이런 것들이다. 잘못될 가능성이 있는 일은 무엇인가? 놓친 것은 없는가? 아이디어를 구성하거나 실현할 때 나타날 문제점이나 방해 요소는 무엇인가? 앞을 가로막을 요소나 사람은 없는가? 이러한 사항을 고려했을 때에도 여전히 그 아이디어는 실행해볼 만한 것인가? 여러 가지 이해관계는 제대로 충족되는가? 장점이 약점을 덮고도 남는가? 장·단기적으로 모두 이익을 가져다줄 것인가?

그다음에는 다시 프로세스를 시작하면 된다. 3단계에서 얻은 결론을 염두에 두고, 장차 실현될 미래를 꿈꾸고, 실현을 위해 필요한 것이 무엇인지도 생각하며, 놓친 것은 없는지, 어떻게 하면 목표를 성취할 수 있는지를 모색하면 된다. 때가 되면 모두 선택하고 싶을 정도로 실현할 수 있으면서도 흥미로운 선택지를 눈앞에 두게 될 것이다.

창의성은 높은 관심이 집중되는 주제다. 창의성에 관해 다양한 인식이 존재하고, 어떤 조건이 프로세스에 자극을 주는가도 마찬가지다. 창의성이 도움이 되는지 아닌지, 또는 프로세스에 압력을 가할 때 창의성이 발휘되는지에 관해서 말이다. 위에 설명한 흐름이 접근방식에 어느 정도 구조를 부여할 수 있다. 그것이 필자의 경험이다. 즉, 창의성은 언제나 뭔가를 만들어낸다. 충분히 시험해볼 가치가 있다.

학습 촉진자

협상 중에 구체적 자료, 또는 동료나 팀원의 아이디어에서 뭔가를 배우는 것은 흥미로운 일이다. 협상 도중 또는 그 이후에라도 어떤 접근방식이나 프로세스에서 배울 수 있다.

실제 사례 연구 이해를 신속히 강화하라:
소크라테스 방식

이른바 소크라테스 방식이라는 것을 이용하여 서로가 진행하는 협상에서 많은 것을 빨리 배울 수 있다. 이 방법은 사례를 소개하는 사람과 상대방 모두에게 짧은 시간 안에 놀라운 통찰을 제공해준다. 유대와 학습을 동시에 강화하는 효과를 발휘하며, 걸리는 시간은 45분 정도에 불과하다. 이 방법을 간략히 소개해보면 다음과 같다.

제이컵이 자신의 사례와 고민을 설명한다. 그는 먼저 배경을 설명한 다음, 자신이 가장 고민하는 질문을 던진다. 예를 들면, X라는 프로젝트의 협상 프로세스 진행 속도를 높일 방법은 무엇인가 같은 것이다. 맥락과 상황을 분명히 이해하는 데 도움이 되는 한 어떤 질문이든 할 수 있으며, 거기에 대한 설명은 몇 분 이내에 마쳐야 한다.

- 그룹원들은 제이컵에게 도움이 될 만한 질문을 메모지에 적는다. 이 질문의 의도는 그가 곰곰이 생각해보면 즉각 통찰을 얻을 수 있도록 하는 것이다. 참가자 한 명당 허용되는 질문 수는 그룹의 크기와 주어진 시간에 따라 달라진다. 질문의 수는 그룹 전체에서 최대 스무 개 정도로 제한하는 것을 추천한다. 시간은 약 10분 정도가 적당하다.
- 질문을 모아 제이컵에게 전달하면 제이컵은 그것을 하나씩 읽고 '호감도'에 따라 분류한다. 예를 들어

"군자는 실수를 저지르면 바로 깨닫는 사람이다. 깨닫고서 그것을 인정하는 사람이다. 인정한 후에는 고칠 줄 아는 사람이다. 자신의 결점을 지적하는 사람을 가장 자비로운 스승으로 여기는 사람이다."

-노자

세 가지 분류도표를 그린 다음, 각각 '나와 상관없음/소용없음', '보통', '좋아요/훌륭한 질문' 등으로 분류한다. 시간은 약 10분 정도가 적당하다.

- 제이컵이 선택한 순서에 따라 질문에 하나씩 대답한다. 참가자들은 한마디도 하지 않고 듣고 보기만 한다. 시간은 10분에서 15분 정도가 좋다.
- 제이컵은 이제 그룹과 약간 거리를 둔 자리에 서서 지켜본다. 말소리는 명확히 들릴 만한 거리여야 한다. 그룹은 각자가 받은 인상에 대해 토의하고 새로운 질문과 제안, 조언 등이 될 만한 내용을 각자 정리해둔다. 시간은 15분에서 20분 정도 소요된다.
- 제이컵을 다시 불러 그룹 토의에 대한 자신의 느낌과 생각을 말해보도록 한다. 한쪽 옆에 서서 듣는 기분이 어땠는가? 떠오르는 생각이 있었는가? 어떤 영감과 질문을 얻었는가?

이 방법은 협상 프로세스를 진행하는 동안에 수많은 통찰을 쉽고 빠르게 얻어, 옳은 일을 더 빠르게, 보다 효율적으로 할 수 있게 해준다. 학습을 가속할 수 있는 또 다른 방법은 평가 시간에 정신을 더욱 바짝 차리고 배우는 것이다.

실수는 반복되고, 실패비용은 커진다. 우리는 정말 배우고 있는 것일까?

필자는 온갖 종류의 협상 과제가 산적한 복잡한 프로젝트나 파트너십의 중간 및 최종 평가 회의에 자주 참석한다. 프로젝트 평가자는 여전히 같은 사람들인데도 이전 단계에서 보였던 논리적 오류와 한계들이 반복해서 나타나는 것을 목격하곤 한다. 평가 과정에 내부 동료가 개입될 수도 있겠지만, 평가는 기본적으로 독립된 인원이 주도할 필요가 있다.

'의식적 학습' conscious learning 분야의 선각자이기도 한 경영학자 크리스 아지리스Chris Argyris는 '단일순환과 이중순환 학습'이라는 개념을 소개한다. 단일순환에서는 간단한 분석으로 만족한다. 사실 이것은 너무 짧다. 예를 들면, 사례를 재빨리 훑으며 평가한 후 실수를 방지하기 위한 처방을 신속히 찾아낸다. 협상에 직접 관련한 사람들은 실패 이유를 자기 자신보다는 그 원인 요소에 돌리곤 한다. 일종의 보호벽을 단단히 세우며 자신의 책임 범위는 되도록 축소하려 한다. "다음에는 X를 좀 더 일찍 해야겠군요. 아니면 Y를 더 잘하거나, 또는 Z를 다른 식으로 취급하는 것이 좋을 것 같아요." 그리고 어김없이 다른 사람들을 비난한다. "당신이 좀 더 다른 방법으로 준비를 했어야죠. 당신이 다른 질문을 제기하고 곧바로 실행했어야 해요." 또는 조직에 책임을 떠넘기기

도 한다. "우리는 이 문제를 처리할 여력이 없고, 준비도 되지 않았어요. 우리는 그렇게 복잡한 문제를 처리할 수 없어요." 문제의 근원에 어떤 경향이 있는지는 언급하지 않고, 자신들이 바로 문제를 키우는 데 기여했다는 사실을 부정한다. 이럴 때 필요한 것이 바로 이중순환 학습이다. 시간을 들여 반복된 형태, 즉 원인과 결과를 살펴보는 것이다. 사람이라면 누구나 자신의 치부를 남들 앞에 드러내놓고 고치기를 주저하는 본능이 있다. 겸손, 과묵, 수치심과 두려움 등이 원인일 수도 있지만, 사실은 고집스러운 방어기제가 작동하기 때문인 경우가 많다. 사실 자신의 행동을 자세히 들여다보는 사람도 드물다. 외부인들은 그것을 볼 수 있겠지만, 그것을 언급할 준비는 되어 있지 않을 것이다. 그들은 핵심을 피해 빙빙 둘러서 말하며, 시간은 자꾸 흐르고, 우리는 다시 시류에 편승하고 만다. 우리는 어리석게도 온갖 종류의 협상에서 저지른 실수에서 배울 기회를 스스로 차버린다. 이중순환 학습에 필요한 것은 더 많은 노력, 다른 관점, 그리고 호의적인 태도다. 존중과 투명성, 그리고 안전한 환경을 갖추는 것도 도움이 된다.

꼭 이야기해야 할 것을 말하지 않는 풍조에는 오만 가지 이유가 있을 것이다. 한 번 고착한 시스템은 쳇바퀴처럼 영속하는 특성이 있으므로 무언

가를 효과적으로 배워나가기도 어렵다. 배운 것, 알아야 할 것 그리고 핵심 사항을 테이블 위에 꺼내놓는 데는 지식과 기술, 집중력, 그리고 용기가 필요하다. 그리고 이것을 가능케 하는 편안한 환경을 만드는 것은 관리자의 역량에 달려 있다. 우리는 마음을 열고 배워야 한다. 아지리스는 자신의 저서, 《똑똑한 사람들에게 배우는 법 가르치기》에서 도전과 배움에 대해 자신의 관점을 잘 설명했다. "전문가들은 거의 언제나 성공하기 때문에 실패하는 일이 극히 드물다. 실패하는 일이 거의 없기 때문에, 실패에서 배우는 법도 모른다. 따라서 그들은 방어적인 태도를 보이고, 비판을 견디지 못하며, 비난받을 만한 책임을 남에게 떠넘긴다. 요컨대 학습이 가장 필요한 바로 그 순간에 배울 능력이 차단되는 것이다."

사람들은 흔히들 다음과 같이 말한다.

- "우리는 이 일에 아무런 영향력을 행사할 수 없어." '우리'라는 단어를 사용함으로써, 자신의 책임이 아니라고 생각한다는 것을 알 수 있다. 또, 다른 식으로 해볼 수도 있었는데 아무도 모르게 넘어가는 일도 비일비재하다. 자신의 영향력이 미치는 범위 외부로 비난을 떠넘기고 책임을 부인한다.
- "지금 알고 있는 것을 그때 알았더라도 나는 여전

히 똑같은 결정을 내렸을 거야." 심지어 상황을 잘못 판단한 경우에도, 지나치게 조심스럽거나 또는 너무 낙관적일 경우에도 이렇게 말한다. 그들은 이미 선택한 길을 고집하며 지금 상황을 장밋빛 안경을 쓴 채 바라보고 있는지도 모른다. '편향'(150페이지)도 참고하기 바란다.
- "당시 우리가 가진 정보에 비춰보면 우리의 행동은 올바른 선택이었어." 좀 더 날카로운 질문만 던졌어도 사례에 적합한 정보를 확보할 수 있었고, 전혀 다른 진단을 내릴 수 있었음에도 이렇게 말한다.
- "사업에는 위험이 따르게 마련이야." 사실과 이해관계, 위험 등을 진단하여 여러 당사자에게 경고를 제공하지 않았으면서도 이렇게 말한다.

마치 흑백 논리처럼 단순하게 설명했지만, 실제로는 좀 더 미묘한 상황이 많다. 협상이 진행되는 상황을 평가할 때는 좀 더 예리한 눈으로 살펴야 한다. 일곱 가지 지침을 기본 원칙으로, 의식적 학습을 실천할 안전한 환경을 조성하라. 지침을 사용하여 중간 지점이든 막바지에서든, 조정해야 할 지점을 파악할 수 있다. 그런 다음 좋은 거래를 위해 설정한 기준을 달성했는지 점검할 수 있고, 배운 것은 있었는지 확인할 수도 있다. 이때에는 단일순환 방식보다 좀 더 깊게 들어가

자신과 팀원들에게 다음과 같은 질문을 던져야 할 것이다.

- "지난 과정을 되돌아볼 때, 이번의 합의/프로젝트/협력을 어떻게 평가할 것인가?" 대답은 '좋다', '보통', '괜찮다' 같은 내용이 된다. 이것은 질문 자체가 원래 단답식이기 때문이다.
- "성과에 대해 그러한 평가를 도출한 이유는 무엇인가?" 이 질문은 배경을 파악하고, 진단을 위한 기준을 살펴보려는 것이다.
- 좋은 거래를 위해 설정했던 기준으로 돌아간다. 즉, 최대한 많은 이해관계가 충족되었는가(목표가 이루어졌고 이해가 달성되었는가)? 부담은 공정하게 나누어졌는가? 관계 개선은 이루어졌는가? 미래의 찬반양론을 예측하고 해결하였는가? 예측하지 못한 비용과 혜택이 발생할 경우 따라야 할 절차가 수립되었는가? 프로세스는 효율적이고 효과적이었는가?

이 결과를 바탕으로 다음과 같은 내용을 살펴본다.

- 양측이 무엇을 얼마만큼 다르게 했더라면 '좋은 합의'를 끌어내거나 상황을 더 좋게 만들 수 있었을까?

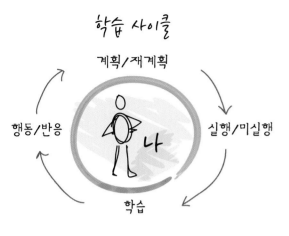

학습 사이클

계획/재계획

실행/미실행

학습

행동/반응

나

- 나는 왜 그렇게 했을까? 이 질문에 대답하는 과정에서 신념이 드러난다. 아울러 다음에는 어떻게 문제를 다르게 대할지 알 수 있다.
- 우리의 팀워크가 더 굳건했더라면 무엇을 다르게 할 수 있었을까? 협력과 의사소통, 또는 리더십 등의 방법론 면에서 특정한 패턴을 찾아내어 토론해볼 수 있을 것이다.
- 이로부터 모두가 얻을 수 있는 교훈은 무엇인가? 다음에는 좀 다르게 할 수 있는가, 아니면 전혀 그럴 여지가 없는가? 이 문제를 함께 파악해본다. 그렇게 할 때 학습 과정에 보람이 생기고, 행동해야 한다는 일종의 의무감이 동반된다.
- 이렇게 도출된 지식을 어떻게 하면 안전하게 지켜 다른 사람들에게도 활용 기회를 열어줄 수 있을까?

관리자, 팀장, 프로젝트 리더들은 이 기법을 활용하여 복잡한 상황을 되돌아볼 수 있다. 단지 팁을 제공하거나 뻔한 학습 상황에 관한 이야기를 주고받는 것에만 만족하면 안 된다. 협상이란 리더십을 발휘하는 능력과 불가분 연결될 수밖에 없다. 또한 그 반대도 마찬가지다. 관리자가 된다는 것은 매일 협상하며 산다는 뜻이기도 하다.

서로 도우며 배우는 과정에서 일곱 가지 지침을 실행에 옮기고, 그것을 살아 숨 쉬게 하며, 훌륭

한 선례를 수립하게 될 것이다. 관리자들에게 지침은 학습 과정을 보다 투명하게 만들어주는 역할을 할 것이다. 학습을 촉진하는 열린 분위기를 조성할 수 있다면 성과물과 관계 모두를 개선할 수 있을 것이다. 서로에게서 배우는 과정을 통해 모든 사람이 자신을 돌아보게 될 것이다. 학습 과정에서 때로는 대가를 치를 수도 있지만 전혀 문제없다. 같은 실수를 반복하지 않기 위해 함께 노력할 수 있기 때문이다. 좋은 일과 나쁜 일 모두 배울 점이 있는 법이다.

우리는 오늘날 매일 매일 온갖 종류의 협상이 일어나는 환경에서 살기 때문에 많은 것을 신속히 배울 수 있다. 어떻게 학습 과정을 개선할 수 있는지에 대해서도 다양한 방법으로 배울 수 있다. 예를 들면 의식적인 실험, 독서, 시사 및 웹사이트 팔로잉, 유튜브 비디오 시청, 사례 공유 등이다. 동료와 대화하고, 경험을 나누며, 도움을 요청하고, 피드백을 제공하라.

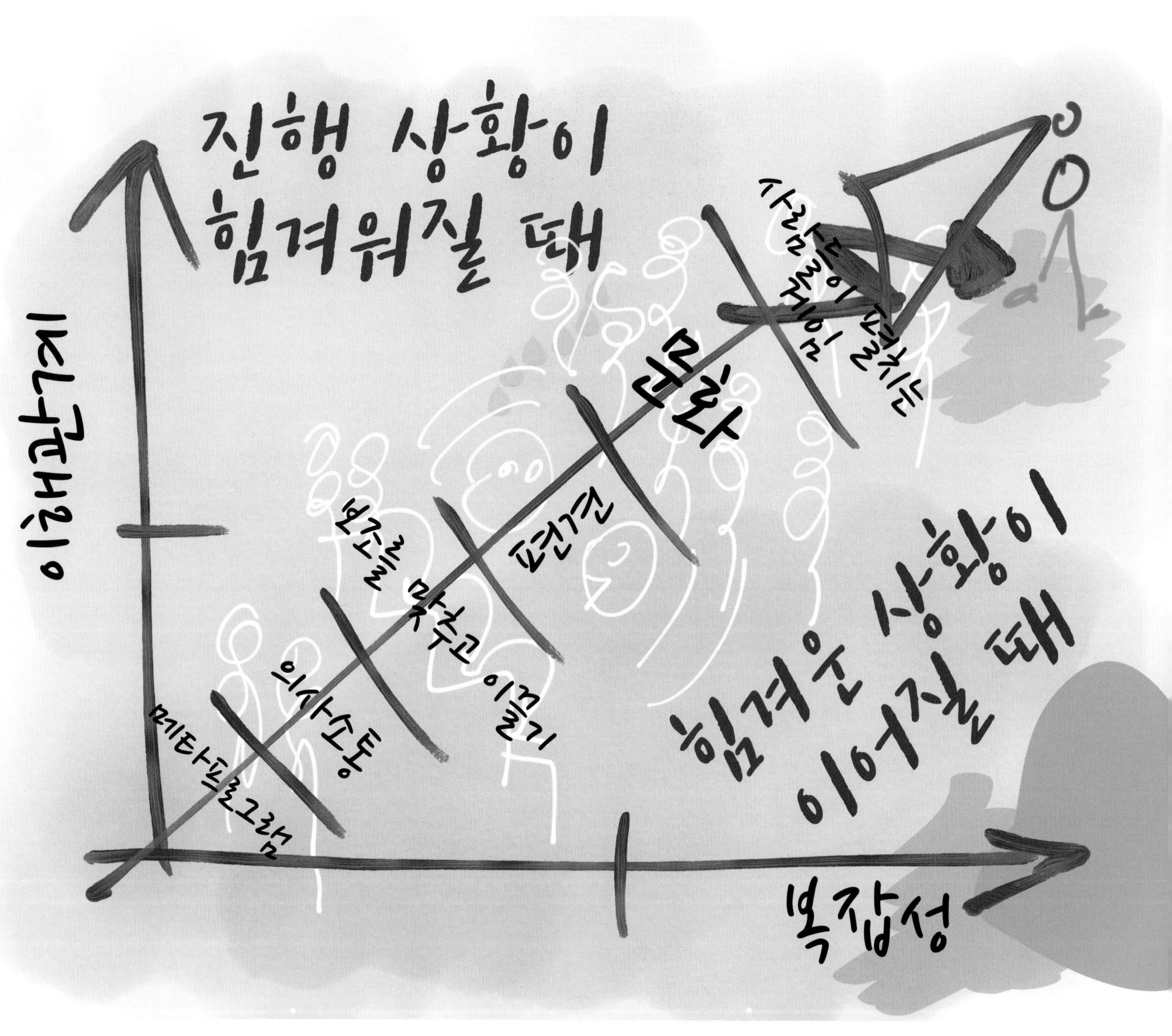

6

더욱 민첩하고
명료하게

지금까지 프로세스에 영향력을 증대시키는 법에 집중하여 살펴보았다. 다음 단계는 의사소통 스킬 수준을 심화 발전시키는 방향이 되어야 할 것이다. 그러면 관계의 역학을 더 쉽게 관리할 수 있게 될 것이다. 여기에 협상 내용 면에서도 더욱 예리함을 유지할 수 있는 통찰과 도구를 제공하고자 한다. 의사소통에 관한 통찰을 얻으면 '명철한 정신과 따뜻한 가슴, 그리고 민첩한 다리'로 관계와 내용의 문제에 접근하는 데 도움이 될 것이다. 복잡성이 점차 증가하고 그에 따라 통찰이 쌓이기 시작하면서, 상황이 힘겨워질 때 직면하는 것들에 적절히 대응하는 능력이 점차 증대될 것이다.

이 장에서는 다음과 같은 주제를 다룬다.

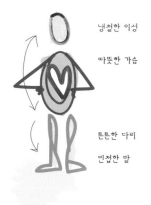

냉철한 이성

따뜻한 가슴

튼튼한 다리
민첩한 발

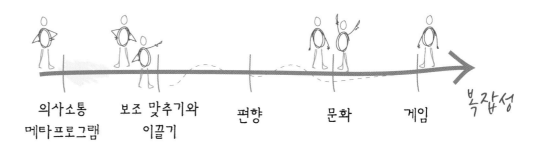

의사소통
메타프로그램

보조 맞추기와
이끌기

편향

문화

게임

복잡성

119

- 메타프로그램(MPs)Metaprogrammes은 나 자신과 다른 사람의 행동을 읽는, 즉 지피지기의 수단으로서 더욱 유연한 의사소통을 할 방법이다.
- 보조 맞추기와 이끌기는 다른 사람과의 유대를 확립하고 유지해나가는 방법이다.
- 정보에 숨은 무의식적 편향이 의사결정 프로세스에 영향을 미치는 과정과 이 문제에 대처하는 방법을 알아본다.
- 문화적 차이: 그룹 차원의 행동 패턴(이것을 문화로 정의한다)을 인지하면 문화적 차이에 의식적으로 대처하기가 좀 더 쉬워질 것이다. 이에 관한 몇 가지 통찰을 나누어본다.
- 테이블 위에서 게임이 펼쳐지면 어떻게 알아차리고 대처할 것인가?

지피지기의 고수가 돼라

유대가 망가지는 몇 가지 실제 상황들

- 나는 계획의 세부사항을 설명하는 열정적인 연설을 한다. 회의는 제대로 진행되지 않는다. 혼란이 일어나고, 일부 동료들은 논의의 초점을 잃은 상태다. 나 또한 이런 상황에 퉁명하고 성마르게 반응한다. 이것이 과연 내가 할 수 있는 최선인가? 상사는 시계를 가리키며 다음 회의가 있어서 먼저 일어서겠다면서 나보고 후속 회의를 준비해보라고 말한다. 모두가 떠나고 나만 남아 온통 미심쩍고 짜증스러운 상태로 앉아 있다. 도대체 무엇이 잘못되었을까?

- 밤늦게까지 남아서 작성한 보고서가 마침내 완성되었다. 프로젝트에 긴밀하게 개입해온 수석 파트너에게 제시간에, 그리고 자랑스럽게 이 최신 보고서를 제출한다. 그가 아무 말 없이 보고서를 훑어보면서 생각에 잠긴 모습을 보인다. 그리고 마침내 눈살을 찌푸리며 이렇게 말한다. "2페이지에 무엇무엇에 관한 요약이 없네요. 레이아웃도 바꿨으면 합니다. 그리고 문서 작성할 때는 우리 회사 표준 서식을 사용했으면 해요." 나는 갑자기 짜증이 나서 이렇게 되쏘아준다. "어떻게 한 번이라도 긍정적으로 말하는 법이 없는 겁니까?" 상대는 충격을 받은 표정이 되면서, 갑자기 어색한 침묵이 둘 사이에 흐르기 시작한다.

- 큰 건의 주문을 따내기 위해 함께 일할 파트너를 선택하는 중요한 회의를 진행하고 있다. 거액의 자금이 걸려 있는 거래다. 다른 회의가 시간을 초과하는 바람에 여기에 많은 시간을 낼 수 없는 처지다. 따라서 회의는 일부 내용을 생략하면서 진행되는 중이다. 나의 상사이기도 한 프로젝트 디렉터가 먼저 나선다. "우리가 가진 정보에 근거하여 이 회사를 선택해야 한다고 생각합니다." 내 생각에는 그들이 너무 서둘러 결정을 내리는 것 같아 이렇게 말한다. "저는 동의하지 않습니다. 지금까지 이 회사를 대해본 경험으로 볼 때, 우리가 선택해야 할 진정한 파트너는 저 회사라고 봅니다." 추가 의견이 제시되고 갑론을박이 오간다. 시간은 자꾸 흐른다. "여러분, 우리는 이제 결정해야 합니다. 어떻게 생각하십니까?" 마지막 질문이 신속히 오간 뒤에 결론이 수렴된다. "좋아요, 이 회사로 결정합시다. 회의를 마치겠습니다." 나는 기분이 좋지 않고, 잘못 내린 결정이라는 생각만 맴돈다. 회의 상황을 되짚어보며 다르게 접근할 수 있었던 대목이 어디였겠는지 생각해본다.

협상가로서 나는 회의를 진전시켜야 하고, 동시에 나의 이해를 충족해야 한다. 정확한 정보와 걸려 있는 이해관계, 그리고 충족할 가능성에 근거하여 올바른 결정을 내려야 한다. 이때 충분히 의사소통해야 한다는 사실은 분명하지만, 그것을 좀 더 의식적이고 효과적으로 수행하는 방법은 무엇일까?

행동 읽어내기

행동을 분류하는 데에는 수많은 방법이 있다. 우리는 행동을 통해 자신의 이해를 추구한다. 따라서 그런 행동과 그에 대한 반응을 더 잘 파악한다면 더 좋은 협상, 나아가 더 좋은 의사결정이라는 과실을 함께 거둘 수 있을 것이다. 시스템의 유형과 상관없이, 필자는 읽기와 파악하기, 그리고 해석하기라는 행동에 특별히 주목하고자 한다. 앞에서 더치 DUTCH라는 기법에 관해 설명한 바 있다. 즉 갈등 상황에서 자신이 선호하는 의사소통 스타일을 파악하는 법이다. 행동에 대해 더 상세하게 살펴보기 위해서는 메타프로그램 MPs이라는 개념을 사용한다. 메타프로그램은 행동을 서술해준다. 사람은 유사한 상황에 이르렀을 때 같은 패턴의 언어를 사용한다고 알려져 있다. 일과 사고의 유형은 이러한 언어학적 연구 결과를 바탕으로 설명할 수 있다. 사람의 행동을 실제적이

면서도 쉽게 설명하는 방법이다. 이 개념에 있어서 필자는 아네크 둘링거 Anneke Durlinger와 거스 허스팅스 Guus Hustinx로부터 많은 가르침을 받았다. 메타프로그램을 설명할 때도 마찬가지로 그들의 지식에 많이 의존했다(참고 문헌을 참조하기 바란다).

어떤 상황에서 효과적이고 성공적인 결과를 얻기 위해서는 특정 행동을 해야 함에도 실제로는 다른 행동이 튀어나오는 경우가 있다. 사람들이 말하는 내용뿐만 아니라 비언어적 행동을 포함한 말하는 방식까지 세심하게 귀를 기울이면, 그들이 어떻게 생각하고, 정보를 분류하며, 일을 수행하는지 파악할 수 있다. 그들이 어떤 메타프로그램을 사용하는지 느낌이 온다. 또한 그들이 사용하는 언어를 보면 메타프로그램을 파악할 수 있다. 자신과 상대방이 선호하는 스타일을 파악할 수 있고, 겉으로 드러난 행동의 장단점을 알 수 있다면, 왜 어떤 대화는 잘 진행되고 어떤 것은 그렇지 않은지를 이해할 수 있다. 메타프로그램에 반하는 행동은 짜증과 혼란, 심지어 이해 부족이라는 결과를 불러올 수 있다. 특정 상황만 되면 똑같은 위험과 문제점이 불거져 나와 중대한 위험을 초래하는 경우가 있다. 또한 불확실한 상황에서 무리하게 짜맞추기식으로 가능성과 기회를

엿보려고 한다면 그런 접근 방법이 오히려 잘못된 의사결정을 낳을 수도 있다. 주어진 정보를 장밋빛 색안경을 쓰고 보는 바람에 정보가 왜곡되고 만다. 전체(장·단점)를 보지 못하고 오로지 일부만 보는 것이다.

서로의 스타일이 충돌할 때, 서로를 이해하지 못하고 심지어 감정까지 상하는 경우를 종종 본다.

- 한쪽은 주로 아이디어보다는 행동을 먼저 시작하는 적극적인(행동이 먼저고 생각은 따라오는) 스타일이고, 다른 쪽은 남의 행동에 반응하는(먼저 생각하고, 나중에 행동하는) 스타일이라면, 상대방의 행동에 맞추어 일하기가 매우 힘겨울 것이다. 서로의 스타일이 다르기 때문이다. 짜증을 내는 이유는 그저 서로를 이해할 수 없기 때문이다. 유대감은 깨지고, 협상은 전혀 진전되지 않는다.
- 한쪽은 대단히 목적 지향적인 성격을 가져서 무엇을 성취해야 하는지를 알고 그것을 말과 몸짓으로 분명히 표현하는 반면, 다른 쪽은 앞길에 놓인 위험과 방해물을 인식하는 스타일이라면, 둘 사이에는 오해와 갈등이 발생할 가능성이 크다. 한쪽은 앞을 향해 전진하기를 원하는데, 상대방은 뒤로 후퇴하려는 모습으로 비치는 것이다.

이러한 스타일의 차이를 모르면, 서로가 공통분모를 많이 가지고 있음에도 의사소통이 부드럽게 이루어지지 않는 이유를 도무지 깨닫지 못한다. 양측이 수많은 이해관계를 공유하면서도 유대가 깨질 수 있다. 스타일의 차이는 서로 간에 의도치 않은 거리를 유발한다.

사실 메타프로그램에만 신경을 쓰고 있을 수는 없다. 이 주제에 관심을 가지고 공부를 하다 보면 메타프로그램이 작용하는 양상과 구조가 더욱 명확하게 눈에 들어올 것이다. 아울러 개인과 팀 차원의 업무 능력이 향상될 것이다. 메타프로그램을 이해하면 팀원들의 행동 패턴이 어떤 식으로 갈등을 일으키게 되는지 알 수 있기 때문이다. 의사소통 비결은 자신이 무엇을 선호하는지를 이해하고 상대방 행동을 인식하여 그 지식을 바탕으로 자신과 상대방에게 도움이 되는 대화 방법을 찾는 것이다. 이것이 바로 협상의 핵심 스킬이다. 아울러 사람들의 행동을 의식적으로 읽다 보면 편견에 유연하게 대처하는 방법을 알 수 있고 문화적 차이에 대해서도 제대로 대처할 수 있다.

이제부터는 일부 엄선된 메타프로그램들을 살펴볼 것이다. 핵심 특징에 초점을 맞추어 특성과 강점, 약점을 파악할 것이다.

메타프로그램을 마치 사람처럼 묘사해보고자 한다. 그 때문에 어떤 건 '좋다', 또는 어떤 건 '나쁘다'라는 인상을 받을지도 모르겠다. 그러나 책의 의도는 그런 가치 판단을 하려는 것이 아니다. 자신의 토론과 협력 상황에서 자신이 어떻게 느꼈는지 잘 살펴보고 그 상황에 정신적으로 교감해보기 바란다. 그러면 토론 중에 자신이 좋아한 행동이 어떤 결과를 가져왔는지를 알 수 있다.

메타프로그램(MPs)

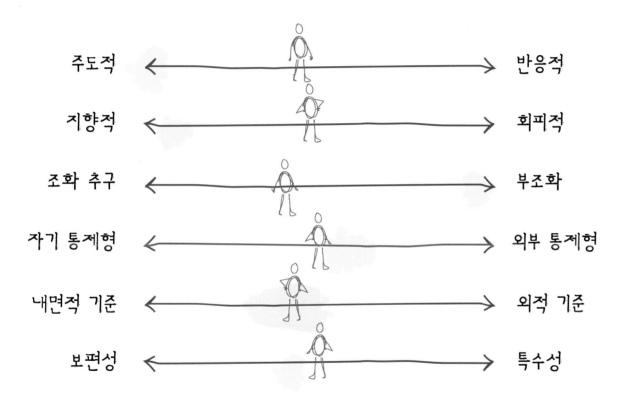

주도적 ← →	반응적
지향적 ← →	회피적
조화 추구 ← →	부조화
자기 통제형 ← →	외부 통제형
내면적 기준 ← →	외적 기준
보편성 ← →	특수성

출처: 딜츠, 돌링거, 허스팅스

메타프로그램(MPs)

개념	←	체계	→ 용도
과거	←	현재	→ 미래
관계 중심	←	정보 중심	→ 활동 중심
대안 추구형	←		절차 중시
함께	←	가까이	→ 홀로
현상 유지	←	발전	→ 변화
시각	←	청각	→ 고유 감각

출처: 딜츠, 둘링거, 허스팅스

메타프로그램

주도적

• 주도권 잡기, 실행 • 행동, 앞서감 • 상황이 벌어질 것을 확신 • 적극적 행동(생각에 그치지 않음) • 극단적으로 되면 '생각 없이 행동하는' 쪽으로 흘러갈 수 있음

표현 방식

• 분명함, 강한 인상, 짧은 문장 • 직설적인 언어 사용 • 능동형 동사 • 행동 • 지금, 즉시 • 동작 • 나는 실행하고, 움직이고, 활기를 불어넣는다

강점

• 주도권, 행동 • 팔을 걷어붙이고 일을 시작 • 지금 바로 일을 시작

약점

• 성급함 • 잘못된 정보 • 다른 사람과의 유대에 상처 • 너무 앞서감 • 너무 빨리 결론을 냄 • 깊이 생각하지 않고 지나치게 서두름

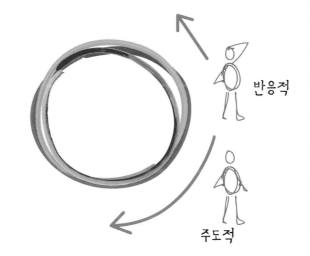

행동이냐 생각이냐

반응적

주도적

반응적

• 생각하고, 성찰(행동은 없이) • 기다림 • 시간을 들여 이해하고 준비 • 다른 사람들은 행동하는 동안 일이 벌어지기를 기다림 • 극단적으로 되면 '생각하되 행하지 않는' 결과가 초래

표현 방식

• 분석, 이해, 기다림, 분위기 파악 등에 관해 언급 • (가끔은) 부정형의 단어를 사용 • 할 수도 있었을 텐데 • 어쩌면 • 아마도 • 다시 생각해보고 한 번 더 지켜봅시다

강점

• 생각 • 분석하고, 이해할 때까지 기다림 • 체계적인 준비

약점

• 미룬다 • 줄곧 생각만 함 • 행동 부재 또는 불충분 • 유대 상실-상대방은 이미 저만큼 앞서감

나의 스타일은?   주도적 ← ──────── → 반응적

지향적

• 목표에 집중 • 성취를 원함 • 우선순위를 설정 • 포용하고자 함(목표를 향해 전진하기 위해) • 문제를 잘 인식하지 못함

표현 방식

• 긍정적 언어를 구사 • 성취 • 내가 (진정으로) 원하는 것 • 목표, 소원 • 포용 • 성과 • 수용 • 소유

강점

• 효과적 • 바람직한 상황을 계획하는 능력 • 문제를 목표로 바꾸는 능력

약점

• 문제를 보지 못함 • 어디가 잘못되어 있는지, 위험이 무엇인지 모름 • 문제점을 지적하는 사람을 보면 짜증이 나고, 자신이 끌려다닌다고 생각함 • 그 사람의 말이 타당한데도 그 사람이 내가 목표를 이루는 것을 방해하고 있다고 생각함 • '회피하는' 스타일의 사람들이 하는 말을 하찮은 것으로 치부 • 문제가 있다는 사실을 부정

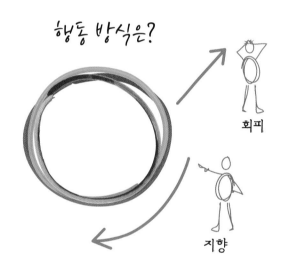

행동 방식은?

회피

지향

회피적

• 문제에 집중 • 실수나 문제를 회피 • 잘못될 가능성이 있거나 이미 잘못된 사항들을 전체적으로 파악 • 배제하려고 함 • 목표에 잘 집중하지 못함 • 우선순위 설정에 미숙

표현 방식

• 부정적인 언어를 사용 예: 불가능, 불분명 등 • 회피 • 내가 원하지 않는 것은 • 방지 • 문제나 어려움을 피함 • 포용하지 않음 • 벗어남

강점

• 위협요소를 그려냄 • 도중에 나타날 방해물을 미리 알아챔

약점

• 효과적이지 못함 • 언제나 도중에 나타날 위험과 방해요소만 생각 • 문제점만 이야기하는 사람으로 보여, 건설적인 이바지를 할 생각은 전혀 없는 사람으로 인식되면 나쁜 평판을 얻을 수 있음

나의 스타일은?   지향 ←――――――――→ 회피

자기 통제형

• 자신의 기준에 집중 • 자발성 • 내용과 방법을 스스로 결정 • 열린 태도로 정보를 흡수한 뒤, 그것을 사용할지 여부는 자신이 결정 • 자신이 찾아낸 내용에 비추어 옳고 그름을 판단 • 다른 사람이 정한 의견과 방향을 수용하는 데 익숙하지 않음

표현 방식

• 내가 결정 • 나는 결심함 • 내 생각에는, 내 의견은, • 내 기준에 따라 일함 • "흥미 있는 정보네요."

강점

• 내면의 표준에 따라 스스로 동기를 부여 • 자신의 비전을 확신 • 자신만의 방식이 있음 • 독립적

약점

• 다른 우선순위를 가진 사람들과 충돌 • 고집불통 • 다른 생각을 하는 사람들과 유대를 잃게 됨

외부 통제형

• 다른 사람의 기준 (그리고 이해관계)에 집중 • 다른 사람이 방향을 제시해주어야 함 • 다른 사람들의 견해를 수용 • 다른 사람들이 알아낸 내용을 신뢰 • 승인을 얻으려 함 • 정보 제공을 지시나 결정으로 받아들임 • 결정 장애

표현 방식

• 이렇게 해도 돼요? • 당신은 어떻게 생각해요? • 당신이 말해보세요 • 결과를 보면… • ~에 근거하여 • 다른 사람이 가이드라인을 정해 줌 • 나는 모르겠어요

강점

• 타인의 이해에 초점을 맞춤 • 경청 • 고객 지향 • 감독과 지시를 따라 일하는 데 익숙함

약점

• 의존성 • 피드백을 주지 않으면 방향을 상실 • 결정 장애 • 자신에게 가장 중요한 것이 무엇인지 모르고, 그것을 사용하여 뭔가를 이루어낼 줄을 모름

무엇에 집중하는가

나 자신

내면적 기준

다른 사람들

외적 기준

나의 스타일은?   자기 통제형 ←————————————|————————————→ 외부 통제형

대안 추구형

• 언제나 대안적 가능성, 목표, 방법, 경로, 기회 등을 추구 • 대안을 발전시키려는 동기로 충만 • 선택의 이유에 집중 • 절차를 수립하고 변경하는 데 능숙 • 한 번에 여러 가지 일을 할 수 있음 • 절차를 따르고 임무를 완수하는 데 미숙

표현 방식

• 가능성, 대안 • 선택지를 추구 • 우리는 이렇게도 할 수 있고요, 또 이렇게도 할 수 있어요 • 우리가 또 할 수 있는 일은요… • 또 다른 가능성이 있다면… • 중요한 것은… • 선택하기 힘드네요….

강점

• 기회와 가능성을 포착 • 대안을 모색 • 선택지를 가지고 있음 • 창조적

약점

• 임무를 완수하지 못함 • 끊임없이 가능성만 모색 • 절차를 준수하는 일에 익숙하지 않음 • 뜬구름 잡는 소리만 함

어느 쪽을 선호하는가

단계적 절차   또는   대안

절차 중시

• 절차를 반드시 지켜야 하는 것으로 보고 이에 집중 • 더 나은 선택지를 스스로 모색하지는 않음 • 절차를 따르려는 동기가 강하며 또 그 일에 능숙 • 시작한 일은 반드시 마무리 • 한 번에 한 가지 일만 함 • 어떻게 하면 계획을 단계적으로, 시간 순서대로 할 수 있는지에 초점을 맞춤 • 활동을 시간순으로 바라봄 • 절차를 수정하고 개발하는 일에는 소질이 없음

표현 방식

• 먼저…, 그다음은…, 그리고 나서… • 그런 다음… 그런 다음… • 유일한 방법은… • 단계적으로 • 제가 이렇게 한 방법은… • 한 가지 방법만 생각합시다

강점

• 순서 정하기, 즉 먼저 이것을 하고 그다음에는 저것 등 • 절차를 따름 • 마무리

약점

• 정해진 절차를 따르려고만 하지 다른 가능성에는 눈을 감음 • 융통성 없음 • 임기응변에 약함 • 정해진 규칙을 방해하는 다른 생각에는 마음을 열지 못함

나의 스타일은?   대안 추구 ←———————————|———————————→ 절차 중시

조화 추구

• 조화의 방법을 추구 • 조화를 이룰 내용과 방법을 고민 • 옳은 것, 바른 것, 실제로 존재하는 것에 집중 • 공동의 이해관계에 관심 • 같은 것, 평등한 것

표현 방식

• 좋은 것은… • 우리의 공통점은… • 우리가 공유하는 것은… • 우리를 연결해주는 것은… • 올바른 것은… • 다시 존재하는 것은…

강점

• 어떤 것이 있는지, 올바른 게 뭔지 파악 • 올바른 품성 • 물 잔이 반이나 찼다는 사고방식 • 이해심이 풍부 유대관계가 좋음

약점

• 마냥 좋다는 태도 • 비판 능력 부족 • 강한 내부 통제성과 결합한 과신 • 조화를 얻는 대신 명료함을 상실 • 큰 그림을 보지 못함 • 흐름에 순응

그것이 나의
기준에 맞는가?

부조화
조화 추구

부조화

• 무엇을 놓쳤는지에 주목 • 맞지 않는 것, 차이점 • 놓친 것 • 차이 • 잘못된 것 • 차이점, 자신의 인식과 차이 나는 것

표현 방식

• 그것은 옳지 않아요, 뭔가가 빠진 것 같아요 • 잘못된 겁니다 • 나는 그렇게 보지 않습니다 • 맞습니다, 다만… • 그러면 안 됩니다 • 그게 어디가 잘못되었느냐 하면… • 다루지 못한 문제가 뭐냐 하면… • 이것은 …와 상충합니다

강점

• 놓친 것을 찾아내는 눈 • 물 잔이 반이나 비었다는 사고방식 • 비판(능력) • 발전 가능성 • 다른 사람들의 사고의 폭을 넓혀줌

약점

• 언제나 잘못된 점만 찾아냄 • 결코 좋다고 말하는 법이 없음 • 잘 되어가는 점을 보지 못함 • 이들이 하는 역할은 저항이나 비판으로만 보이기 때문에 유대관계가 끊어짐

내 스타일은? 조화 추구 ←————————————→ 부조화

자기 통제형

• 자신의 책임에 집중 • 원인을 규명할 때 내부에 집중 • 상황을 통제할 수 있다고 가정 • 일을 벌임 • 자신이 기여한 바를 인식

표현 방식

• 나는 그 일을 꼭 해낸다 • 제가 해결할 테니 맡겨만 주십시오 • 제가 이렇게 한 이유는… • 제가 이렇게 할 수 있다면… 그러면 저는 또… • 내가 그렇게 되도록 내버려 뒀어요 • 그것은 제 책임입니다 • 나는 그 사람들이 …할 것이라고 확신합니다 • 내 몫입니다 • 제 권한 내에서는…

강점

• 자신의 역할을 인식 • 목표 성취에 개인의 통제력을 인정 • 추진력 • 자율성

약점

• 자신의 기여도를 과대평가하여 잘못된 의사결정을 내림 • 우군 부족, 타인을 간과 • 자신이 하지 않은 일에 대한 공을 차지

외부 통제형

• 원인을 규명할 때 외부적 요인에 집중 • 일어난 일은 통제할 수가 없다고 가정 • 일은 벌어졌고, 내가 할 수 있는 일은 없다고 생각 • 기회 또는 우연에 더 많이 의존

표현 방식

• 저한테 그런 일이 생겼어요 • 저한테 그런 일이 닥쳤어요 • 시스템이, 다른 사람들이 • 조직 • 그들이 • 내 손을 떠난 일이야 • 왜 항상 나만 가지고 그래? • 언제나 나만 희생자가 되고 있어 • 그건 내 권한 밖의 일이야

강점

• 맥락을 이해하는 시각 • 목표 달성을 저해하는 주변 환경에 집중

약점

• 타인에 대한 의존 • 약자 콤플렉스 • 그저 나한테 닥친 일이라는 사고방식 • 내가 할 수 있는 일은 없다는 태도 • 책임을 지려 하지 않음 • 자신의 역할은 최소화

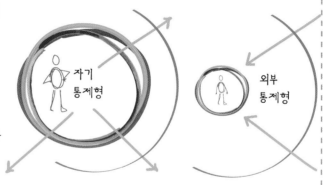

내 영향력의 범위

나의 스타일은?   자기 통제형 ←————————→ 외부 통제형

보편성

• 큰 그림에 집중 • 높은 수준의 개념화, 장기적 사고 • 정보를 한 덩어리로 이해함 • 광범위한 시야 • 여러 세부사항을 파악하는 데에는 미숙

표현 방식

• 대화 주제를 무작위로 선정 • 높은 수준의 개념화 • 폭넓은 분야 • 전체적 조망 • 포괄적 그림 • 나의 비전 • 프로세스 • 사람들

강점

• 폭넓은 관심 분야 • 문제를 맥락 속에서 파악 • 패턴을 찾아냄 • 비전을 다듬고 전체적 방향을 파악

약점

• 구체적으로 사고하는 사람과의 의사소통에 미숙 • 뜬구름 잡는 소리 • 세부사항이 너무 많으면 집중력을 잃음 • 다른 사람들이 따라가기 버거워함

특수성

• 세부사항에 집중 • 정보의 작은 일부분에 집중 • 자세한 설명과 낮은 수준의 개념화를 요구 • 특수한 성격을 가진 임무에 능숙 • 전체를 바라보는 눈이 부족

표현 방식

• 주제를 시간순으로 말함 • 낮은 수준의 개념화 • 세부사항(추가사항)을 지적 • 정확함 • 자세함 • 저 뒤 오른쪽 큰 갈색 테이블의 위치가 똑바르지 않네요.

강점

• 세부사항, 정확성 • 무슨 일이든 꼼꼼히 살피고 명확히 설명

약점

• 전체적인 관점이 없고, 보편적 주제를 파악할 줄 모름 • 세부사항 속에서 길을 잃음 • 모든 일에 빠져듦(이런 행동 양식이 '부조화'와 겹칠 때)

내가 바라보고 생각하는 방식은

보편적인 큰 그림

특수한 세부사항

나의 스타일은? 보편성 ⟵——————————|——————————⟶ 특수성

현상 유지

• 자신의 세상이 변화하는 것을 원치 않음 • 상황을 유지하는 것에 집중 • 변화는 수십 년 또는 세대 단위로 일어나기를 바람 • 변화에 극렬하게 저항 • 키워드는 안정

표현 방식

• 변함이 없음 • 항상 이런 식으로 해왔어 • 모든 일에 안정을 유지해야 해 • 똑같이 남아 있어야지 • 이렇게 해 • 전에도 이런 거 본 적 있어 • 그냥 그대로 내버려 둬

강점

• 똑같은 일을 오랫동안 할 수 있음 • 균형, 안정성

약점

• 변화에 적응하기 힘듦 • 변화를 거부 • 변화에 스트레스를 겪음

발전

• 자신의 세계가 발전하기를 원함 • 변화가 발전으로 보이는 한, 거기에 잘 대처 • 5~7년 주기의 변화를 선호 • 갑작스러운 변화를 힘겨워함 • 키워드는 발전

표현 방식

• 단계적으로 • 발전 • 더 많이 • 개선

강점

• 영속적인 개선이 목표

약점

• 변화에 저항 • 중대한 변화에 스트레스를 겪음

나의 스타일은?   현상 유지 ⟵━━━━━━━━━━━━━━━━━━━━ 발전 ━━━

나에게 중요한 가치는...

현상 유지

발전
· ...
· ...

변화

변화

• 자신의 세상이 변화로 가득 차기를 원함 • 큰 변화를 선호 • 1~2년 정도에 완성되는 변화를 선호 • 발전을 위해 변화를 밀어붙임 • 뻔한 일을 거부 • 키워드는 다양성

표현 방식

• 다른 • 새로운 • 역동적인 • 변화 • 혁명 • 그것은 …와 다르다

강점

• 활력, 즉 역동적인 환경을 만들어내는 힘 • 많은 일이 일어남

약점

• 뻔한 일에 흥미가 없거나 거부 • 변화를 끝까지 밀어붙임(안정이 필요한 경우에조차)

변화

관계 중심

• 사람과 관계에 관심을 기울임 • 조화를 추구하고 갈등을 피함 • 사람을 과업의 대상으로 봄 • 사람 중심으로 상황 묘사 • 활동과 정보에는 별로 주목하지 않음

표현 방식

• 사람들 • 관계 • 이름과 성을 자주 부름 • 인칭대명사를 사용

강점

• 다른 사람과 보조를 맞추는 데 능숙 • 관계 지향 • 조화

약점

• 관계에 지나치게 의존/상호 의존성 • 정보나 활동에 큰 관심을 기울이지 않음

정보 중심

• 정보와 지식에 집중 • 정보를 과업의 대상으로 봄 • 정보의 관점에서 상황을 기술 • 관계 및 활동에 상대적으로 관심이 덜함

표현 방식

• 지식 • 보고 • 정보 • 숫자 • 데이터 • 데이터 분석 • 연구 결과에 따르면…

강점

• 지식 수집 • 과업 분석

약점

• 사람과 활동에 큰 관심이 없음 • 개인적 유대에 크게 주의를 기울이지 않음 • 극단적일 경우 책벌레가 될 수 있음

나의 스타일은?   관계 ⟵————————————————— 정보

나의 관심은...
주의를 기울이는 분야는

관계 중심

정보 중심

활동 중심

활동 중심

• 활동에 집중 • 활동을 과업의 대상으로 봄 • 활동의 관점으로 상황을 묘사 • 관계와 정보에 관해서는 관심을 덜 기울임

표현 방식

• 통제 • 행동 • 조직화 • 프로세스 • 과업 • 착수

강점

• 행동 • 마무리/실행

약점

• 사람과 정보에 대해 맥을 놓침 • 지나친 행동으로 관계와 지원을 잃을 위험

활동

개념

• 원칙과 필수요소 • '왜'라는 질문에 집중 • 개념이 사고의 중심 • 어디로 가고 있는가?

표현 방식

• 핵심 • 원칙 • 문제의 핵심을 향해 • 도대체 그게 무엇인가 • 왜 • 근본적인 개념

강점

• 원인, 핵심, 원칙을 이해하려는 열망 • 이론적 설명

약점

• 개념이 불확실하면 난관에 봉착 • 실제 적용이 없다면 무슨 소용인가? • 생각이 다른 사람들과 유대 및 관심을 잃을 우려가 있음. 표현이 지나치게 관념에 치우칠 때 특히 그러함

체계

• 화합, 요소, 관계 • '무엇'과 '어디'에 관한 질문 • 무질서 속의 질서 • 화합이 사고의 중심

표현 방식

• 화합 • 상호 관계 • 우리에게 필요한 것은 • 어느 요소가 • 체계화 • 무엇을 어디서

강점

• 무질서에서 질서를 창조하는 능력

약점

• 모든 요소를 파악한 후에야 다음으로 넘어갈 수 있음 • 자신을 꼼짝 못 하게 속박

나의 스타일은?　　개념 체계

'선호하는' 사고방식은?

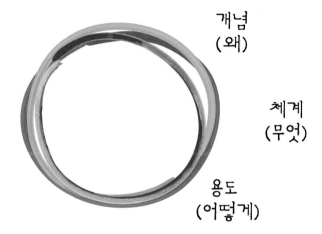

개념
(왜)

체계
(무엇)

용도
(어떻게)

용도

• 응용과 사용 • '어떻게'라는 질문 • 행동이 사고의 중심

표현 방식

• 접근방식 • 유용성 • 해결책 • 용도 • 어떻게 사용하는지 • 그것으로 할 수 있는 일은

강점

• 임기응변식 문제 해결 능력 • 실제적인 응용 방법에 주목

약점

• 여러 가지가 결여된 상황에서 어쩔 줄 모름 • 그런데 이게 다 무슨 일입니까? 미처 알아채지 못한 일들 • 더 큰 맥락에서 볼 때 전혀 맞지 않거나 소용없는 일, 또는 할 필요가 없는 일을 하는 경우가 있음

용도

함께

• 함께 일하기를 원함 • 책임을 나누고자 함 • 팀 플레이어 • 독립적으로 일하고 결정을 내리는 데 어려움을 겪음

표현 방식

• 함께 • 팀 • 우리 • ~에 기여하다 • 우리 일 • 우리 책임 • 우리의 결정 • 우리의 성과

강점

• 다른 사람을 '필요로 함' • 팀 플레이어, 협력

약점

• 독립성 결여 • 책임지지 못함 • 홀로 책임져야 하는 상황을 부담스러워함

가까이

• 경계가 명확한 영역을 원함 • 자신이 책임지려고 함 • 주변에 사람이 모이는 것을 선호 • 책임과 권한을 나누는 것에 미숙

표현 방식

• 내 영역 • 내 책임 • 나의 공헌 • 독립성 • 차별화 • 나의 지분

강점

• 속도를 올리는 '센터포워드' • 협력을 중시하는 문화에 잘 어울림

약점

• 책임을 공유하는 데 미숙 • 자신을 내세우는 일에 능숙하지 못함

나의 스타일은?　　함께　←　　　　　　　　　　　　가까이

좋아하는 생활습관 및 업무방식

함께

가까이

홀로

홀로

• 혼자 일하기를 선호 • 자신의 책임으로 일하기를 원함 • 오랜 시간 동안 집중할 수 있음 • 의사소통하지 않으려 함(과업에 필요한 경우를 제외하고) • 다른 사람과 함께 일하는 것에 미숙

표현 방식

• 독립성 • 방해받지 않는 • 홀로 • 스스로 • 완전 몰입 • 끊임없이 • 나 홀로 • 다른 누구의 도움 없이

강점

• 독립성 • 자기 책임 • 단독 항해사

약점

• 협력 • 공유 • 독단적 행동 • 유대 결핍

 홀로

과거

• 과거에 집중 • 과거에 있었던 일 • 과거의 관점으로 현재를 바라봄 • 미래와 연결점이 없음 • 지난 영광에 취함

표현 방식

• 그때는 • 옛날에는 • 처음에는 • 그때는 항상 • 아직도 또렷이 기억이 나요 • ~할 때는 언제나 • 당시 우리가 했던 일은 • 그 당시 효과가 있었던 것은…

강점

• 과거에 효과가 있었던 일, 과거의 관점으로 바라보는 태도 • 경험에서 배움

약점

• 과거에 사로잡힘 • 현재의 사건에 과거의 경험을 결부시킴으로써, 혼란을 가져옴 • 지금 여기의 일을 제대로 파악하지 못함

현재

• 현재에 집중 • 현재 벌어지는 일 • 지금 여기서 일어나는 일로 바쁨 • 과거나 미래와는 별 상관이 없음 • 순간을 즐김

표현 방식

• 지금 • 여기 • 현재 • 이 순간 • 지금 우리가 하는 일 • 지금 우리가 원하는 것 • 현재 중요한 것

강점

• 현재에 집중 • 존재감

약점

• 과거로부터 배우는 데 미숙함 • 미래를 조망하는 데 미숙함

나의 스타일은?　　　과거 ⬅━━━━━━━━━━━━━━━━━━ 현재 ━━━

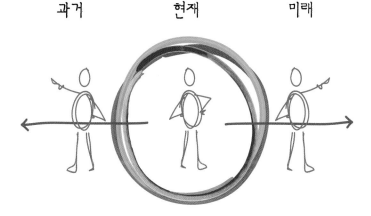

내가 집중하는 시제는

과거   현재   미래

미래

• 미래에 집중 • 미래에 벌어질 일 • 미래가 현재의 활동을 결정 • 과거와 현재의 모습을 떠올리는 것을 어려워함 • 미래에 이루어질 일을 내다봄

표현 방식

• 나중에 • 장차 • 곧 • 겨냥 • 장기적 목표 • 그렇게 될 거야 • 그다음으로 우리가 할 일은…

강점

• 미래를 내다봄 • 비전 수립 능력

약점

• 현재의 과업에 상대적으로 덜 집중 • 미래를 위해 현재를 지나치게 양보한 나머지, 올바르지 못한 결정을 내림 • 곧, 장차 일어날 일에 사로잡혀 현재에 집중하지 못함 • 지금 이 순간을 즐기지 못함 • 과거에 사로잡힌 사람들을 이해할 수 없음

 미래

시각

• 시각적으로 사고 • 주로 시각 정보를 통해 배움 • 구분해서 생각하는 것을 잘함 • 빨리 말함

표현 방법

• 바라본다 • 살펴본다 • 분명한 • 만약 • 상상해보면 • 마치 내 눈앞에 있는 것처럼 보여 • 그림으로 생각한다 • 보여주시오

강점

• 이미지와 그림, 단어를 '보는' 능력 • 시각적 상상력 • 연관과 구분 모두에 능함

약점

• 언어로 표현된 정보를 받아들이는 데 미숙

청각

• 소리로 생각 • 주로 구어체와 스토리를 통해 배움 • 분리와 연관에 모두 능숙 • 천천히, 리듬감 있게, 시간 순서대로 말함

표현 방법

• ~로 들리네요 • ~와 장단을 맞추어 • 이 말 좀 들어봐요 • 제 귀에는 음악과 같아요 • 스토리 • 언어적 • 말해주세요 • 귀 기울이는

강점

• 말로 된 언어와 멜로디로부터 쉽게 배움

약점

• 시각적 정보를 습득하는 데 미숙

나의 스타일은?   시각 ⟵   청각

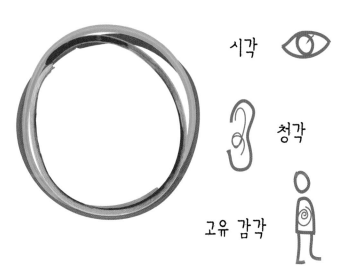

인지 경로

시각

청각

고유 감각

고유 감각

• 감정과 행동을 통해 사고 • 주로 행동, 움직임, 느낌, 경험을 통해 배움 • 연관 짓는 사고를 주로 하며, 구분에는 미숙 • 천천히 말함

표현 방식

• 나는 ~라고 느낀다 • 공감 • 감을 잡았다 • 움직이고 있다 • 몸소 체험하는 • 머리를 쥐어뜯으며 • 느낌

강점

• 감정, 직관 • 근육 기억

약점

• 구분에 취약('한 발 뒤로 물러서서') • 시각 및 청각 정보를 해석하는 데 애를 먹음

고유 감각

민첩성을 기르다

자신의 강점과 약점을 파악하고 있다면, 다른 행동 양태를 보이는 사람들과 마주할 때도 자신이 언제 의사소통이 잘되고 언제 분위기가 어색해지는지를 알 수 있다. 이미 언급했듯이 메타프로그램들은 서로 강화를 일으키기도 하고 상충하기도 한다. 주도적이고, 지향적이며, 보편적이고, 조화를 추구하는 행동 양태를 가진 사람이라면 매우 효과적이겠지만, 그에 따른 몇 가지 위험이 있는 것도 사실이다. 결정을 내려야 할 때는 적절한 세부사항을 간과하지는 않았는지 결정이 너무 성급하지는 않은지 숙고해볼 필요가 있다. 결국 폭넓은 분야에 주목하고, 무엇보다 일이 잘 진행되는 곳이 어디인지 살펴보며, 나의 목표를 적극적으로 추구해야 하는 사람은 바로 나 자신이기 때문이다. 협상 테이블에서 비판적이고 회피하는 행동 패턴을 드러낸다면 어떠한 진전도 기대하기 어려울 것이다. 현상 유지, 과거, 부조화의 패턴을 지나치게 보인다면 행동에 변화를 일으키는 어려울 것이다. 사고와 업무 스타일이 균형을 이루지 못한 팀의 앞날에는 함정이 도사리고 있다가 발목을 잡을 것이다.

함께 일을 진행하고 결정을 내리는 것이 목표라면, 필수 메타프로그램을 신중하게 도입해보면 좋을 것이다. 나의 이해관계를 충족하기 위해 신중하게 의사소통하는 것은 쉽지만은 않은 일이다. 다소 길 수도 있지만, 회의를 시작하는 생생한 사례를 보자. 단, 이는 실제 회의 장면이라기보다는 몇 가지 메타프로그램을 효율적으로 사용한 사례로 보는 것이 좋다. 여기에서 메타프로그램을 찾아낼 수 있겠는가? "오늘 우리는 매우 중요한 사안에 관해 결정을 내리려고 함께 노력하고 있습니다. 이미 확보한 정보를 좀 더 체계적으로 살펴볼 것을 제안합니다. 그리고 각자의 이해관계에 비추어 장단점을 따져보겠습니다. 함께 이 문제를 자세히 살펴보고 우리 모두가 찬성하는 결정을 내릴 수 있기 바랍니다. 혹 놓친 정보가 있다면, 어떻게 하면 가장 빨리 알아낼 수 있는지 생각해볼 수 있습니다. 이런 점에 관해서는 좀 더 비판적인 태도를 보여주실 것을 부탁합니다. 어떤 것도 간과해서는 안 됩니다. 그러기에는 너무나 중요한 문제이기 때문입니다. 그렇지만 진전을 이뤄내기를 바랍니다. 따라서 여러분의 협력에 큰 기대를 겁니다." 보다 의도적으로, 그리고 좀 더 조심스럽게 의사소통에 임하면 모두가 같은 궤도에 올라탈 가능성이 커진다.

긴장을 풀고 일이 진행되는 상황을 지켜보고 해석한 다음, 상대방과 함께 진전을 이뤄내는 것은 협상가로서 가장 중요한 과제다. 비법이 있다면, 메시지의 내용을 경청하는 것 못지않게 그것을 담는 형식에도 주목해야 한다는 것이다. 통찰을 얻고 계속 연습한다면, 패턴을 발견하는 일, 더욱 공감하며 함께 앞으로 나아가는 일에 모두 도움이 될 것이다. 이것은 어느 한쪽을 택하는 것이 아니다. 공감과 진전을 함께 이루는 것이다. "함께"라는 말이 바로 핵심 개념이다.

사례

적극적으로 행동하면서 동시에 대응적 사고의 여지를 둔다. 배제하기보다는 포용하는 태도를 보인다. "일이 빨리 진행되기를 당신이 원한다는 걸 이해합니다. 그러나 몇 가지 좀 더 상세히 살펴봐야 할 사항들이 있습니다. 그걸 좀 서둘러 살펴보면 어떻겠습니까?" 또는 "일어나서 달려가는 것이 중요하다는 것은 잘 압니다. 그러나 일이 제대로 돌아가려면 몇 가지 항목을 지금 철저히 따져보는 것이 더 좋을 것 같습니다. 안 그러면 나중에 시간을 더 끌게 되니까요." 또는 "눈살을 찌푸리셨네요. 제가 너무 빨리 나가고 있나요? 잠시 멈추고 내용을 좀 더 자세히 살펴보는 것도 저는 좋습니다만, 어떻게 할까요?"

목표에 집중하면서도 앞에 놓인 방해물을 염두에

두거나, 다른 사람에게 부탁해서 그것을 파악해 놓을 수도 있다. 물론 그 둘을 병행해서 위험을 낮추는 한편 프로세스를 효율적으로 진행할 수 있다면 좋을 것이다. "가능한 한 빨리 목표를 성취하려면 도중에 닥칠 위험을 살펴보는 것이 좋으리라 생각합니다. 데이비드, 좋은 방법이 있으면 제안해주시겠어요?" 만약 데이비드가 모든 일을 꼼꼼히 살피는 성격이라면 이 질문은 더할 나위 없이 적절하다. 질문자는 그의 장점에 맞춰 회의를 끌어가고 있다. 존이라는 사람의 사고 형태가 '지향적' 스타일에 속한다면 이 질문에 답하기가 쉽지 않을 것이다. 신중한 의사소통의 또 다른 예는 다음과 같다. "걱정되는 점이 몇 가지 있습니다. 그 문제를 함께 이야기해보고, 어떤 공감대를 가지고 앞으로 나아갈 수 있는지 알아보는 것이 좋겠습니다." 또는 "될 수 있는 대로 빨리 목표를 성취할 수 있다면 좋지 않겠습니까."

실제로 자신과 상대방을 모두 속이는 결과를 낳을 수도 있다. 너무 보편적으로 생각하거나, 비판 능력이 부족하거나, 자기 목표에만 지나치게 관심을 기울이다 보면 분명히 일은 진행되겠지만, 실수나 놓치는 것도 생기게 마련이다.
한 가지 일을 하면서도 반드시 그 이면을 생각해보는 것이 중요하다. 한쪽을 유지하면서도 다른

쪽을 발전시키는 것이다. 밝은 면을 보는 한편 반대의 상황도 염두에 두는 태도다. 사업가 기질이 충만한 사람이라면 사업에서 중요한 것은 지르기, 행동, 위험 감수 등이 전부라고 생각할 것이다. 맞는 말이다. 그러나 위험을 계산하고 해결할 방안도 준비해야 한다. 빨리 가고자 한다면 혼자 가라. 그러나 멀리 가기를 원한다면 함께 가라. 위험을 진단한 다음에 전진하면 더 먼 여정에 함께 나설 수 있다.

알아두면 유용한 몇 가지 사항

- 사고 형태가 보편적인 편이라면 잊어서는 안 될 세부사항을 알려달라고 요청해야 한다.
- 사고 형태가 조화 추구를 중시하는 편이라면 부조화에 가까운 사고를 수용함으로써 비판 능력을 확충한다. '자기과신 편향'(158페이지)을 피하라는 내용도 참고하기 바란다.
- 체계적인 프로세스를 이용하여 대안을 모색한다. 계속해서 선택지를 탐구할 수 있지만, 분명히 어떤 결론은 내야 한다.
- 변화를 원하지 않는 사람들과 함께 가려면, 변하지 않는 것과 발전시키고 싶은 것을 차근차근 설명하여 공감을 끌어내야 한다. 변화, 강력한, 전환 등과 같은 말은 역효과를 불러올 수 있다.

- 자신과 상대방이 모두 내적 기준을 대단히 중시할 때는 서로 충돌을 일으킬 수 있다. 상대방이 사안을 어떻게 인식하고 있는지 알아내서 나의 관점과 비교해본다. 그렇게 하면 이해관계에 비추어볼 때 무엇이 가장 좋은 선택인지 알기 쉬워질 것이다. 고집 때문에(양쪽 모두의) 논의는 정체된 채 각자 입장만 고집하는 때도 있다. 과연 누가 먼저 이 상황을 타개할 것인가? 더 유연한 자세를 보이면 분위기가 풀릴 수 있다. "글쎄요, 그 점에 대해서는 저만의 확실한 의견이 있고 그 사실을 당신과 공유했으면 하는 마음이 있습니다. 그러나 당신도 역시 그 점을 생각하고 있다는 것을 알았습니다. 우리가 정확히 뭘 해야 할지 살펴보고 서로의 생각을 검토해보는 것이 어떻겠습니까?" 혹시라도 교착 상태에 빠지지 않도록 예방책을 마련하는 것이다. 내 의견을 하나의 선택지로 제시하여 대화의 여지를 마련할 수도 있다. "이 문제를 어떻게 풀지 저도 분명히 생각하고 있지만, 그것 말고도 몇 가지 가능성이 더 있지 않을까 합니다. 같이 한번 찾아보는 게 어떨까요?" 상대방을 배척하지 말고 끌어당기고 엮어내야 한다.
- 발언할 때는 상대방이 가진 다양한 사고 형태를 고려해야 한다. 발표 내용의 체계를 잡고

차근차근 진행해간다. 예를 들면 개념과 용법 모두에 주의를 기울이는 것이다. 지금까지 다소 추상적인 윤곽만 이야기해왔다면, 좀 더 자세한 내용을 듣고 싶은지 분명히 물어봐야 한다. 직접 체험할 기회를 주는 것도 좋다. 이미지를 보여주고 내가 한 말의 내용에 집중하게 한다. **불일치의 사고 형태를 보이는 사람과 대화하기를 원하면서 그런 태도 자체를 문제 삼으면 안 된다.** 제때 비판할 기회가 있다면 사람들은 다른 순간에 마구 떠들지 않을 것이다. 비판은 단지 꺼리는 태도라기보다는 진정성이 담긴 걱정을 표현하는 것일 수 있다. 따라서 관심을 표명하면 비판은 누그러진다(만약 그렇지 않다면, 언제든지 프로세스에 개입하면 된다). 이것이 만약 상대방이 펼치는 게임이라면, 게임에 대처하는 방법을 참조하기 바란다 (163페이지).

보조를 맞추고 이끌기

앞서 살펴본 반응의 사례에서 보조를 맞추고 이끄는 내용을 언급했다. 상대방의 보조에 맞춰 유대를 맺은 다음 그들을 이끌어 함께 다음 단계로 나아가는 것이다. 이미 몇 가지 사례를 제시했지만, 그 뒷이야기를 더 소개한다. 친한 친구 사이인 두 사람이 같이 한잔하러 선술집에 들른 것을 보면 둘이 서로 '장단이 맞는' 사이라는 것을 즉각 알 수 있다. 두 사람은 아마도 같은 자세, 즉 마치 거울에 비친 모습처럼 바에 나란히 선 채 똑같은 목소리 크기로 대화를 주고받을 것이다. 그들은 목소리(음색, 억양, 에너지)로나 비언어적(몸짓)으로도 서로 잘 맞는다. 그리고 서로의 언어(말하는 내용)도 잘 이해하는 것 같다. 유대감이 존재할 때는 그것을 인식하지 못할 경우가 많다. 그저 그 순간이 즐거울 뿐이다. 유대가 깨지면 그때야 거리감을 느끼게 된다. 비즈니스 환경에서는 다소 쌀쌀하고 형식적인 대화를 주고받는다. 그리고 유대감을 느끼는 속도도 약간 더디다. 문제는 어떻게 좋은 유대를 만들어 이해받는다는 느낌을 상대방에게 주고, 나와 정보를 공유하며, 그들이 먼저 분위기를 이끌게 할까 하는 것이다. 여기서는 의사소통의 네 가지 언어적 수준에 관해서만 설명한다. 이런 수준의 통찰을 얻으면 더 의식적으로 상대방과 보조를 맞추고, 유연성과 민첩성을 겸비한 채 함께 나아갈 수 있다. 이것은 또 지침 1을 분명히 적용하는 방법으로, 그 내용에서 관계 측면을 따로 떼어낸 것이다.

회의에서 의사소통 측면에서 일어나는 일이 무엇인지 분석해보면 사람들이 다음과 같은 행동을 하고 있음을 알 수 있다.

- 주목: 정보 습득
- 해석: 정보의 의미를 부여함 (치우치든, 그렇지 않든)
- 반응: 획득한 정보에 대한 반응으로 행동을 보임

반응하지 않는 것은 불가능하다. 사람은 누구나 자신이 보고 듣고 경험하는 것에 어떤 식으로든 반응한다. 최소한 비언어적인 방식으로나마 반응을 보인다. 협상에서 영향력을 증대시키고 싶다면 상대방의 명시적, 암묵적 의사 표현에 대해 효과적인 말로 대응할 필요가 있다. 앞에서 메타프로그램을 설명할 때 관찰 측면(읽는 타입의 사람들)을 다룬 적이 있다. 행동을 관찰하고 묘사하는 데 그 필터를 사용하면 된다.

의사소통의 네 가지 수준

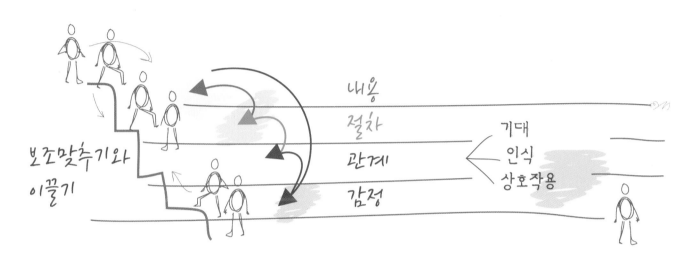

일어나는 일이나 상대방의 말에 대해 언어적 반응을 보일 때는 네 가지 수준이 존재한다.

- 정보의 내용에 대해 **실질적으로 반응한다.**
- **절차적으로 반응함으로써** 항목에 관해 이야기할 순서를 명시적으로 언급한다. 먼저 이것을 하고, 그다음에는 저것을 한다는 식이다.
- **상호작용이나 관계를 언급한다.** 이것은 상호작용하는 방식, 기대, 인식, 그리고 의사소통하는

방법 등에 관한 것이다.

- **감정적 반응이다.** 말 그대로 자신의 감정을 드러낸다.

한 가지 사례를 들어보자. 협력 관계에 있는 어떤 당사자와 기획 이슈에 대해 논의하고 있다. 어느 순간, 프로젝트 리더가 이렇게 말한다. "존, 미안하지만 자네가 마감을 어긴 것이 이번이 벌써 두

번째라는 점을 말하지 않을 수 없네." 그때까지 회의가 진행되어온 분위기에 따라 여기에 대해 네 가지의 반응이 나올 수 있다.

내용: "최대한 빨리해서 밀린 일정을 따라잡겠습니다. 그리고 앞으로는 이런 일이 일어나지 않도록 노력하겠습니다." 이것은 방금 도착한 메시지의 실질적 내용에 대한 반응이다.

절차: "먼저 지연사태가 일어난 배경을 제가 말씀

드리고, 그 일로 귀측에 어떤 문제가 일어났는지, 또 어떻게 해결할지를 함께 토론했으면 합니다. 괜찮으시겠습니까?" 이런 것을 절차적 반응이라고 한다. 즉 행동의 시간적 절차를 설명하는 것이다.

관계: "그렇게 말씀하시니 그동안 함께 일한 우리를 아마추어라고 생각하시는 것 같습니다." 또는 "우리 반응을 오래전부터 많이 기다리셨다는 점을 이해합니다." 이런 언급들은 상호작용이나 관계에 관한 것으로, 양측 사이에 벌어지고 있는 일에 관한 내용이다. 어떤 종류의 협상에서든지, 상대방이 나를 어떻게 여기고 있는지, 그리고 내가 서로를 어떻게 인식하고 있는지를 언급해야 하는 상황이 있다. 서로가 상호작용하는 방식이 협상 프로세스의 방해요인이라는 사실을 발견한 경우에는 상호작용·관계의 차원에서 반응을 보이는 것이 중요하다.

감정: "이 점에 대해서는 여전히 마음 아픈 일이라고 생각합니다." 또는 "우리가 문제를 일으킨 데 대해 진심으로 송구스럽습니다." 또는 "이것이 귀하에게 큰 영향을 미친다는 사실을 잘 알고 있습니다." 이런 종류의 언급은 감정적인 것이며, 나나 상대방이 서로에 대해 느낀 점을 말하는 것이다. 감정적 수준의 반응을 표현해야 하는 경우는 감정이 결부되거나, 진척 상황에 영향을 미친

다고 판단될 때이다. 상대가 감정을 겉으로 표현할 때는 쉽게 알 수 있다. 그러나 은연중에 감정을 내비칠 때도 사안과 관련이 있다고 판단되면, 이를 포착해야 한다.

주어진 상황에서 가장 효과적인 반응이 어떤 것인지는 오로지 그 상황의 맥락에 달린 문제다. 회의 진행 과정에 영향을 미치고자 할 때, 보편적인 가이드라인으로 삼을 만한 것이 있다면, 상대방이 전달하려는 진의를 파악하려 노력해야 한다는 것이다. '진의'라는 말은 내재한 메시지라는 뜻이다. 상대방이 꼭 말로 표현하지 않아도 전달하려 애쓰는, 숨은 의도를 가리킨다. 그렇게 노력하면 유대와 신뢰를 형성할 수 있다. 이해받고 있다는 느낌을 상대에게 줄 수 있기 때문이다.

상호작용 및 관계의 차원에서 행동하는 것에 익숙해지도록 단련하라. 마치 일상의 습관처럼 능숙해지도록 노력해야 한다. 그리고 상대방이 무엇을 기대하는지 불분명하거나 명시적으로 언급되지 않는 상황, 인식 수준이 발전하는 상황, 그리고 상호작용이 별로 성공적이지 못할 때는 어떻게 반응하는지에 대해서도 의식적으로 인식해야 한다. 메타프로그램을 숙지하고 상대방의 행동 양태를 관찰하면 상대가 어떤 유형인지를 어

렵지 않게 알 수 있다.

상호작용 및 관계의 차원에서 절차 차원으로 신속히 전환하는 사례

- "당신이 굉장히 빨리 앞서간다는 느낌이 듭니다[주도적]. 잠깐 한 걸음 뒤로 물러서 보는 것이 어떨까요[절차]? 조금 생각해볼 시간이 필요해서요."

- "우리 둘 다 지금 일을 진행하고[주도적] 결정을 내리기를[지향적] 원한다는 것을 알았습니다. 그렇지만 여전히 우리가 논의해봐야 할 위험이 몇 가지 남아 있습니다[회피적]. 그래서 지금 논의를 시작해야 한다고 제안하는 겁니다[절차]." 여기에서 상호작용과 행동[주도적, 지향적, 회피적]을 설명했고, 절차에 관한 제안을 내놓았다.

- "제 생각에는 지금 당신이 매우 빨리 몇 가지 조처를 한 것 같습니다[주도적, 지향적]. 사실 속도가 너무 빠르다고 봅니다. 여기서 다시 A 지점으로 되돌아가 보는 게 좋다고 생각합니다. 그 점에 관해 좀 더 이야기를 나누고 싶습니다[절차]. 당신 생각을 말해주세요."

- "데이비드, 몇 가지 측면을 유지하는 것이 자네에게 중요하다는 점[현상 유지]을 잘 알았고, 충분히 이해하네. 그렇지만 몇 가지 사항을 수정하는 것도 중요하다고 생각하네[발전]. 자네를 위해서 무엇

을 그대로 유지하고, 또 그러면서도 한 발 앞으로 나아갈 방법이 무엇인지 같이 한번 살펴보는 게 어떻겠나?"

감정에 관해 명시적으로 대화할 수 있는지는 문화적 배경에 크게 좌우되는 문제. 의사소통을 매우 간접적으로만 진행하는 문화에서는 그것을 적절치 못한 행동이라고 여긴다. 반면, 감정에 관한 대화가 아주 자연스러운 문화도 물론 존재한다. 당사자가 반응의 수준을 인식하여, 어떤 수준에 맞추어 명시적인 의사소통을 하고자 하는지 (또한 그럴 수 있는지) 판단하는 것이(어떤 상황에서도) 무엇보다 중요하다. 감정은 더 높은 차원의 의사 표현이다. 감정은 때로 부정적 인식이나 충족되지 않은 기대의 결과로 표현되는 경우가 많다.

상대방은 자신의 존재감이 드러나지 않는다거나 자신이 기여한 일이 인정받지 못한다고 느낄 때가 있다. 또 자신이 마땅히 인정받아야 할 상황인데도 나로부터 그에 합당한 행동과 감정이 보이지 않을 때 당황하기도 한다. 그럴 때는 그런 감정을 그대로 이야기할 필요는 없지만, 감정에 숨어 있는 근본적인 원인에 관해 이야기할 수는 있을 것이다. 앞의 세 가지 수준 사이를 오가는 능력만 갖추어도 협상을 훨씬 효과적으로 이끌어갈

수 있다.

상대방이 감정을 드러낼 때, 즉 화를 내거나 실망하거나 짜증을 낼 때는 반드시 주의를 기울여야 한다. 그들의 감정에 공감하고 유대감을 형성해야 한다. 그리고 상대에게 충분히 관심을 기울여주었다고 생각될 때 논의를 계속 진행하면 된다. 상대방이 내가 계속 진행해도 좋다는 의사를 은근히 내비치는 때가 온다. 그럴 때는 이런 식으로 받아넘기면 된다. "제이컵, 우리가 잠시 무엇 무엇을 논의할 시간을 가진 것에 대해 기쁘게 생각합니다. 그럼 이제 계속 진행할 방법을 생각해보는 게 어떨까요?" 열쇠는 상대방에게 있다. 사람들은 동정과 공감을 다르게 받아들인다. 동정을 표현하려면 그저 상대방이 어떤 일로 힘들어하는 것에 대해 알겠다고 말하면 그만이다. 공감은 다르다. 우선 상대의 감정을 이해해야 한다. 그런 다음 그 감정에 이입하여 그들을 돕겠다는 마음을 품는 것이다. 그런 다음 그들과 함께할 방안을 모색하게 된다. 뭔가 어려운 점이 보이면 이것이 진전에 방해가 되는지를 또 물어보면 된다. "상황이 이렇게 되어 기분이 좋지 않네요. 무엇 무엇에 관한 정보를 받기로 합의했었는데 아직 아무런 기별도 없습니다. 지금으로서는 아무것도 할 수 있는 일이 없군요." 다양한 의사소통 수준 사이를 오가는 과정에서 앞으로 나아갈 수 있는 선택지

를 찾을 수 있다.

실제 내용보다 낮은 차원의 의사소통 방법으로 공감을 표현하는 사례를 보자.

- "우리 협력 관계가 진행되는 방식에 실망하셨다는 것을 알았습니다. 그렇게 느끼셨다니 매우 유감입니다. 어떤 점이 불편하십니까?"
- "우리 파트너십이 실현되는 방식에 불만이 있으신 거로 보입니다. 우리가 몇 번 실수했다고 생각하시는 것 같은데, 정말 안타까운 일입니다. 조금만 더 자세히 말씀해주시죠."
- "우리의 협력에 대해 기대하는 바가 서로 다른 것 같습니다. 논의를 더 진행하기 전에 우선 그 점에 관해서부터 이야기를 시작하는 것이 어떨까요?"
- "제가 귀하의 처지라고 해도 그렇게 보는 것이 당연하다고 생각합니다. 같은 데이터를 놓고도 분명 다른 시각을 갖게 될 수도 있지요. 그러니 서로의 관점을 비교해보고 계속 나아갈 방법을 찾아보는 게 어떨까요?"
- "회의가 이렇게 진행되어서는 어떤 결론에도 이를 수 없을 것이 분명합니다. 상황에 대한 양측의 판단이 너무 동떨어져 있어요. 당신도 그렇게 생각하시나요?"
- "제 생각에는 아직 우리 사이에 공감대가 전혀

없는 것 같습니다. 이 프로젝트의 결과물에 대해 서로 다른 생각을 하고 있으니까요. 먼저 그 점에 관해 같이 생각해보는 게 어떨까요?"

두 차원을 자유자재로 오가면서 더욱 효과적인 반응을 할 수 있다. 상황이 불분명하거나 서로 의사소통 방법이 다를 경우, 또는 부정적 인식과 감정이 작용할 때도 유대감을 잃지 않고 논의를 함께 지속해가는 능력이 더욱 향상될 것이다. 처음에는 이것을 실천하기가 다소 까다로울 수도 있고 자연스럽지 않게 느낄 수도 있다. 그러나 시간이 지날수록 이 방법이 점차 몸에 배어 어느덧 무의식적으로 사용할 수 있을 것이다. 그렇게 되면 내용과 관계의 요소 사이를 자유롭게 오갈 수 있고 지침 1을 보다 의도적으로 적용할 수 있을 것이다.

'보조를 맞추고 이끌기'가 작동되는 원리는 합기도에 비유하여 설명할 수 있다. 우리는 오랫동안 알트 알텐Aalt Aalten과 함께 이 분야에 관한 연구를 지속해왔다. 그는 우리에게 자신의 강점을 사용하고 상대방과 유대를 맺는 방법을 일깨워주었다. 합기도는 '자신의 강점을 이용하여 타인과 조화를 이루는 길'을 우리에게 제시한다. 상대방을 최대한 빨리 무력화하는 것이 아니라 오히려 받아들이는 법을 가르쳐준다. 어떻게 하면 유대

를 만들어내고 지속할 수 있는지를 알려준다. 상대를 적이 아니라 같은 길을 걸어가는 동반자가 되게 해준다. 알트 알텐은 나의 관심이 어디에 있으며, 또 그것을 어떻게 서로를 연결하는 문제와 조화시킬 수 있는지 깨닫게 해준다. 그런 과정을 거치면 나의 내적 강점과 에너지를 인식하게 된다. '보조를 맞추고 이끈다'는 것은 공동의 협상 활동에 대한 비유로서, 사람들을 배제하기보다는 나와 함께하는 길에 동참시켜 어깨동무를 한 채 걸어가는 방법을 역설한다.

어떻게 편향에 대처할 것인가

서로를 진심으로 경청하고 이해하여 함께 의사결정을 내리는 것은 참으로 어려운 일이다. 사람들은 이런 의사소통을 통해 정보를 걸러내고 처리하는 과정을 거친다. 모든 정보를 있는 그대로 받아들이는 것은 불가능하기 때문이다. 사람은 사물을 접할 때 그것을 무의식적으로 걸러서 인식한다. 즉 정보의 왜곡과 일반화, 생략이 진행되는 것이다. 어떤 일이 일어났는지를 알고 생략과 왜곡, 일반화된 것이 무엇인지 찾아낼 수 있다면, 사람들이 어떻게(의도적이든 아니든) 정보를 실제 상황과 다르게 해석하는지를 알 수 있을 것이다. 누군가의 말을 제대로 듣고 의견이나 결정의 배경에 관해 계속해서 질문을 던지다 보면, 올바른 사실이 무엇인지 분별할 수 있고(지침 2) 좀 더 분명한 그림을 파악할 수 있을 것이다. 사람들이 복잡한 문제에 관해 지나친 장밋빛 시각을 가지고 있을 때는 자칫 현실 감각을 잃을 수 있다. 자신의 영향력을 과대평가하는 사람들은 다른 사람의 지지를 얻지 못하는 결정을 내릴 수 있다. 메타프로그램을 잊어서는 안 된다. 여기서부터는 앞에서 메타프로그램을 설명한 내용이 반복될 수도 있다. 그러나 그 점이 오히려 이 주제에 관한 독자 여러분의 이해를 더욱 높여주리라 생각한

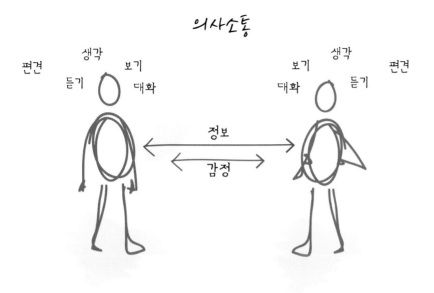

의사소통

편견 생각 보기
  듣기 대화

보기 생각 편견
  대화 듣기

정보

감정

것을 들었지만, 사실 좀 더 일찍, 다른 식으로 생각했었더라면 그 뻔한 함정에 빠지지 않았을 것이다. 프로세스를 잠깐 멈춘 다음 보고 듣는 것과 그에 관한 생각을 다시 한번 평가할 수 있다면 좀 더 올바른 행동을 취할 수 있을 것이다.

"그의 말이 맞는지 잘 몰랐지만, 워낙 확신에 차서 말하기에 그 사람을 믿었지요." 돌이켜 생각할 때 훨씬 더 잘 이해할 수 있지만, 막상 그 순간이 되면 그렇게 하기 힘들 때가 있다. 어째서 잘못된 결정을 내릴 때가 그다지도 많은 것일까?

- 관계: 압박을 받거나 상대가 게임을 펼치고 있어서 대처하기 힘든 상황이다(163페이지 참조).
- 내용: 정확한 정보를 얻지 못했거나, 정보가 편향되었다는 사실을 알지 못했기 때문이다.
- 프로세스: 상황이 너무 빨리 진행되고, 세부사항이 부실했으며, 권력 게임이 펼쳐졌기 때문이다. 또 비판 능력이 부족했기 때문이다. '메타프로그램'(120페이지)과 '프로세스 개입'(106페이지)을 참조하기 바란다. 또, 필요한 사람이 빠진 것 때문이라고 생각할 수도 있다.

감정에 휘둘려 프로세스를 서둘러 진행한 것, 또는 시간에 쫓기거나 피곤했던 것 때문일 수도 있다. 어쩌면 프로세스 때문이 아니라 상대방이나 내가 정보를 대하고 처리하는 방식이 원인일 수

다. 둘을 하나로 합치지 않은 이유도 바로 그것 때문이다.

우리는 날마다 선택지를 고민하고(혼자로든 다른 사람과 함께든), 또 결정을 내린다. 프로젝트를 진행할 것인가 말 것인가, 프로젝트 지원을 위해 무엇을 하고 무엇을 하지 않을 것인가, 비즈니스 파트너로는 누구를 선택할 것인가? 진행이냐 중지냐, 직접 생산이냐 외주냐, 투자할 것인가 말 것인가, 합의에 동의할 것인가 말 것인가 등. 상황은 점점 복잡해지고 수많은 이해관계가 걸려

있어 올바른 의사결정의 중요성도 더욱 커지고 있다. 실패에 따른 위험이 너무나도 크기 때문이다.

물론 누구나 실수한다. 실수는 인간의 본성이며 인생이라는 풍부한 다양성 속의 일부일 뿐이다. 그러나 여전히 실수로부터 배울 수 있기를 희망한다. 잘못된 결정을 내린 후 나중에 되돌아보면서 충분히 방지할 수 있었던 것임을 깨달을 때가 많다. "지금 와서 생각해보면, 거기서 살았으면 좋을 뻔했어." 최근에 와서야 누가 이렇게 말하는

도 있다. 뇌는 가끔 인간을 속여 의사결정 프로세스를 거부하는(고의가 아니더라도) 능력을 갖추고 있다.

두뇌가 정보를 판단하고 결정을 내릴 때 어떻게 작동하는지에 관한 연구는 비교적 최근에 등장한 과학 분야다. 의사결정에는 온갖 종류의 무의식이 개입된다는 사실이 밝혀졌다. 노벨상 수상자 대니얼 카너먼Daniel Kahneman이 이 분야를 주제로 쓴 《생각에 관한 생각》(2011)은 각종 10대 도서목록에서도 최고의 자리를 오랫동안 차지한 책으로, 지난해에 갑자기 재조명을 받기 시작했다. 롤프 도벨리Rolf Dobelli의 《분명하게 생각하는 기술》(2013) 역시 베스트셀러에 오른 책이다.

지금부터는 내용을 관리하는 법에 눈뜨기 위해 몇 가지 측면을 살펴볼 것이다. 이것을 공부하면 지침 2('신뢰와 입증')를 좀 더 심층적으로 활용하는 법을 알 수 있다.

시스템 1과 2

우리는 정보를 받아들일 때 거기에서 오는 여러 신호와 보상을 '한입 크기'로 잘라 인식하고, 또 행동의 근거로 삼곤 한다. 그러나 이렇게 하는 것이 올바른 행동인지는 의문이다. 카너먼은 우리

가 모든 정보를 처리하는 데 사용하는 두 가지 시스템에 관해 이야기한다.

시스템 1은 직관적이고 자동적인 시스템이다. 우리는 생각할 필요도 없이 무의식적으로 행동하고 결정을 내린다. '오래된' 이 시스템은 노력할 필요도 별로 없고, 신속하게 작동하며, 매우 편리하기도 하다. 예를 들어 칫솔질하는 방법은 생각할 필요가 없다. 그것을 생각하는 순간, 자동으로 이루어지는 행동의 흐름을 포기해야 한다. 시스템 2는 의식적이고 좀 더 이성적인 사고를 필요로 하는 시스템으로, 더 집중해야 하고 시간도 더 많이 필요하다. 정보를 분류하고, 탐색과 고민의 과정을 거쳐야 한다. 어떤 것을 배워서 저절로 몸이 움직이려면 반드시 어느 정도의 시간이 필요하다. 운전이나 어떤 종류의 새로운 기술을 배울 때도 수많은 연습을 거쳐야만 완벽함에 도달할 수 있다.

이 두 시스템은 끊임없이 서로 교차하면서 작용한다. 시스템 2는 주로 추적 및 관찰을 담당한다. 이해관계와 위험이 본격적으로 감지되면 의식적으로 작동하기 시작한다. 시스템 1은 매일 반복되는 행동에 작용한다. 사실 우리가 내리는 결정 대부분은 '빨리, 자동으로' 일어나는 일들이다. 시

스템 1이 작동되고 있지만, 시스템 2도 작동되어야 한다. 우리는 잠시 멈춰 생각하고 돌아보는 일을 더 많이 해야 한다. 그리고 이때 필요한 것은 정확한 최신 정보다.

두 시스템을 설명하기 위해 자주 드는 예가 바로 운전할 때 무의식에서 일어나는 거리 추정 작용이다. 자동차가 또렷이 보이면 흐릿할 때보다 더 가깝다고 판단한다. 두뇌는 두 상황을 다르게 처리하며, 또 당연히 그래야 한다. 두 가지 인식에 근거하여 '자동으로' 서로 다른 결정을 내린다.

이런 접근방식에서 놀라운 것은 뇌가 우리를 속일 수 있다는 사실이다. 게다가 뇌는 우리를 속이려고 무던히도 애쓴다. 뇌는 분명한 사고를 거부함으로써 우리가 옳은 결정을 내리지 못하도록 방해하는 경향이 있다. 예를 들어 안개 낀 날씨에 자동차가 흐릿하게 보이면 차가 멀리 있는 것으로 오인할 수 있다. 그 판단은 이전의 경험에서 나온 것이다. 그러나 실제로는 자동차가 매우 가까이 있을지 모르기 때문에 이때는 엄청나게 위험한 판단이 되어버린다. 뇌가 우리를 속인 것이다. 당연히 우리는 안개가 끼면 항상 적정 거리를 확보하고 운전 습관을 조정해야 한다. 의식적으로, 또 반복적으로 자신에게 알려주어야 한다. 자

동 메커니즘이 오작동을 일으킬지도 모르는 상황이기 때문이다.

큰 이해관계가 걸려 있지도 않고 별로 복잡하지도 않다면 큰 위험을 감수하지 않아도 된다. 그러나 자동차의 예를 다른 맥락에 적용해보면 위험이 매우 커질 수 있다. 보잉 777 여객기 조종사를 예로 들어보자. 급변하는 온갖 상황에서 조종사는 결코 혼자만의 힘으로 결정을 내릴 수 없다. 객관적인 장치가 도입된 이유는 인간의 주관적 인식만으로는 의사결정 프로세스의 확실성을 충분히 보장할 수 없기 때문이다. 그러므로 유능한 협상가는 정확하고 검증 가능한 정보에 근거하여 결정을 내려야 하며, 객관적인 기준에 비추어 사안을 가늠해야 한다. 다시 말해 편향된 정보와 주관적인 기준을 멀리해야 한다. 이때 상황이 한층 복잡해지는 이유는 우리가 올바른 결정을 내리려 할 때마다 나타나는 방해 요소의 형태를 알아차리지 못하기 때문이다. 어쩔 수 없이 사각지대가 있으므로 인지하지 못하는 것이다. 과연 나는 정보를 객관적으로 보고 있는가, 데이터를 '정확하게' 해석하고 있는가, 그래서 전체를 조망하는 그림을 올바로 그리고 있는가라는 질문을 자신에게 더 자주 던져야 한다. 이런 노력을 기울이면 메타

프로그램에서 자신이 어떤 스타일을 선호하는지 알 수 있다. 즉 의사결정에 있어 자신의 강점과 약점을 더 잘 알 수 있다.

여객기 조종사에서 실제 상황으로

이제 현실로 돌아오면, 우리는 매일매일 협상 과정에서 평가와 결정을 마주해야 한다. '뭔가' 잘못되었다고 느낄 때도 분명히 있고, 나 자신을 속이고 있다는 내면의 목소리가 들릴 때도 있다. 이럴 때 과감히 나설 수 있는가? 경고등은 켜졌는데 브레이크와 가속페달 중 어느 쪽을 밟을 것인가?

의사결정 프로세스를 의식적으로 인지하는 것은 매우 중요한 일이다. 파이를 나누기 위해 정확한 정보와 객관적 기준이 있어야 한다. 의사결정 내용은 이해관계에 부합해야 하고, 해결책은 타당하고 실현 가능해야 한다. 그러나 그런 변수를 평가하는 과정에도 편견이 작용할 수 있다. 상황이 왜곡되고 있음을 인식하면, 그 점에 관해 토의하고 새로운 해결책을 함께 모색할 수 있다.

이 주제에 대해 더 폭넓은 시야를 얻기 위해, 의사결정 프로세스에 편견이 자주, 또 중요하게 작용하는 사례를 몇 가지 살펴보자. 이런 사실을 알

고, 또 이런 행동을 읽고 해석할 수 있다면, 그 속에 숨어 있는 메타프로그램들도 파악할 수 있을 것이다. 필자는 무엇보다 상대방이 이런 편견을 활용하여 게임을 펼칠 때 대처하는 법을 집중 조명하겠지만, 편견에 의해 프로세스가 영향을 받는 과정을 이해해나가다 보면 나 역시 편견을 이용하여 상대방에게 영향을 미칠 수 있다는 사실을 알게 될 것이다.

일반적인 상황과 불확실한 상황에 나타나는 공통적인 편견

닻 효과

처음 획득한 정보에 지나치게 얽매이는 현상을 말한다. 첫 경험은 우리의 뇌에 단단히 박힌다. 그 정보가 상황을 보는 우리의 관점을 왜곡할 수 있다. 한 집단에 두 가지 질문을 던지는 유명한 실험이 있다. 첫 번째 질문은 스페인 인구가 4천만이 넘느냐는 것이다. 답변을 들은 후 다음에 던지는 질문은 스페인에 사는 사람이 몇 명이라고 생각하느냐는 것이다. 질문자가 첫 번째 질문에서 사용한 4천만이라는 숫자는 두 번째 질문의 대답에도 영향을 미친다. 사람들은 처음 얻은 정보에 크게 속박되는 경향이 있다. 첫 질문에서 4

천만 대신 1억이라는 숫자를 사용했다면 두 번째 질문에 대한 대답은 더 큰 숫자가 된다는 것이 거의 확실하다. 처음 주고받은 정보는 뇌 속에서 기준점 효과를 일으킨다. 이른바 닻 효과가 발생하면 두 번째 질문에 객관적이고 치우치지 않은 대답을 하기는 매우 어려워진다.

처음 제안을 내놓는 사람이 주도권을 가진다는 말은 바로 이런 원리 때문이다. 제안 속에 담긴 정보가 상황을 바라보는 나의 시각을 한쪽으로 몰아가서 그 자체로 기준점이 되어버린다. 여기에 또 다른 확신과 감정의 자극이 수없이 반복되면 그런 관점이 완전히 몸에 배게 된다. 이런 일이 일어난다는 사실, 그것이 관계와 내용 모두에 영향을 미친다는 사실을 인식해야 한다. 추정치를 평가할 때도 똑같은 현상이 일어난다. 과거의 경향과 데이터를 살펴보는 것만으로도 현재와 미래의 상황에 대해 편견을 갖게 된다. 비즈니스 사례를 평가할 때도 마찬가지다. 처음에 받아들이는 정보가 항상 힘을 발휘한다.

닻 효과에 대처하는 법

- 처음 받아들인 정보가 주도권을 발휘하게 놔두지 말라. 검증된 정보만을 사용하고 너무 쉽게 믿어선 안 된다. 과거의 정보가 결코 미래를 보장해주지 않는다. 특정 상황에서 얻은 정보는

현재 상황과 얼마나 관련이 있는가? 초기 정보가 현 상황에 얼마만큼 영향을 미치고 있는가를 비교, 연결, 확인해야 한다. 과거에 어떤 효과가 있었다고 해서 지금도 똑같이 작용하리라는 보장은 없다.

- 특정한 제안을 접했을 때는 상대가 제시하는 정보나 설명을 받아들이기 이전에 반드시 제안에 대해 먼저 신중히 생각해봐야 한다. 거기에 대해 나는 어떤 그림을 그리고 있는가? 무엇이 공정하다고 생각하는가?
- 분배 이슈가 있을 때는 항상 객관적인 기준에 비추어 공정성을 검증해야 한다. 앞서 설명한 내용을 염두에 두고 파이를 나눌 때 기준이 지나치게 주관적이거나 치우치지 않는지 계속해서 확인하는 것이 중요하다.
- 가능하다면 제3의 다각적 관점까지 검토하여 자신의 인식을 검증해본다. 폭넓은 시각으로 문제를 바라보며 올바른 결정을 내릴 기회를 높이기 위해서다. 큰 그림을 보라.
- 직관적으로 옳은 일이라는 사실을 알았다 하더라도 너무 결정을 서두르지 않도록 조심한다. 뭔가 잘못되었다는 사실을 감지했지만, 그게 뭔지 아직 정확히 모르는 경우가 있다. 언제나 나의 이해관계와 위험을 확인하고 내가 가진 최종 대안을 생각할 필요가 있다.

- 나도 같은 게임을 펼칠 수 있다는 사실을 알아야 한다. 첫 기억의 영향력을 내가 유리한 방향으로 써먹을 가능성은 언제나 존재한다.

현상 유지

이 '두뇌 필터'는 더 나은 대안이 있음에도 현재 상황을 유지하고자 하는 일반적인 편견을 말한다.

현상 유지 사고를 자석에 비유하기도 한다. 여러 가지 생각이 결국 한군데로 모이게 마련이라는 뜻이다. 즉, 안정을 유지하려는 방향으로 의사결정을 내리는 경우가 많다. 변화는 언제나 저항에 직면한다. 어떤 일을 만날지, 어떤 결과를 얻을지 확실히 모르면서도 책임과 위험을 떠안아야 하기 때문이다. 아울러 끊임없이 선택지와 대안을 고민해야 한다. 이는 상당한 시간과 노력이 필요한 일이다. 시스템 2가 작동되면 좋겠지만, 그것이 (아직은) 제대로 이루어지지 않을 가능성도 있다. 현상 유지 편향은 내가 가진 정보, 특히 나의 상황을 보강하기 위해 특별히 활용하는 정보를 살필 때마다 무의식적으로 강화된다. 여기서 가장 크게 작용하는 것이 바로 가용성 편향과 확증 편향이다. 현상 유지를 위해 가용한 자원은 무엇이나 끌어다 쓰고 나에게 편리한 정보에 귀 기울이려

는 경향이 작동한다. 요컨대 보고 싶은 것만 찾아다니면서 안정된 상태에 머무르려 하는 것이다. 이 단락에서는 '나'의 문제라고 표현했지만, 테이블의 반대쪽에 앉아 있는 상대방도 현상 유지를 원할 수 있다.

현상 유지 편향을 다루는 법

분명히 말하지만, 현상 유지 그 자체는 문제 될 게 없다. 하지만 일을 진전시키기 원하는 협상가라면 어떤 정보가 현상 유지를 정당화하는 목적으로만 쓰인다고 판단할 경우, 반드시 상대방에게 또 다른 정보를 제공해서 발전에 도움이 되는지 검토하도록 요청할 필요가 있다.

- 상대방이 현상 유지의 관점으로 상황을 본다면, 그런 태도가 과연 문제인지부터 생각해야 한다. 나의 이해에 부합하는가? 그렇다면 크게 신경 쓸 필요 없다.
- 사람들을 다른 상황으로 끌고 싶다 해도, 지나치게 서두르면 안 된다! 변화를 통해 상황이 개선될 수 있다거나 또는 내가 가진 정보가 더 나은 것이라고 섣불리 말해서는 안 된다. 온갖 종류의 '설득력 있는' 논증을 동원해서 변화를 정당화하려 애써도, 상대는 여전히 "다 좋긴 한데, 나하고는 상관없는 말이야."라고 생각할 수

있다. 서로 간의 연결점이 상실되고 신뢰는 사라져간다. 이런 상황에서 둘 사이를 회복시키기는 매우 어렵다. 이것은 잘못된 방법이다. 대신 다음과 같이 해야 한다.

- 현상을 유지하려는 상대방의 생각을 열린 마음으로 존중해야 한다. 상대방은 분명히 현상을 유지하는 편이 좋다고 (아마도 무의식적으로) 생각한다. 내가 보기에는 더 좋은 대안이 있는데도 이런 태도를 보이는 것이 도무지 이해하기 어려울 정도다. 현 상황 유지는 분명히 상대방의 이해에 부합한다는 걸 인정해야 한다. 논점과 세부사항을 조사하고, 그 결과를 이해하려고 노력하며, 다른 정보와 비교한다. 한 번에 한 걸음씩 차근차근 진행한다. 변하지 않는 것과 관련해 상대방의 이해를 해치지 않으면서도 변화할 수 있는 것이 무엇인지 보여준다. 내가 밟아가는 모든 단계에 정당성을 부여하여 서로가 전체적인 상황을 함께 바라보며 모든 것을 따져본다.

매몰 비용

현 상황의 실제적인 고려보다는 이미 발생한 비용(시간과 돈, 노력)에 근거하여 의사결정을 내리는 경우가 많다.

출발한 길을 계속 가는 게 멈추는 것보다는 나아

보인다. 그러나 안타깝게도 이것은 사실이 아니다. 여기서 체면 손상이라는 요인이 결정적인 역할을 한다. 중지한다는 것은 지금까지 해온 일이 잘못되었다는 것을 인정하는 셈이기 때문이다. 그런 결론은 도저히 받아들이기 힘든 사람들이 있다. 체면이 깎이는 일은 도저히 할 수 없어 그냥 계속하는 것이다. 예를 들면 이런 이유로 끝내 결정을 내리지 못한다. "너무 많은 돈과 노력을 쏟아부었어. 그 모두를 헛되이 만들 수야 없지."

선택지를 고려하는 요소에는 이미 발생한 손실, 비용, 노력도 포함된다. 예를 들어 콘서트 티켓을 한 장 샀다고 하자. 콘서트 당일에 갑자기 중요한 일이 생겨서 갈 수 없게 됐다. 그러나 비용은 이미 다 발생했기 때문에(이미 티켓을 샀으니까) 어쨌든 콘서트에 가기로 했다. 그런 결정은 자신의 이해에 어긋나므로 잘못된 것일 수도 있다. 또 다른 예를 보자. 협상이 한창 진행 중이며, 이미 여기에 많은 시간과 노력을 기울였다. 물론 돈도 들어갔다. 벌써 몇 달이 훌쩍 지나갔다. 상당한 비용이 발생했고 이제는 협상을 깨기도 무척이나 어려워졌다는 생각이 든다. 그렇게 되면 이미 노력한 모든 일이 허사가 되고 말 테니 말이다! 그러나 반대로 나한테 별로 유리하지 못한 내용에 합의해야 할지도 모른다. 이런 종류의 편견은 여러 참여자로 구성된 파트너십에서 자주 찾아볼 수 있다.

수개월에 걸쳐 회의하고 온갖 종류의 협력방식을 검토한 후에도 정작 진전된 일은 별로 없다. 적당한 거리를 두고 물러나 상황을 바라보면, 이런 식으로는 안 된다고 외쳤어야 할 순간이 수없이 많았다는 것을 알 수 있다. 그러니 조심해야 한다! 이미 많은 돈을 낭비한 곳에 돈을 더 써서는 안 된다. 과연 이대로 지속할지를 고민할 때, 지금까지 쏟아부은 노력이 얼만지는 잊어야 한다. 최종 목적은 좋은 협상을 이루어내는 것이기 때문이다(99페이지 참조).

매몰 비용에 대처하는 법

- 자신에게 솔직해지라. 그리고 함정에 빠진 걸 인식해야 한다. 이 두 가지 측면은 서로 상관이 있는 것일까? 현명한 선택이 아니었다면 왜 그 상황을 고수하려 하는가? 이렇게 말하면 무척이나 힘이 빠지겠지만, 모든 점을 고려하더라도 정말이지 이러저러한 일을 중단해야 한다는 결론에 도달할 수밖에 없다. 내가 잘못된 결정을 내렸을 수도 있으며, 그 사건을 되돌아보고 그로부터 교훈을 얻기를 원한다는 사실을 뒤늦게 깨달을 수도 있다. 어떻게 하면 그 당시에 다른 결정을 내릴 수 있었을까? 또는 지금 똑같은 상황이 펼쳐진다면 같은 결정을 내릴 것인가?

- 내가 관여하는 의사결정 과정에도 매몰 비용을 고려하는 사고가 끼어들 수 있다는 사실에 유념하며 프로세스에 개입할 준비를 해야 한다. "피터 씨, 당신은 아무개 측과 논의를 지속해야 한다는 의견을 갖고 계신다는 것을 압니다. 아울러 이미 많은 노력이 투입되었다는 사실도 잘 이해하고 있습니다. 그러나 저는 이것이 다른 근거에 바탕을 두어야 하는 평가라고 생각합니다. 먼저 우리가 아무개 측과 논의를 계속하는 것이 유용한 일인지 살펴보는 게 어떻겠습니까? 지금까지 많은 노력을 기울이긴 했지만 말입니다." 사리를 따질 때는 해당 사안에 적합한 사실을 적용하도록 주의해야 한다.

확증 편향

나의 상황을 개선할 정보만 받아들이고 다른 정보는 외면한다. 이미 앞에서 언급한 바 있다. "그게 정말입니까? 그런 말은 한 번도 들어본 적이 없네요." 또는 "그 내용은 지금 상황에 맞지 않아요." 자기가 듣고 싶은 정보를 취사선택하거나 생략함으로써 자신의 주장을 강화하고 현상을 유지하려 한다. 그 반대도 마찬가지다. 즉 자신이 원하는 변화에 유리한 정보만 받아들이는 것이다. 긴장이 고조될수록 사람들은 자신의 주장을 고집하고, 그

러다 보면 점점 더 철회하기가 어려워진다.

확증 편향에 대처하는 법

- 상대가 이런 경향을 보일 때는 상황을 보는 나의 관점을 아울러 제시해주면 된다. "당신이 무슨 말을 하는지 알겠습니다. 하지만 제가 가진 데이터와 그에 관한 그림은 사뭇 다릅니다. 둘을 나란히 놓고 전체적인 그림을 같이 한번 살펴보는 게 어떨까요?" 또는 "왜 그런 식으로 보는 건지 알겠습니다. 그렇지만 저는 그림을 좀 더 완전하게 만들 수 있는 내용을 말씀드리고 싶습니다." 그들이 같은 사실을 다른 관점으로 보게 만들어야 한다. 상대가 자신의 위치를 얼마나 확고하게 주장하느냐에 따라 다르겠지만, 사물을 다르게 보는 관점에 충분히 열린 태도를 보일 수도 있다. 나의 처지에서도 한번 바라보도록 상대에게 권해보라.

- 물론 상대방을 나의 처지에서 보도록 설득할 수 없어 교착 상태에 빠지는 것도 충분히 있을 수 있는 일이다. 서로의 관점이 너무나 다르기 때문이다. 양측은 데이터를 보는 방식도 서로 다르다. 관점이 다른 데에는 특별한 이유가 없을지도 모른다. 다음 단계로 나아가기 위해서는 같은 시각을 공유하는 것이 중요하지만 아

직 그럴 준비가 되지 않았을 수도 있다. 또는 상대방의 체면을 깎지 않으면서 자기 생각을 내려놓고 나와 함께 가도록 만드는 데는 시간이 좀 더 필요할 수도 있다. 어떻게 하면 상대방과 유대를 유지하면서도 함께 올바른 방향으로 나아가는 노력을 프로세스에서 진행할 수 있는지 생각해야 한다. 그들을 교착 상태에서 끌어내어 문제를 다른 각도로 바라보게 할 수 있는가?

- 상대방이 게임을 펼치거나, 자신의 주장을 강화하기 위해 정보를 고의로 빠뜨릴 수도 있다. 이럴 경우에는 전체적인 그림을 창출하기 위해 인식과 데이터를 비교하고, 모든 일을 정확히 따져볼 필요가 있다. 프로세스에 직접 개입해야 할지도 모른다. 106페이지를 참조하기 바란다.

- 너무나 왜곡되어 분명하게 볼 수 없는 상황을 일방적으로 해석해선 안 된다. 자신의 의견에 대한 상대방의 도전을 허용하고, 내가 내린 진단이 맞는지, 한쪽만의 일방적인 조사 결과는 아닌지, 올바른 정보가 빠지지는 않았는지 등을 터놓고 물어봐야 한다. 다른 사람의 의견을 들을 때는 의견일치를 중시하는 사고 패턴을 가진 사람에게 묻지 말고 충분히 비판적인 태도를 보일 사람을 선택하는 것이 낫다.

프레임 씌우기

특별한 이슈나 문제를 특정한 맥락 속에 가둬 넣어 설명하는 것이다. 상대방은 뭔가를 생략한 채 이야기함으로써 프레임을 바꿀 수 있다. 그들의 말이 진실일 수도 있지만, 전체적인 진실을 모두 말하지 않을 수도 있다. 이야기의 어느 한 면만 드러내는 것이다. 어떤 관리자가 사람들에게 지금 변화를 꾀하는 것이 좋다고 말할 때, 그의 말이 거짓은 아니라 해도 몇 가지 사항을 일부러 빠뜨릴 수 있는 것이다. 또, 구매부서가 협상을 시작하자마자 상품이나 서비스의 품질 기준 미달을 지적하는 장면을 생각해보자. 비록 거짓말은 아니지만, 긍정적인 측면은 교묘히 피해서 말한다. 이렇게 프레임을 씌우는 것은 고의적인 행동이다. 요컨대 어떤 요소를 빠뜨리거나 정당하게 강조하지 않음으로써 특정 프레임을 씌울 수 있다. 말하는 사람이 어떤 프레임을 선택하느냐에 따라 사람들은 사물을 볼 때 특정한 행동을 선택적으로 떠올리게 된다.

프레임 씌우기에 대처하는 법

- 프레임 씌우기가 일어나고 있다는 사실을 인지해야 한다. 누군가가 회의 석상에서 나에게 해당하지 않는 측면을 고의로 강조하면서 주장을 펼친다면, 반대 측면을 제시하여 정당한 비교가 이루어지게 해야 한다. "당신이 X가 빠졌다고 생각하시는 것을 알겠습니다. 그러나 당신이 Y를 고려하여 전체 그림을 봐주신다면, 제가 보기에는 Z가 최선의 해결책인 것 같습니다." 이런 식으로 이슈에 다른 프레임을 씌워 다른 맥락에서 보게 만들어야 한다.

- 사람들을 내 편으로 끌어들이기 위해서는 프레임을 조심해서 선택해야 한다. 메타프로그램을 이해하면 내가 이슈를 어떻게 설명하는가에 따라 상대방이 내 관점으로 사안을 바라볼 수 있는지가 결정된다는 것을 알 수 있다.

- 특정 정보에 다른 프레임을 씌우는 것은 중요한 협상 기술이다. 프레임을 바꿀 수 있다면 판세를 뒤집을 수 있다. 똑같은 정보에 대해서도 다른 시각을 부여할 수 있다. 나의 이해에 들어맞으면서도 다른 사람이 충분히 수용할 수 있는 프레임을 선택해야 한다.

상황이 불분명하고 불확실성이 드러나는 경우엔?

복잡한 의사결정 프로세스에는 언제나 어느 정도 불확실성이 존재하기 마련이다. 상황을 제대로 진단하지 못하면 분명히 문제가 불거져 나올 수밖에 없다. 상황에 관한 여러 해석이 나오거나 복수의 대안을 따져봐야 하는 경우가 있다. 여기서는 사람들이 불확실성을 감지할 때 드러내는 두 가지 편향을 구체적으로 소개한다.

- **자기과신 편향:** 이런 편향이 작용하면 이슈에 대해 지나친 장밋빛 시각을 갖게 된다. 예를 들면 추정치나 예상 매출액, 현재 기여치, 기업 인수가 성공할 것으로 보는 이유, 성공 가능성 등과 같은 이슈에 대해서 말이다. 사람은 원래 지나치게 긍정적으로 추정치를 산정하는 경향이 있다. 실제(객관적인) 진단 결과는 사뭇 다른 내용을 보여주고 있는데도 말이다. 자신의 역할과 영향력을 과신하는 사람들도 있다. "제가 준비해놓겠습니다, 물론 할 수 있습니다, 제가 해볼게요." 그런 점에서 조화를 추구하는 성향과 고도의 자기 통제형이 결합한 태도를 조심해야 한다. 성과를 거두어야 한다는 압박 속에서 빠진 데이터는 외면한 채 지나치게 밝은 면만 보려 하고, 성과를 내야 한다는 절박함과 자신의 성공을 입증하려는 동기에 사로잡힌 사람들이다. 그런 압박이 심해질수록 의사결정이 초래할 위험도 커진다. 그것이 때로는 매우 심각한 결과를 낳기도 한다.

- **신중 편향/손실 회피 편향:** 어떤 내용에 대해 추정치를 내놓을 때 위험을 과장하는 태도를 말한다. 현실적인 상황을 직시하기보다는 안전한 편을 선택하고, 섣불리 행동에 나서려 하지 않는 것이다. 앞길에 놓인 수많은 함정과 덫을 걱정하느라 결국 아무런 진전도 이루어내지 못한다. 반대 상황은 상상도 못 하고 지나치게 조심스러운 결정을 내리거나 감히 어떤 결정도 내리지 못하고 만다.

이런 함정에 어떻게 대처할 것인가

- 인식과 사실에 관한 확인 작업을 거치는 것이 중요하다. 상대방이 단호한 태도로 자기 뜻을 주장할 때는 특히 더 그렇다. 주관적으로 왜곡된 것이 아니라 지금 여기에서 검증할 수 있는 데이터가 필요하다. 확인하고 도전해야 한다. 단 태도 면에서는 상대를 충분히 존중해야 한다. 과거 경험은 결코 미래의 결과를 보장해주지 않는다.

- 전체적인 그림을 떠올리고, 필요한 항목이 빠지지는 않았는지 등을 스스로 질문한다. 지나치게 긍정적으로, 또는 부정적으로 포장된 내용은 없는가? 특정 사안을 공평한 시각으로 두루 검토했는가, 또 정확한 데이터를 사용하여 객관적이고 공정하게 평가했는가?

- 결정을 내리기에 앞서 다른 사람을 관찰하라. 그리고 자기 생각도 다시 한번 확인하라. 그것은 자신과의 작은 협상이라고 보면 된다. 아울러 현실성이 있는지 점검한다.

결론

상대의 행동 양태를 이해할 수 있다면 함께 공감하고 일을 진행하는 것이 더욱 쉬워진다(메타프로그램). 지침 1과 2를 이해하고 적용할 때 서로를 더 쉽게 연결할 수 있고, 용기를 내어 프로세스에 개입할 수 있다. 이런 대화를 주고받는 자리에 여유를 가지고 대등하게 임할 수 있다면, 세상 살기가 좀 더 쉬워질 것이다. 상대방이 무슨 말을 어떻게 하는지 조금만 더 집중해서 들으면 된다. 또, 편향에 대한 통찰을 통해 의사결정 과정에서 더욱 명확한 판단을 내릴 수 있다.

아직 결정을 내릴 수 없다는 것을 깨달았다면 잠시 시간을 내어 곰곰이 생각해보라. 다음과 같은 소소한 방해 요소들을 발견할 것이다.

- 나로서는 올바른 결정을 내릴 수 있는 정보가 아직 충분치 않고, 관련된 모든 사항을 제대로 따져보려면 여러 가지(X, Y, Z…)를 제안해야 한다.

- 지금까지 나온 의견은 모두 개인적이고 주관적인 내용이다. 따라서 정보의 타당성을 검증해야만 한다. 모든 데이터는 사실에 바탕을 두어야 하기 때문이다. 따라서 나는 이러이러한 내용을 제안한다.
- 이 추정치는 다른 데이터에 비춰볼 때 지나치게 낙관적이므로, 정보를 다시 한번 비교해서 위험을 제대로 예측해보고 싶다. 그래서 함께 무엇무엇을 살펴볼 것을 제안한다.
- 지난번 회의에서 살펴본 데이터가 제멋대로 위력을 발휘하여 회의가 원래 목적에서 벗어나고 있다. 한 발 뒤로 물러서서 같이 살펴봤으면 좋겠다. 회의를 잠시 중단하고 이러저러한 일을 이야기를 해보고 싶다.
- 선택을 너무 빨리해야 하는 데다 그나마 근거 데이터도 불완전하다. 어디서 이런 압박이 오는지 모르겠다. 생각할 여유를 가진다면 더 잘 해낼 수도 있겠다. 그것이 불가능하다면 위험을 더 잘 예측하거나, 어느 정도의 시간을 둔 후에 올바른 판단을 내려야 한다.
- 분위기가 어색해진 이유는 회의에 감정이 개입되었기 때문이란 것을 알았다. 그래서 다른 시각으로 문제를 바라볼 수 있게 잠깐 회의를 멈추자고 제안했다.

문화적 차이에 대처하기

국경 구분이 모호해지고 국제 협력 파트너십이 점점 더 늘어가는 시대다. 그 결과 다른 문화권 사람들과 벌이는 협상의 중요성이 커지고 있다. 이 주제에 관한 글은 수없이 많고, 이 책의 뒷부분에도 다양한 읽을 자료들이 제시되어 있다. 여기서는 독자 여러분의 경험과 비교해볼 수 있는 몇 가지 핵심 사항에 대해서만 살펴본다. 특히 실제 상황에서 통찰을 얻고자 했으며, 다양한 문화들의 특성을 묶어서 설명하기 위해 일곱 가지 지침을 기준으로 사용했다. 메타프로그램의 내용을 숙지하여 사람들의 행동을 읽을 줄 알게 되었다면, 어떤 특정 문화권에는 다른 문화권에서보다 특별히 두드러지는 행동 양식이 있다는 것도 쉽게 알아챌 수 있을 것이다. '문화'란 특정 그룹에 속한 사람들의 평균적인 행동을 말하는 것이므로, 문화에 대한 묘사는 정형화된 형태를 띠게 된다. 정보란 어차피 일반화를 거쳐서 형성되므로 어쩌면 불가피한 일이겠지만, 그 결과 일종의 오명을 씌우는 결과를 낳는 것도 사실이다. "서구인은 직접적이고 개방적인 성격을 가졌지만, 동양인은 배타적이고 에둘러 말하는 경향이 있다." 이런 문장은 직설적이고 무례한 표현이므로, 이런 내용을 기준으로 삼는 것은 아주 많이 잘못된 일

일 것이다. 일방통행식 의사소통을 방지하고 이 주제가 얼마나 복잡한 것인지 보여주기 위해, 네덜란드 사람들의 사례를 몇 가지 소개한다.

클링겐델Clingendael, 네덜란드 국제관계연구소에서 근무하는 폴 미어츠Paul Meerts는 국가 간 협상에서 네덜란드 외교관이나 공무원들을 대했던 경험을 《인터내셔널 스펙테이터》지 2012년 12월호에 게재했다. 다소 의역을 거친 내용은 다음과 같다. "국가 간 협상에서 네덜란드 사람들이 보이는 특징은 네 가지가 있습니다. 즉 직설적이고 고지식하며, 과정보다는 결과에 집중하고, 사람보다 내용에 관심을 기울이며, 경쟁보다는 협력을 중시하죠."
세계 최고의 비즈니스 스쿨 중 하나인 인시아드INSEAD의 교수 에린 메이어Erin Meyer도 2014년 출간된 책 《컬처 맵》에서 이와 같은 내용을 묘사하고 있다. "네덜란드 사람들은 너무나 직설적이고, 권위에 굴복하기 싫어하며, 사사건건 자신의 의견을 내놓고, 의사결정에 개입하려는 성향이 있다." 다음 페이지에 에린 교수의 글과 그림에 실린 내용을 거의 그대로 옮겨보았다. 이 그림의 출처는 에린 교수의 연구논문과 라이너 키스트Reinier Kist가 2015년 2월 3일 자 네덜란드 언론매체 NRC에 게재한 기사다. 이 그림을 통해

문화별 특징

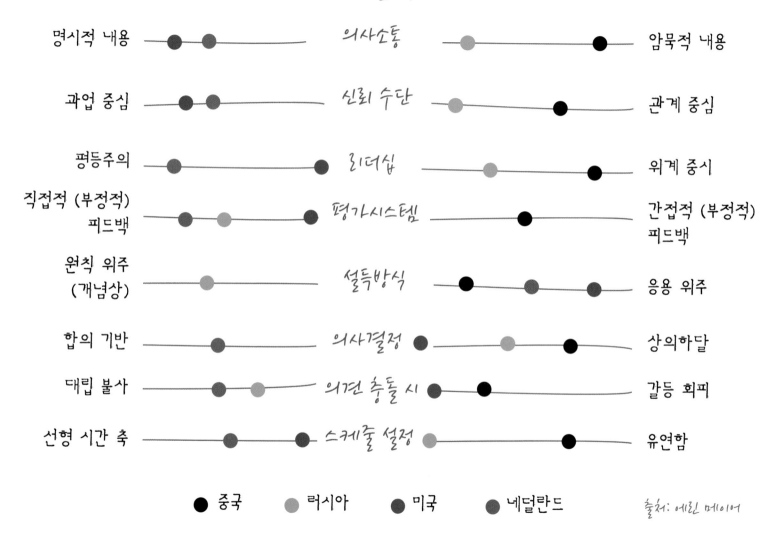

명시적 내용	의사소통	암묵적 내용
과업 중심	신뢰 수단	관계 중심
평등주의	리더십	위계 중시
직접적 (부정적) 피드백	평가시스템	간접적 (부정적) 피드백
원칙 위주 (개념상)	설득방식	응용 위주
합의 기반	의사결정	상의하달
대립 불사	의견 충돌 시	갈등 회피
선형 시간 축	스케줄 설정	유연함

● 중국　　● 러시아　　● 미국　　● 네덜란드

출처: 에린 메이어

네덜란드인, 미국인, 러시아인, 그리고 중국인의 문화적 성향을 살펴본다.

2014년에 발매된 네덜란드 경제신문 《피난시엘 다그블라드》에 게재한 기사에서 협상 전문가 윌버 펠로Wilbur Perlot는 잦은 실수의 원인에 대해 이렇게 설명한다. "윈-윈을 달성하고자 하는 협상가라면 가장 먼저 자신의 이해관계에 관한 뚜렷한 그림을 머릿속에 그려놓아야 합니다. 당연한 말로 들리지만, 이상하게도 이것을 실천하는 사람은 드뭅니다. 예를 들어 기업가들은 새로운 시장에서 정확히 무엇을 기대할 수 있는지 모르는 경우가 많습니다. 또 사내 각 구성원의 기대를 올바로 파악하지 못하는 때도 있습니다. 아울러 상대방의 관심사를 이해할 수 있어야 합니다. 그말은 결국 경청과 공감으로 귀결됩니다. 그러기 위해서는 지금 여러분과 마주 앉은 사람들의 배경을 알아야 합니다." 컨설턴트인 마티스 롬바우츠Matthijs Rombouts는 이렇게 덧붙인다. "비즈니스맨 중에는 협상에 임하면서 자신의 본능에 기대는 사람이 있는데, 어떤 문화권에서는 그렇게 접근했다가는 큰 실망만 하게 될 수도 있습니다. 많은 나라에서 상대방의 눈을 마주 보지 않는 것을 예의로 여깁니다. 그러나 네덜란드 사람들은 그것을 다른 식으로 받아들입니다." 협상에 임

하는 사람들의 민족문화에 관해 공부해보면, 예를 들어 중국인과 인도인은 먼저 인간적 관계를 쌓은 후에 비즈니스에 관한 대화로 넘어간다는 것을 알 수 있다. 펠로와 롬바우츠는 이렇게 말한다. "그러나 협상가, 즉 개인의 배경을 아는 것이 더 중요합니다. 런던에서 10년째 살고 있는 인도인이 인도 밖을 한 번도 안 나가본 동포를 대하는 방식은 사뭇 다를 것입니다. 또 상대가 조직 내에서 어떤 위치에 있는지 아는 것도 매우 중요합니다. 특히 강력한 위계 구조가 자리 잡아 늘 CEO가 마지막 결정을 하는 나라에서는 더 그렇다고 볼 수 있죠. 만약 네덜란드 사람이 서열이 낮은 상대방에게 자신이 가진 수를 모두 내보인다면, 스스로 아주 불리한 위치에 몰리게 됩니다. 내가 가진 모두를 걸고 합의를 했다고 생각했는데, 상대방의 상사가 언제든지 생각지도 못한 요구 조건을 더 꺼내놓을 수 있기 때문입니다."

틀에 박힌 사고방식으로는 실제 상황에서 번번이 놀랄 일만 마주치게 된다. 국가 간의 경계가 날로 흐려지면서 국제 비즈니스에 통달한 사람들을 점점 더 많이 상대해야 하기 때문이다. 그들은 어쩌면 일부러라도 나의 뻔한 예상과는 완전히 상반된 행동을 보여줄지도 모른다. 문화적 차이는 습관과 의사소통에서 중요한 역할을 한다. 물론 아

무 역할을 하지 않을 수도 있다. 그러므로 협상이 진행되는 상황에 따라 상대방의 행동에 주목하면서, 한편으로는 문화적 특수성이 담긴 관습에도 유의할 필요가 있다. 여기서 '문화'란 어떤 그룹의 축적된 행동을 말하는 것으로, 때로는 분명하게 드러나지만 한편으로는 규정하기 힘든 경우도 있다.

문화적 차이는 여러 가지 방식으로 드러난다. 최소한 다음과 같은 상황에서는 반드시 표현된다.
- 자신의 목적에 맞는 결정을 내리기 위해 의사소통할 때
- 서로 간의 상호작용에서 특정한 관습이 작용할 때
- 서로의 차이를 해소하려고 할 때

우리는 오랫동안 홉스테드Hofstede의 원칙, 그리고 트롬페나스Trompenaars와 햄든터너Hampden-Turner의 원칙을 그대로 도입해 현실에 적용해왔다. 에린 메이어는 문화적 차원을 전혀 다른 방식으로 설명한다. 필자는 이런 내용을 사용하여 일곱 가지 지침에 깊이를 더했다. 생소한 문화적 배경을 가진 사람들과 협상을 준비할 때 이런 내용을 활용할 수 있을 것이다.

먼저 문화 속에 있는 가치 체계를 숙고해봐야 한

다. 상대방을 대할 때 열린 마음과 존중심을 보이고, 더 나아가 밑바탕에 공정성을 기본 가치로 두는 것을 당연하게 여길 것이다. 그러나 다른 문화에서도 그런 태도가 꼭 일반적인 규범이라는 보장은 없다. 호혜의 원칙을 기대했지만, 알고 보니 일방통행에 불과했다는 일이 일어날 수도 있다. 이런 양상을 아래의 점검표에 열거하였다. 다른 문화권의 사람들과 협상할 때, 첫인상에서 느낀 점을 이 점검표로 점검해보고 필요하다면 다양한 양상을 더 깊이 검토해볼 수 있다.

관계와 내용

사람들이 관계 유지와 변화에 대처하고, 나아가 의사소통해가는 방식:

- 좋은 관계를 유지, 발전시켜나가는 것을 얼마나 중요하게 생각하는가? 그들이 신뢰 구축의 바탕으로 삼는 대상은 실행할 과업인가, 인간관계인가?
- 감정을 어떻게 처리하는가? 서구에 가까울수록 의사 표현을 분명히 하고, 감정을 더 잘 표현한다. 동쪽으로 갈수록(아시아), 사람들은 감정을 쉽게 드러내려고 하지 않는다.

- 의사소통은 얼마나 직접적인가? 아니면 에둘러 말하는 습관이 많이 보이는가? 암묵적인가(미사여구로 치장되어 있고 맥락을 알아야만 이해할 수 있는가), 명시적인가(배경지식이 없어도 알 수 있고 직접적인가)?
- 그 문화에서는 어떻게 일정한 자격을 확보하는가? 자신의 인격인가, 배경인가, 또는 업적이나 성취인가?

신뢰와 검증

- 정보를 어떻게 대하는가? 의사소통을 얼마나 자주 하는가? 비장의 카드를 감추고 있는 편인가, 의견에 대한 검증 작업은 과연 이루어지는가?
- 그 문화에서는 신뢰가 어느 정도나 특별한 역할을 하는가? 신뢰를 충분히 얻기 위해서는 아주 오랜 시간이 필요할 수도 있다.
- 그들의 합의나 계획에 대한 자세는 얼마나 진지한가? 약속을 성실히 지키는가? 시간을 지키는가, 느슨한 편인가?

이해관계와 지위

- 이해관계를 공개적으로 논의할 수 있는가, 아니면 그런 이야기는 어림도 없는가?
- 이해관계를 논의하는 방식에서 그들이 선호하는 스타일(메타프로그램)을 파악할 수 있는가, 또 그들이 나와 상호작용하는 방식에 관한 실마리를 얻을 수 있는가?

나와 그들의 대안

- 그들은 대안을 충분히 검토하는 데 협조적인가? 즉 나를 전문가로 보고 내가 모든 정보를 내놓기를 기대하고 있는가, 그리고 나의 판단을 높이 평가하는가?

공유와 공정성

- 의견충돌과 갈등에 대해서는 어떻게 대처하는가? 직접적인가, 간접적인가? 공개적인가, 폐쇄적인가?

- 그들의 문화에서 공정성 덕목은 어떤 역할을 하는가? 문답을 주고받는 방식에 익숙한가, 지시를 듣고 따르는 권위주의 방식에 가까운가?

6 협상? 대안 마련

나와 상대방의 최종 대안

- 상대는 대안을 가지고 있는가? 나는? 물론 이것을 분명하게 알기는 어렵다. 그러기 위해서는 관계, 평판, 지위 등이 중요한 역할을 할 것이다. 서류상으로는 내가 내놓은 제안이 상대방의 최종 대안보다 나아 보였는데도 결국은 그들과 오래도록 관계를 유지해온 친한 사람이 일을 차지하는 경우가 있다. 같은 악마라도 이미 알고 지내는 악마가 더 낫다는 속담처럼….

구조와 프로세스

- 그들은 원하는 것을 이미 정해놓았는가? 아니면 내가 영향을 미칠 수 있는가?
- 그들은 어떤 방식으로 의사결정을 내리는가? 그 점에 관해 특별히 합의한 내용이 있는가? 관례는 어떠한가? 절차와 계약을 중시하는가,

아니면 '내 말만 믿으시오'라는 식으로 악수 한 번에 모든 일을 처리하는가? 다시 말해, 의사결정을 내리는 방식이 공식적인가, 비공식적인가?
- 의사소통과 결정 과정은 상명하복에 의존하는가, 합의를 중심으로 이루어지는가? 연공서열은 의사결정 과정에 어떤 역할을 발휘하는가? 최고 연장자가 결정권을 쥐고 있는가?
- 개인 중심주의와 집단 우선주의 중 어느 쪽이 우세한가? 그리고 그것은 의사결정 과정과 나의 접근방식에 어떤 의미가 있는가?
- 프로세스에 더 깊이 개입했었어야 마땅한 특정 이해당사자가 있는가? 또는 겉으로 보기에는 아무 역할이 없는데 상당한 입김을 발휘하는 인사가 있는가?

우리는 전형적인 이미지에 따라 문화적 차이를 바라보기 때문에, 경청하고 관찰하는 능력을 잃고 결국 중요한 정보를 놓칠 수도 있다. 서로 간의 문화적 차이를 더욱 잘 파악하고 싶다면 그들을 깊이 이해하려는 자세가 바로 출발점이 될 것이다. 상대방의 행동과 이유, 그리고 행동을 이끄는 힘에 진정한 관심을 기울이는 것이다. 그 과정에서 문화적 측면을 더 이해하는 방법을 다양하게 발견할 수 있다. 협상에 임할 때는 보고 듣는

모든 것에 주의를 집중할 필요가 있다.
- 상대방이 무슨 말을 하는가? 말로는 표현하지 않았지만 나에게 던지는 메시지는 무엇인가?
- 어떤 규범이나 관습을 표명하고 있는가?
- 어떤 가치 체계나 이해관계가 밑바탕에 깔렸는가?

상대방이 게임을 펼친다면 어떻게 할 것인가

아마도 가장 자주 받는 질문이 있다면, 바로 사람들이 게임을 펼칠 때는 어떻게 대처하느냐는 물음이다. 어쩌면 아주 사소하고 성가신 일에 불과하지만 그래도 여전히 압박을 받을 수밖에 없는 이유는, 상대방이 이 상황에서 더 많은 것을 얻어내려 하기 때문이다. 그렇게 해서 고의적인 속임수가 동원되고 인간관계조차 게임으로 변한다. 의견 차이를 떠나 관계 자체가 소원해진다. 이 정도가 되면 양측이 "게임의 영역"(다음 페이지 참조)에 진입했음을 뜻하기 때문에 전혀 기쁘지도 안전하지도 않은 상황이 된다. 이제부터는 서로 관계가 점점 멀어지는 것을 피부로 느낄 수 있고, 협상 내용에서도 자꾸만 길이 어긋나기 시작한다. 이럴 때는 어떻게 대처해야 할까?

프로젝트가 크고 복잡해질수록 이해관계와 위험도 똑같이 그렇게 된다. 의도치 않게 긴장이 고조되는 경우도 있다. 그러나 상대방이 고의로 그렇게 몰아간 것일지도 모른다. 나를 어디까지 밀어붙일 수 있고, 내 한계가 어디인지, 어느 선부터 내가 치명타를 입는지 살펴보려는 것이다. 나는 지금 시험대 위에 올라앉은 셈이다. 상대방이 더 우세한 위치에 있고 나에게 많은 것을 요구할 권한을 가지고 있을 수도 있다. 만약 내가 비슷한 여러 가지 대안 중 하나에 불과하다면 더더욱 그럴 것이다. 그런 상황에서는 상대방이 가혹한 태도를 보인다 해도 전혀 이상할 것이 없다. 그런데 상대방이 내게 의존하는 상황에서도 압박이 느껴진다면 이것은 이상한 일이 아닐 수 없다. 그렇다면 여기에 어떻게 대처할 수 있을까? 어떻게 하

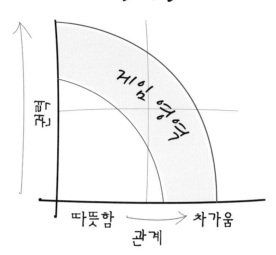

게임 관리자

게임 영역

권력

따뜻함 → 차가움
관계

권력

면 계속 버티고 역으로 압박을 가할 수 있을까? 또 그러면서도 진전을 이루어낼 수 있을까? 실로 어려운 일이 아닐 수 없다.

흔히 부닥치게 되는 게임에 대처할 수 있도록 속임수의 목록을 작성해보았다. 그리고 그것을 일곱 가지 딜레마를 중심으로 묶었다. 독자 여러분은 이 가이드를 통해 모든 상황을 파악하여 게임 관리자로서의 시각을 얻을 수 있다. 게임을 간파하고 상대방의 의도를 안 다음에는 무시할지, 대

응할지 태도를 결정할 수 있다.
일반적으로 게임을 펼치는 목적은 오직 한 가지 이유다. 즉 관계, 내용, 프로세스에 압박을 가하여 협상에서 더 많은 것을 얻어내려는 것이다.

압력을 가하는 방법은 여러 가지다. 이제부터는 일곱 가지 딜레마와 관련된 게임을 설명한다. 그것은 모든 종류의 단계에서, 그리고 실로 거대한 맥락에서도 작동할 수 있다.

일곱 가지 딜레마	게임의 형태	사례
① 관계 역학	• 권력 게임 • 감정에 호소, 개인별 공략	• "우리는 당신에게 최소한 A와 B 정도는 기대할 수 있다고 생각합니다. 그간 함께 노력해온 시간이 있잖아요." • "이런 방식에 큰 실망을 느낍니다. 훨씬 더 나은 제안이 없다면 우리는 모든 활동을 중단하겠습니다." • "그렇지만 이 정도로는 안 된다고 이미 말씀드렸잖아요. X와 Y쯤은 제공해주시면 좋겠어요. 당신은 이런 형편없는 물건보다는 훨씬 더 나은 것을 내놔야 한다고요! 매번 똑같은 물건이군요. 전에도 말했지만 다시 한번 말해줄게요. 제발 말 좀 들으란 말이에요." • 화난 행동을 하고, 분개 또는 실망을 표현하면서 심리전을 펼쳐 내게서 더 많은 것을 빼앗아가려 한다.
	• 나의 역할과 처지, 그리고 내 인격을 무시함	• "당신은 그렇게 큰 역할을 해내긴 어려워요. 아직 경험이 없잖아요. 당신 선임자들이었다면 그런 식으로 하지는 않았을걸요?" • "아주 제대로 망쳐놨군요. 내가 기대한 것과는 완전히 딴판이에요. 이 일을 한 지 얼마나 되었는데 아직도 이래요? 아직 한참 더 배워야겠어요. 다음번에는 상사분이 오라고 하세요. 최소한 그 사람이라도 있어야 일이 되겠네요!"
	• 당근과 채찍	• 전형적인 수법: 한 사람이 세게 나가면 다른 사람은 회유책을 쓴다. 상대를 엉망진창으로 만들면서 압력을 더해가는 방식이다. • 때로는 한 사람이 두 가지 역할을 한꺼번에 함으로써, 상대를 롤러코스터에 탄 기분으로 만들 수도 있다.
	• 부정적인 인식을 심어주고 그것을 과장함으로써 압박을 가함	• "당신들은 항상 똑같아요. 우리가 하는 말을 못 알아먹는 것 같네요. 입으로는 늘 고객을 우선한다면서도 실천하는 걸 본 적이 없으니까요. 당신 앞사람도 이해를 못 하기는 마찬가지였어요. 도대체 당신들을 어떻게 하면 좋을까요?" • 좀 더 규모가 큰 협상의 사례: 부정적 인식을 전면에 내세운다. 부정적 인식을 그럴듯하게 비틀면서 대중을 상대로 게임을 펼친다. 이런 식으로 압력을 높이면 나는 먼저 행동할 수밖에 없다. 그것이 공정한지, 사실인지 아닌지와는 상관없이 말이다. 부정적 인식이 만들어지면 그 자체로 하나의 현상이 되어 압력을 가하는 강력한 도구로 탈바꿈한다. 정치적 영역에서는 더더욱 그렇다. '프레임 씌우기'도 참조하기 바란다(157페이지).

일곱 가지 딜레마	게임의 형태	사례
 관계 역학	• 나는 불쌍한 사람이고 곤란한 상황에 부딪혔으니 당신이 도와주어야 함	• "그러고 싶지만 사실 그 정도 현금이 없다는 게 문제에요. 당신이 좀 대폭 깎아주실 수 없나요?" 여기 '불쌍한' 상대가 도와달라고 애걸하고 있다. 내가 속아 넘어가면, 그럴 필요가 없는데도 도와줘야만 한다. 다른 사람을 도와주는 것 자체는 좋은 일이다. 다만 꼭 그럴 필요가 있는지, 또 바람직하고 공정한지는 따져봐야 한다. • "이것이 불공정하다고 생각하십니까? 이 상황에서 곤란을 겪는 쪽이 누구겠습니까? 바로 우리라고요! 당신들 때문에 우리는 심각한 문제가 생겼어요. 당신이 해결해줬으면 좋겠어요. 당장 말이에요!"
	• 하찮아 보이게 만들기, 허세 부리기	• "그건 그리 어려운 일이 아니에요. 그걸 할 수 있는 사람은 많아요. 또 그런 사람들이 우리 회사에 끊임없이 찾아옵니다." • "당신은 특별하지 않으며 대체 가능한 수많은 사람 중 한 명에 불과하다." 이것은 관계를 통한 압박과 자신의 최종 대안을 내세운 협박을 합친 내용이다. "매달리는 쪽은 내가 아니라 당신이오."

일곱 가지 딜레마	게임의 형태	사례
❷ 정보 및 신뢰	• 정보와 신뢰를 섞어 압박을 가함 • 정보와 헌신을 이용해 "게임"을 펼침	• "정말입니다. 어쩔 수 없어요. 당신이 제시하는 가격은 경쟁자들보다 10%나 비싸니까, 최선을 다해주셔야겠어요. 저로서는 귀측 제품이 품질도 낮은데 비용을 더 지급하는 셈이니까요." 전혀 다른 것을 서로 비교하면서 논리에 맞지 않는 말을 늘어놓는다. 확실한 것인 양 연기를 한다. 개인적 신뢰 관계를 담보 삼아 게임을 펼쳐 더 많은 것을 빼앗아가려 한다.
	• 검증된 합의를 지키지 않고 모른 체함 • 상황을 진흙탕 싸움으로 몰고 가 명료한 판단을 방해 • 연막작전 • 약속을 피해 도망갈 구멍을 마련 • 속으로는 똑똑하게, 겉으로는 멍청하게	• 나는 약속을 했는데 그들은 하지 않는다. 약속했지만 지키지 않는다. 사례: 목표를 달성하면 재정적인 보상을 제공하겠다고 합의해놓고는, 보상을 요구하면 목표를 달성하지 못한 경우의 요율을 적용한다. 그런 식의 합의 구성은 나에게 적용되지 않으므로, 나는 내 할 일만 하기로 했다. • 청구서를 제출하고 받은 금액이 합의 내용과 달랐다. 도무지 약속을 지키지 않는다. 불평해야만 겨우 듣는 척이라도 한다. 먼저 행동에 나서지 않으면 달라지는 것은 아무것도 없다. 심지어는 마지막 분할 잔금을 떼어먹는 경우도 있다. • "정말로 원래 범위에 포함된 것이 맞나요? 이제 더는 지급할 수 없습니다." 전혀 사실이 아닌데도 이렇게 말한다. • 나의 발언을 완전히 허물어뜨리는 새로운 사실을 꺼내놓는다. 혼란이 싹트게 만드는 것이다. • 정보를 숨긴다. 논의의 범위를 불분명하게 만들면서 특정 항목이 그 속에 포함된 것 같은 인상을 준다. 그러면서 상황을 지켜보다가 마침내 내가 반응을 보이면, 그때야 내가 미리 반대하지 않았다는 이유를 대면서, 그러므로 그것이 원래 범위에 포함된다고 주장한다. • 분명치 않거나, 부정확하거나, 완전하지 않은 정보를 준다. "예, 아직 분명하지는 않습니다." 또는 "한번 살펴봐야 합니다만, 결과는 꼭 알려드릴게요." • "그게 우리가 합의한 내용입니까? 설마요! 제가 그랬을 리가 있어요? 잘 모르겠다고요? 우리에게는 어떤 점이 좋은 거죠? 글쎄요. 우리는 이렇게 합의한 적이 없어요! 제가 합의서를 받았나요?"
	• 정보가 정확하지 않은데도 미래와 현재를 뒤섞어 많은 것을 얻어내려 함	• "지금 합의해주셔야 합니다. 다음 주가 되면 우리는 이 내용에 서명할 수 없습니다." • "이번에 합의해주시면 다음에 나머지 분량을 수주할 수 있도록 해드리겠습니다." • "아무 문제 없습니다. 우리가 준비해놓겠습니다."

일곱 가지 딜레마	게임의 형태	사례
3 힘겨운 / 지위에 관한 / 공개적인	• 적게 주고 많이 요구 • 지위를 맹목적으로 받아들임 • 너와 "우리"가 아니라 너와 '나'라는 대결 구도	• "우리에게 중요한 게 뭔지 잘 알잖아요. 그러니 최선을 다해 놀랄 만한 실적을 보여줘야 해요. 우리가 어떤 사람인지 알죠? 당연히 그래야죠." • "내가 원하는 것은…", "난 이렇게 생각해요" 범위를 즉각적으로 한정하는 태도를 보인다. "이건 원래 그런 겁니다. 바로 그게 제가 원하는 방식입니다. 그렇지 않으면…"
	• 나의 이해를 무시함	• "뭐라고요, 거기서도 한두 푼 더 벌어보겠다고요? 관두세요. 너무 낭비가 많아 보여요. 제가 뭐 그렇게 어려운 일을 요구하는 게 아닙니다. 그저 프로세스를 조금만 더 간소화해보라는 거죠. 비용을 절감할 구석이 분명히 있을 거잖아요. 창의성을 발휘해보세요."
4 해결책	• 나와 너라는 대결 구도 • 해결책은 당신이 찾아내라. 성과 차지는 내 몫이다	• "제안서를 만들어주시면 우리가 검토해보겠습니다." 그리고는 자기가 가로챈다. 그리고 똑같은 형태가 반복된다. • "진짜 이런 식으로 하면 안 됩니다." • 언제나 주고받기를 시도하고, 항상 대가를 바란다. • 도저히 받아들일 수 없는 선택지를 내민 다음, 그것을 취소하고는 대가로 더 중요한 것을 요구한다.
	• 유리한 것만 골라내기	• 제안서에서 구미에 맞는 요소만 골라낸다. 그러고는 나에게 중요한 다른 요소들은 도외시한다.

일곱 가지 딜레마	게임의 형태	사례
5 분배	• 세상에 공평한 건 없어 • 내 마음대로 할 거야	• 무엇을 해도 충분치 않고, 원하는 바에 턱없이 모자라며, 더 많은 것을 원한다(이익은 더 많이, 비용은 더 낮게). "그 비용은 당신이 부담하는 거로 합시다. 내가 내린 이 결정은 합리적인 거예요. 당신이 어떻게 보든 상관하지 않습니다. 받아들이든 말든 알아서 하세요." • "공평한 거요? 내 생각에 맞는 게 공평한 겁니다."
	• 살라미 전술(상대방을 한 번에 설득할 수 없을 때 조금씩 잠식해 들어가는 방식)	• 합의한 것으로 생각한다. "바로 그겁니다. 이것만 더해주시면, 방향은 제대로 잡은 겁니다. 이제 거의 다 됐어요." • 그런데 협상은 아직 끝나지 않았다. 상대방이 이미 서명했는데도 말이다. "우리가 다시 확인해봤는데요, 이번엔 요것만 더 해주시면…" • 위의 사례에는 주고받기와 살라미 전술, 지위를 무기로 한 막바지 전술 등이 섞여 있다.
	• 비현실적인 기대를 언급한 후에 불가능한 것을 요구하면서 전혀 다른 뭔가를 얻어내려는 작전 • 막바지 전술에서 흔히 보이는 전략	• "A와 B가 우리에게 매우 중요한 문제라는 걸 아실 겁니다. 그 문제를 해결해주시면 우리가 양보하지요." 그리고는 그 한 가지 문제로 나를 애먹이지만, 사실 상대방은 내가 그 일을 충족할 수 없다는 것을 잘 알고 있다. 그들은 끝까지 압박을 펼치다가 마지막 순간에야 살짝 전술을 바꾼다. "무척 유감이고 솔직히 실망했습니다. 하지만 당신이 C와 D를 해주신다면 우리가 받아들이겠습니다." 그들은 이런 식으로 A와 B보다 훨씬 더 가치 있는 C와 D를 획득한다.
6 지위 / 최종 대안	• 최종 대안을 이용하여 협박하기 • 나의 한계를 시험하기 위한 허세 부리기	• "동의하지 않으시면 귀하는 탈락입니다. 귀하와 비슷한 업체가 열 군데도 넘어요. 사실 별로 복잡한 일도 아닙니다. 아무나 할 수 있는 일이잖아요." 그리고 당연히 비용은 더 낮게 요구한다. 여러 가지 딜레마가 뒤얽힌 모습이다. • 허세를 부리고 거칠게 나오며 자신이 원하는 방식을 강요하려 든다. "당신 정말 이런 식으로 해도 되는 겁니까? 정 안 되겠으면 우린 그만두겠습니다." 사실 이렇게 말할 만한 처지도 아니면서 말이다. • "당신이 여기에 합의하지 않으면 우리는 X 계약도 취소할 겁니다." • 상대방은 나를 물에 빠뜨려놓고 나의 방어태세가 물샐 틈 없는지 알아보려 한다. 틈을 보이는 순간, 상대방은 나의 한계를 찾아낼 것이다.

일곱 가지 딜레마	게임의 형태	사례
7 프로세스	• 내가 프로세스를 결정	• 내가 곤란한 위치에 설 수밖에 없도록 프로세스의 조건을 꾸민다. 즉, 시간이나 장소, 의제 등의 수단을 이용하는 것이다. 이렇게 함으로써 우위에 서거나 기선제압을 할 수 있다고 생각한다. • 장소나 협상장의 자리 배치 등을 한쪽에는 유리하고 상대에게는 불리하게 결정한다. • 장소를 변경하고는 정해진 시간이 임박해서야 그 사실을 상대에게 알려준다.
	• 참가자들을 숨겨두었다가 갑자기 내세움	• 적절한 역할을 해야 할 참가자들이 모습을 드러내지 않다가 예상치 못한 순간에 등장한다.
	• 권한이나 의사결정 사항 등에 모호한 여지를 남겨둠	• 이제 거의 막바지에 다다랐다고 생각하는 순간, 상대방이 내부적으로 더 회의를 해봐야 한다고 말한다. • "이제 거의 다 된 것 같네요. 그런데 마지막으로 구매부서의 허가는 받아야 합니다. 우리 방식이 그렇습니다." 결국 똑같은 이슈를 한 번 더 다루어야 한다.
	• 마지막 순간에…	• 그야말로 마지막 순간이 다가왔는데 허세 부리기와 협박에 나선다. 부족한 시간을 이용하여 압박하는 것이다. 많은 추가 사항들을 양보해야 하는 상황이 마지막에 찾아온다(그런 일을 허용한다면 말이다).
	• 소모전을 펼침	• 압박을 받으면 어떤 것도 허물어지게 마련이다. 밤이 깊어질 때까지 계속해서 압박한다. 모든 사람이 지쳐간다. 마지막 순간에 커다란 양보가 이루어진다. 고용주와 노조 사이에 벌어지는 전형적인 단체 교섭 장면을 떠올려보면 된다.
	• 의제 조작	• 의제 조작이란 중요 사항을 의제에서 제외해두었다가 갑자기 끼워 넣는 수법이다.
	• 남의 뒤에 숨기	• "아 참, 방금 사장님과 말씀을 나눠봤는데요, 제가 이 내용을 그대로 관철하기는 힘들 것 같습니다. 계속 우리와 일하고 싶으면 훨씬 더 많은 일을 해주셔야 합니다."

일곱 가지 딜레마	게임의 형태	사례
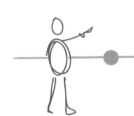 프로세스	• 전술적으로 신경 건드리기	• 지각하면서 나를 기다리게 만든다, 눈을 마주치지 않는다, 악수하지 않는다, 자기들끼리만 커피잔을 들고 나에게는 권하지도 않는다, 나를 혼자 따돌린다. 무엇보다 성의 없이 말한다. • 협상장을 떠나버린다, 그 책임을 나한테 떠넘긴다, 그리고 모두에게 그렇게 말하고 다닌다. • 가장 전형적인 방식: 테이블에 둘러앉을 때 내 자리를 햇볕이 내리쬐는 쪽에 배치하고, 또 높이가 낮은 의자를 내어준다. • 사람들을 지정한 자리에 앉혔다가 신속히 장소를 옮겨서 서로 친분을 형성할 기회를 없앤다.
	• 협상 결렬	• 협상을 진행하는 중에라도 언제든지 중단할 준비를 하고 압박 수위를 높이면서 이제부터는 상대방의 문제라는 식의 몸짓을 취한다.

상대방이 펼치는 게임을 간파하면 훨씬 더 쉽게 대처할 수 있다. 진행에 방해가 되지 않고 나의 이해에 해롭지만 않다면 그저 모른 체하고 넘기는 것이 가장 좋은 방책이다. 협상 상대가 언제든지 감정을 이용하고 부정적인 이미지를 덧씌우며, 치졸한 게임을 서슴없이 펼칠 수 있다는 사실 자체를 인정해버리면 된다. 그럴 수도 있으며 그것이 바로 상대가 자신의 이해를 충족시키는 방식이려니 하는 것이다. 상대는 비즈니스의 내용과 서로의 관계 모두에서 나의 한계를 시험해본다. 지위를 이용한 협상 상황에서 게임을 펼칠 때는 지금까지 말한 모든 내용이 총동원된다. 갈등에 대처하는 선호 스타일에 관한 내용을 다시 생각해보자(네덜란드식 갈등 대처 진단법을 참조하라. 39페이지). 공격적으로 나가는 사람도 있고, 곤란한 내용에 관한 논의를 회피하거나 물러서는 사람도 있다. 분위기가 어색해지면 의식적으로 그러한 역학 관계에 대처할 필요가 있다. 좀 더 실감 나게 표현해본다면, "열기를 견딜 수 없으면, 부엌을 뛰쳐나갈 수밖에 없다." 빨리 의식적인 선택을 하기 바란다. 부엌을 나가거나, 창문을 열거나, 온도 조절 스위치를 한 칸 낮추거나, 어쨌든 뭔가 조처를 해야 한다. 때로는 이쪽에서 맞불을 지펴야 할 때도 있다. 때로는 작정하고 한바탕 붙은 다음, 다시 건설적인 대화를 진행해 나갈 필요도 있는 것이다.

다음의 사항을 인지하는 것이 중요하다.

• 게임을 펼치는 지점이 프로세스의 어디쯤인가? 프로세스가 시작하자마자 같이 진행되었는가, 아니면 프로세스가 진행되면서 점차 고조되었는가? 아니면 전술적으로 막판에 펼쳐졌는가?

• 말의 내용과 말을 하는 사람에 주목하라. 각각의 역할에 따라 특정한 행동 형태를 보일 수밖에 없다는 점을 인정하라. 앞에서 살펴본 정보는 사실상 두툼한 책 한 권이 되고도 남을 만큼의 분량이다. 요컨대 압력을 고조하기 위해 그들이 긁어모을 수 있는 책략의 목록은 커다란 상자를 채우고도 남을 정도로 방대하다.

• 내가 대응하고 싶은지 생각하고 만약 그렇다면 그 방법을 찾아야 한다. 대응이 언제나 바람직한 것도 아니고 꼭 그래야 하는 것도 아니다. 그중에는 매우 사소한 것도 있는데, 그럴 때는 그저 내버려 두는 것도 좋다. 또 어떤 경우에는 역으로 압력을 가하거나 협상에 대등한 자세로 임하기 위해 반드시 대응해야 한다. 필요할 때 대응하지 못해서 쌓인 인식이나 내용에는 반드시 결과가 따르기 때문이다.

• 정말로 대응하고 싶다면, 먼저 제삼자의 관점에서 그 상황을 보기 바란다. 제삼자의 관점에서 상황을 관조할 수 있다면 거기에 크게 영향을 받지 않을 뿐 아니라, 프로세스에 개입하거나 계속 진행할 힘을 얻을 수 있다. 쉽지 않은 일이지만, 상대방이 게임을 펼치고 있을 때 그들을 존중하고 건설적인 태도를 잃지 않는다면 아주 큰 힘을 얻을 수 있을 것이다.

그들의 의도는 내가 어디까지 버틸 수 있는지, 과연 어느 정도까지 나를 밀어붙일 수 있는지, 내가 언제쯤 한계치에 도달할 것인지를 알아보려는 것이다. 회의를 계속하는 것이 나의 이해에 맞는다면 가능성을 중시하는 건설적인 자세를 유지해야 한다. 그것은 비슷한 다른 방식으로도 가능하다. 비결이 있다면 역으로 압력을 가하여 나의 한계를 보여주면서, 동시에 여러 가지 이해관계를 충족할 방법을 꾸준히 찾아보는 것이다. 언제든지 협상이 결렬될 가능성에도 준비하면서 그럴 때는 어떻게 할지도 미리 파악해둔다. 물론 대안이 없을 때도 있겠지만, 나쁜 거래에 합의하면 반드시 잘못된 길로 들어서게 된다. 나 자신의 스타일과 편향에 대해서도 잘 알고 있어야 한다. 내가 회의를 너무 길게 끌고 가는 것은 결국에는 다 잘 될 거라는 믿음이 있기 때문인가? 아니면 내가 그 문제를 고쳐놓을 수 있다고 생각하기 때문인가? 나는 이 협상을 성사시키려는 마음이 워낙 큰 탓에 위험을 제대로 평가하지 못한 채 혼자서만 떠들다가 어색한 상황에 부닥치는가? 최소한 나의 이해관계에 관한 그림만은 분명히 그려두어야 한다.

일곱 가지 지침을 알면 그 속에서 대처 방법을 찾을 수 있다. 지침을 의식하면 올바른 단어를 찾을 수 있고, 흔들리지 않는 자세로 협상에 임할 수 있다. 최종 대안을 최후의 보루로 삼고, 나의 이해관계가 무엇인지 분명히 안 채, 무엇이 공정한 것인지에 대한 논리를 뚜렷이 머리에 그릴 수 있다면, 상대에게 거꾸로 압력을 가하고 이 상황에 대한 해결책을 더 쉽게 찾을 수 있다. 기대치를 관리하고 내가 생각하는 공정의 기준을 상대에게 말하는 것이 기본 전략이다.

지금부터는 앞에서 언급한 게임을 몇 가지 사례에 대입해보고, 여기에 대처하는 방법을 일곱 가지 지침에 비추어 설명해본다. 각자 배경과 상황에 맞는 적합한 표현을 스스로 고민해보기 바란다. 보편적으로 같은 종류의 이의를 제기하는 경우가 많으므로 똑같은 유형의 게임이 계속 반복된다. 따라서 이 게임에 사전 대비할 수 있다.

다음 사례는 역학 관계를 뚜렷이 드러내기 위해 상당히 과장되어 있다고 보는 것이 좋다.

게임에 대응하는 법

지침	게임의 핵심 내용	대응 방법
	"이대로는 충분치 않다고 이미 말씀드렸잖아요. X와 Y를 준비해달란 말이에요. 이런 헛수고를 반복할 게 아니라 훨씬 더 괜찮은 뭔가를 내놓아야 한단 말입니다! 왜 늘 똑같은 일이 반복되죠? 전에도 말했지만 다시 말하죠. 제발 내 말을 좀 들으라고요."	• "기대하시는 내용이 우리가 생각하는 것과 다르다는 것을 알겠습니다. 우리가 아직 서로를 제대로 알지 못하고 있다는 생각이 드네요. 그러면 X와 Y를 귀측에 제공해드리면서도 저희 이윤을 그대로 유지하는 방법을 같이 한번 찾아보는 것이 좋겠는데요, 어떻게 생각하십니까?" • 아니면 차라리 이렇게 더 산뜻하게 개입하는 방법도 있다. "우리가 경청하지 않는다고 하시니 기분이 좋지 않네요. 저는 분명히 말을 매우 주의 깊게 들었다고 생각하는데, 원하는 대로 준비하지는 못한 것 같습니다. 그 점은 우리가 생각해도 충분히 타당하고 공정한 판단이라고 생각합니다. 그건 당연한 겁니다. 그렇다면 제가 제안하는 바는…" • "듣기 불편하네요. 우리가 서로를 충분히 이해했다고 생각하지만, 문제가 워낙 심각해서 더 합의가 안 되겠네요. 그러니 제가 제안하고 싶은 것은 먼저 이러이러한 것부터 시작해보자는 겁니다." • "우리가 제대로 듣지 않거나, 아예 들으려는 마음도 없다고 생각하셨다니 매우 유감입니다. 제가 제대로 이해한 것이 맞습니까?" 먼저 그들과 공감하고 격려하여 그들이 생각하는 바를 말하도록 한 다음, 협력의 주도권을 잡는다. "어찌 됐든, 하고 싶은 말을 숨김없이 말해주셔서 감사합니다. 그럼 제가 생각하는 근본적인 문제가 뭔지 말씀드려도 되겠습니까?"
	"당신들은 항상 똑같아요. 우리가 하는 말이 이해가 안 돼요? 말로만 고객 중심을 외치지 실천하는 걸 본 적이 없어요. 당신 앞사람도 도무지 못 알아듣더군요. 도대체 당신과 무슨 일을 할 수 있단 말이죠? 늘 같은 말만 되풀이하는데."	• "상당히 화가 나신 것 같습니다. 제가 말을 잘못 이해했을 수도 있겠네요. 이렇게 끝나버린다면 굉장히 기분이 안 좋을 것 같습니다. 당신이 원하는 내용을 다시 이야기하면서 해결 방안을 찾아보는 게 어떻겠습니까?"
	"아주 제대로 일을 망쳐놨군요. 내가 기대한 게 이런 건 줄 아셨어요? 이 일을 한 지 얼마나 되셨어요? 아직 한참 더 배우셔야겠네요. 다음에는 상사분을 보내세요. 그분하고는 그나마 같이 일할 수 있겠네요!"	• "우리가 기대하는 해결책이 서로 다른 것 같습니다. 문제를 그렇게 보신다니 기분이 안 좋군요. 그리고 사실 제 상사라고 해서 다르게 볼 것으로 생각하지 않습니다. 우리는 이 문제를 놓고 미리 철저한 논의를 거쳤고 해결책을 찾아낼 권한도 제게 있습니다. 좀 다른 관점으로 보면서 도움이 될 방안을 찾아보는 게 어떻겠습니까?"

지침	게임의 핵심 내용	대응 방법
①	사람들이 서로 소통하는 방식이 불쾌하거나, 불공정하거나 무례한 모습으로 변질해가는 때도 대응할 방법은 있다.	• "프로세스가 이런 식으로 진행되다니, 결코 기분이 좋지 않네요. 다음 단계로 나아갈 생각이 있으신지 궁금합니다. 그럴 생각이 있으시면, 저는 이런 제안을 하고 싶습니다." • "당신의 말 때문에 감정이 꽤 격해졌습니다. 사실 감당이 잘 안 되네요. 당장은 건설적인 자세로 올바른 해결책을 찾기가 매우 어렵겠습니다. 그럴 수 있으면 좋겠지만요. 먼저 감정부터 다스리고 다시 진행했으면 좋겠습니다." • 최종 대안을 이용하면 무슨 행동을 할지 결정하는 데 도움이 된다. 그러나 최종 대안이 있건 없건, 일정한 한계는 있다. 나는 언제나 선택을 할 수 있기 때문에, 이 점을 명심해야 한다. 나 역시 협상을 중단할 수 있다.
②	"정말이에요, 어쩔 수 없는 일이잖아요. 귀사의 가격이 경쟁자들보다 10%나 더 높으니 제가 내부적으로 설득할 수가 없어요. 게다가 제시하는 품질 수준도 낮으니 저로서는 그만큼 비용이 더 부담되는 셈이에요. 그것도 원래 범위에 포함된 것이니 추가로 비용을 부담할 수는 없죠."	• "저보다 더 잘 아시겠지만, 귀사는 언제든지 다른 거래처를 택할 권리가 있습니다. 그러나 그렇게 된다면 정말 곤란한 일이므로 우리가 함께 문제를 해결할 수 있기를 바랍니다. 한 가지 여쭤보고 싶네요. 우리가 제안한 내용의 어떤 점을 그들과 비교한 겁니까?" • "우리가 합의한 내용을 다시 한번 확인해보시지 않겠습니까? 그 정보를 보시면, 이건 추가 요구사항이 분명하다고 봅니다. 그리고 그 점에 대해서도 이미 논의했고요. 그러니 이 부분도 지급해주시는 게 공정하다고 생각합니다." 지침 2와 5를 결합한 것이다. • "업무 범위에 이미 포함된 일에 비용을 지급하고 싶지 않으신 점은 충분히 이해합니다. 저라도 마찬가지였을 겁니다. 귀측이 그렇게 말씀하시는 것도 당연합니다. 그런데 바로 이런 일이 생기기 때문에 우리가 합의한 내용을 더 자세히 살펴봐야 하는 겁니다."
	무의식적으로 진행되는 정보 왜곡 현상	• 갖가지 편향이 어떻게 다루어지는지 유의해서 살펴보아야 한다. 때로 게임이 펼쳐지고 있다고 느끼지만, 사실은 정보에 대한 무의식적인 오해가 발생하는 경우도 있다. 이럴 때는 질문을 던지고 검증을 시도하면서 이 점에 관해 논의해볼 수 있다.
	정보를 다루는 데 있어 수용할 수 있는 범위에도 한계가 있다.	• 사안을 의도적으로 왜곡하거나 숨기는 일이 일어나면 신뢰는 곧바로 사라진다. 선택권은 나에게도 있다.

지침	게임의 핵심 내용	대응 방법
③ W ④ □○△	"우리가 중시하는 게 뭔지 잘 알잖아요. 그러니 최선을 다해 우리에게 놀랄 만한 것을 보여줘야 해요. 우리가 누군지 알죠? 당연히 그래야죠."	• "우리가 좋은 제안을 내놓으리라고 기대하셔도 됩니다. 아울러 지난번 회의에서 당신이 우리와 함께 계속 진행하기를 원하신다는 것을 알았습니다. 여기서 잠시 각자가 생각하는 전제조건이 뭔지 함께 살펴보고 이해하는 기회를 가졌으면 합니다. 제 생각에는 그러는 편이 다음 단계로 나아가는 데 더 도움이 되고 시간도 절약될 것 같습니다. 안 그러면 공허한 제안을 주고받으며 프로세스가 교착 상태에 빠지고 말 겁니다." • "당신이 놀랄 만한 것을 분명히 내놓을 수 있습니다. 그러니 당신의 이해에 부합할 만한 대안을 함께 살펴보는 게 어떻겠습니까? 혼자 생각하는 것보다는 둘이 더 낫다는 속담도 있지 않습니까?"
	열린 태도가 결여됨, 건설적 해결책을 위해 협력하지 않음. "내 방식대로 하든지 관둘지 결정하라."	• 프로세스를 바꿀 수 없다면 과연 계속 진행할 가치가 있는지 결정을 내려야 한다. 제안을 계속해도 받아들여지지 않는 일방통행식 패턴이 무한 반복되기를 원하는가? 이런 상황에서 내게도 선택권이 있다. 선택의 여지가 별로 없어 그저 동의해야만 할 때도 있지만, 프로세스를 바꿔놓을 기회가 올 때도 있는 것이다.

지침	게임의 핵심 내용	대응 방법
5 **6** 협상? 대안 마련	불충분하다, 어림도 없다, 더 많은 것을 원한다(혜택은 많이, 비용은 낮게). "무엇이 공정한 건지는 내가 정합니다. 그러니 당신의 관점 따위는 신경도 안 쓴다고요. 받아들이든지 관두든지 하세요." 상대방의 최종 대안이 보잘것없는데도 이런 태도를 보이는 수가 있다. 나의 한계를 시험하고 나에게 상처를 안겨주려는 것이다.	주제에 대해 몇 가지 변형을 가한다. • "우리에게서 더 많은 것을 바라신다는 점을 알겠습니다. 지금 우리가 하는 일과 거기에 드는 투자 규모를 다시 살펴보면 우리로서는 그런 조처를 할 수 없습니다. 그러나 양측이 함께 제안서를 다시 살펴보면서 무엇을 삭제하고 변경할지 개별 항목별로 검토하는 것은 충분히 할 수 있는 일입니다." • "대단히 죄송합니다. 지금 귀하를 위해 하는 일에 뭔가를 추가하거나 귀측이 또 다른 추가 항목을 원하신다면 그건 A, B, C의 이유로 공정하지 못하다고 생각합니다. 우리는 동의할 수 없습니다. 혹시 우리가 또 다른 X, Y의 방법을 찾아보는 일이라면 가능할 수도 있습니다만." • "지금 우리가 당신을 위해서 하는 일의 내용을 보면 우리가 귀측 프로세스에 핵심적인 역할을 하고 있다는 것을 알 수 있습니다. 저로서는, 그리고 우리가 기울여온 노력을 생각하면, 그런 식으로 조건에 압력을 가하시는 것은 전혀 공정한 일이 아니라고 생각합니다. 저희 이윤을 유지하면서 전체 비용을 낮출 방법이 있는지 함께 찾아봤으면 합니다. • "지금까지 테이블 위에 올라온 사항들을 모두 종합하여 지금 귀측이 추가한 요구 사항과 나란히 비교해보면, 우리로서는 도저히 불가능한 내용이 됩니다. 그리고 이미 논의해온 양측의 이해관계에도 전혀 맞지 않습니다. 제가 보기에는 지금까지 나온 내용은 귀측의 이해를 완벽히 충족한다고 생각합니다. 제가 제안하고 싶은 것은 이런 겁니다…" 여기서 상대방도 동의할 수 있는 제안을 내놓아야 한다. • "제가 생각하기에는 우리가 한계에 다다른 것 같습니다. 우리가 아직 유효한 해결책을 같이 찾아낼 수 없다면 안타깝지만 그만두는 수밖에 다른 방법이 없다고 생각합니다. 그러나 그러기 전에 우리가 이 문제를 해결할 수 있는지 알아보기 위해 마지막으로 한 가지만 시도해봤으면 합니다. 이러이러한 시도를 해보는 것을 어떻게 생각하시는지요?" • "글쎄요, 더 나은 해결책이 있다면 당연히 그걸 고려하시겠지요. 언제든지 그러셔도 됩니다. 제가 보기에 지금 귀측이 원하는 것은 A, B, C이고, 저희는 X, Y, Z를 원하는 상황입니다." 그리고 나서 나 자신의 한계점에 관해 설명한다. 그런 다음 이렇게 덧붙인다. "우리가 여기서 뭔가를 이루어내지 못한다면 정말이지 우리의 모든 노력은 물거품이 됩니다. 그렇지 않습니까? 한 가지만 더 시도해보는 게 어떻겠습니까?"

지침	게임의 핵심 내용	대응 방법
5	"동의하지 않으시면 귀하는 탈락입니다. 귀하와 비슷한 업체가 열 군데도 넘어요. 사실 별로 복잡한 일도 아닙니다. 아무나 할 수 있는 일이잖아요." 그리고 당연히 비용은 더 낮게 요구한다.	• "우리를 다른 모든 입찰자와 같이 취급해버리시니 유감입니다. 우리가 제공하는 특별한 부가가치를 아직 몰라보시는 것 같아 안타깝습니다. 우리가 제안한 세부내용을 다시 검토해보고 여러 가능성을 종합해보는 게 어떨까요? 그래도 우리를 탈락시키는 게 귀측의 이해에 맞는지 한번 살펴보시죠." • 상대가 지위를 이용하여 벼랑 끝 전술을 펼치면 나도 언제든지 마지노선을 긋고 맞서면 된다. 상대의 의도를 파악하고 과연 계속해야 할지 판단하라.
6 협상? 대안 마련	나의 한계에 대해 명확히 알고 있어야 한다. 분배 이슈에서는 특히 더 그렇다.	• 나의 최종 대안을 명확히 인지하고 있어야 한다. 그들이 계속 압박을 가하면서도 변변한 최종 대안도 가지지 않고 있다고 판단되면, 내가 먼저 대화의 판을 깨고 상황을 지켜본다. 누가 더 곤란해질까? • 나의 최종 대안은 무엇인가? 감히 그만둘 용기가 없어 어쩔 수 없이 동의해야 하는 상황인가? 두 눈을 크게 뜨고 스스로 함정에 빠지지 않게 조심하라.
7	아주 사소한 일에서부터 중대한 조작에 이르기까지 모든 수단을 동원하여 프로세스를 허물려고 한다.	• 사소한 속임수에 신경 쓰지 말라. 그 실체만 간파하면 된다. 단 그 사소한 속임수가 프로세스를 방해하는 수준인지는 지켜봐야 한다. • 신경을 건드리는 특정 행동이 나타나면 즉각 개입한다. • 시작할 때부터 프로세스 차원에서 명확한 합의를 통해 그런 상황을 미리 방지해야 한다. 역할과 책임, 권한위임과 같은 측면이 명확하게 정의되어야 한다. 프로세스에 대한 개입은 나의 이해를 침해하는 일이 일어날 때를 대비한 하나의 사전 조치이다.

진작 안 된다고 말했어야 한다고 후회하는 말을
종종 듣는다. 그 말의 진정한 뜻은 좀 더 일찍 프
로세스에 개입해서 자신의 한계가 어디까지인지
밝혀야 했다는 것이다. 협상이 원활히 진행되지
않는다거나, 상대방이 공정하지 못한 요구를 내
놓고 있다는 것을 느끼지만 상황에 개입하지 못
하거나 감히 엄두도 못 낼 때가 있다. 직접적인
개입이 허용되는 문화인가, 아니면 다소 간접적
으로 접근해야 하는가? 경험에 따르면 게임을 펼
치려고 작정한 사람들은 어느 정도의 어려움은
감수할 수 있는 사람이라고 봐야 한다. 그러나 먼
저 손을 내밀어 문제를 함께 살펴보자고 하는 것
이, 주먹을 쥐고 치고받을 준비를 하는 것보다는
당연히 더 건설적인 방법이다. 물론 성과를 위해
서는 나 역시 상대를 비판할 각오가 되어 있어야
한다. 그러나 그럴 때조차 확고하고 민첩한 자세
를 취하면서 서로 간의 유대는 유지한 채, 말로
이루어지는 비판이어야 한다.

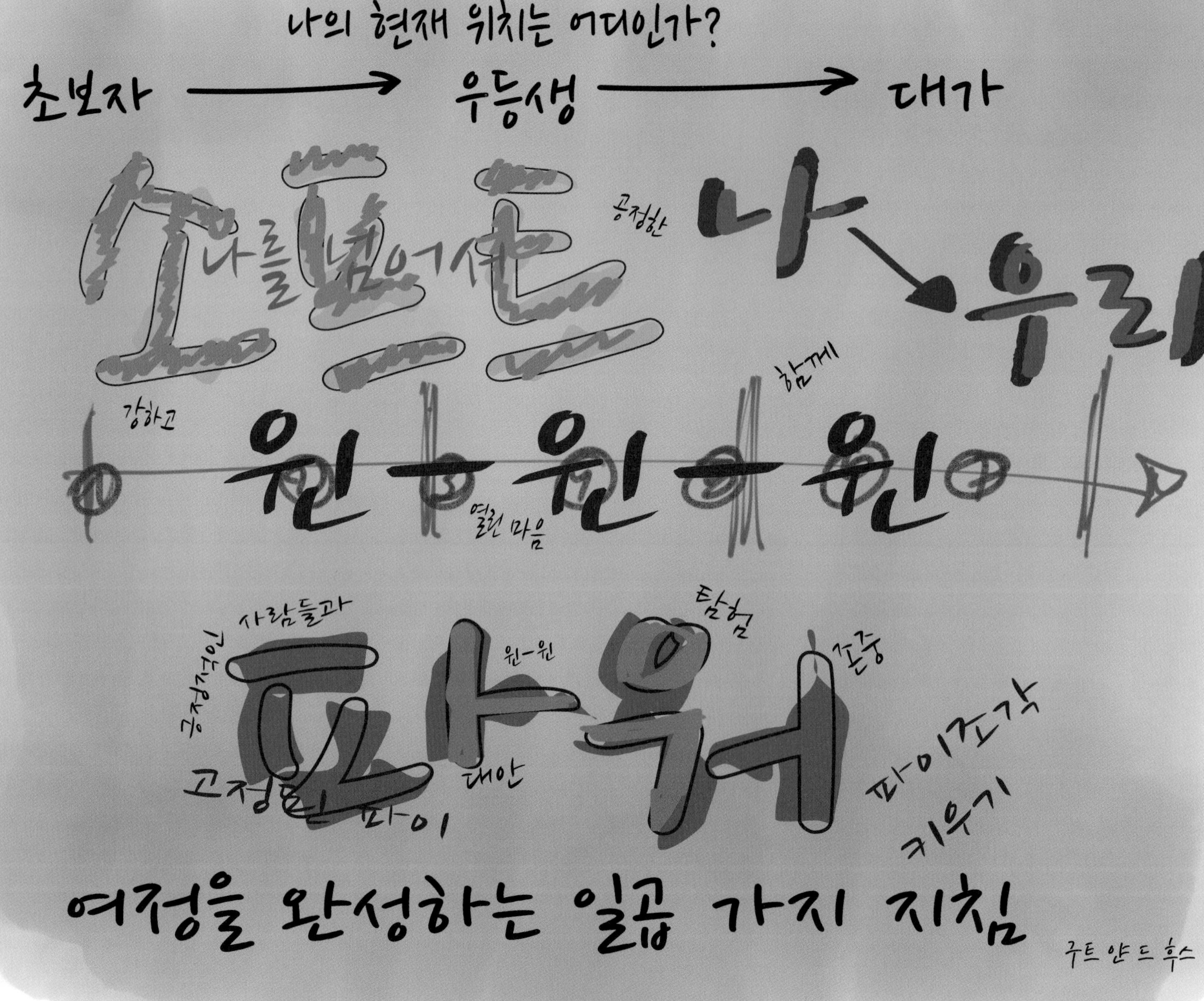

나의 현재 위치는 어디인가?

초보자 ——————→ 우등생 ——————→ 대가

소프트 나 → 우리
나를 넓히는 공정한

강하고

원 + 원 + 윈
열린 마음 함께

파워
긍정적인 사람들과 원-윈 탐험 존중
고정된 파이 대안 파이조각 키우기

여정을 완성하는 일곱 가지 지침

구트 얀드 후스

여정이 끝나고
또 다른 모험이
시작된다

유능한 협상가가 되기 위해서는 많은 연습이 필요하다. 다행히 우리 주위에는 매일매일 흥미진진한 연습의 장이 펼쳐진다. 그곳은 마음껏 기량을 펼치고 연습하며, 경험을 쌓고, 성공과 실패를 체득하고, 계속해서 배움을 얻을 수 있는 멋진 공간이다. 협상하는 방법은 배울 수 있다. 모두가 최고의 협상가가 될 수는 없지만 누구나 자신의 기술을 발전시킬 수는 있다. 최고의 학습은 바로 실전에서 얻는 것이다. 아울러 특정 방법을 완전히 내 것으로 만들고, 몇 가지 지침에 집중하여 완벽한 수준으로 끌어올릴 때 도달하는 경지이다.

네덜란드식 갈등 대처 진단법을 기초로 연습해온 사람이라면 자신의 선호 스타일이 무엇인지, 또 갈등을 마주하는 순간이 언제인지 알 수 있다. 일곱 가지 지침을 철저히 이해하면 협상을 준비하고 진행하는 데 큰 도움이 된다. 메타프로그램과 편향에 대한 통찰을 갖추면 일상적인 의사소통에서 자신과 상대방을 어느 한편으로 치우치지 않은 시각으로 볼 수 있어, 협상에서 마주치는 여러 상황에 더욱 '민첩하게' 대응할 수 있다. 이를 통해 자신이 의사결정 과정의 어떤 국면에서 서두르는지, 너무 쉽게 또는 엉성하게 행동하는 것은 언제인지, 언제 지나친 고집을 피우는지 등을 알 수 있다. 게임을 꿰뚫어 보면, 상대의 속임수를 알아챌 뿐 아니라 개입할 때 어떤 행동을 해야 하는지도 알 수 있다.

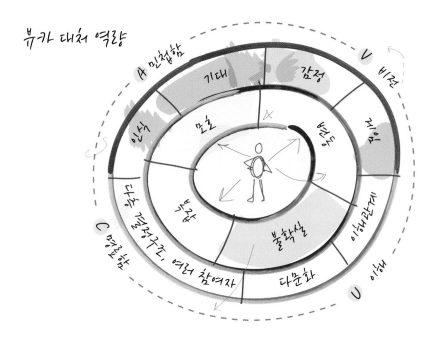

뷰카 대처 역량

A 민첩함
기대
감정
V 비전
인식
모호
비전
신뢰
진실
단층 결렬기고, 여러 참여자
부당
이해관계
C 명확함
불확실
다문화
V 이해

독자 여러분의 기술이 일정 수준에 올라, 이제 각자 뷰카 환경에 대한 나름의 대처법을 찾았기를 바란다. 나아가 협상의 이슈와 상황을 바라보는 자신만의 방식도 개발했기를 바란다. 상대가 원하는 바를 읽고 이해하며, 모든 분야에 걸쳐 집중해야 할 바에 관해 뚜렷한 그림을 그리고, 또 더욱 민첩한 자세를 갖추었기를 바란다. 필요하다면 강경하게 맞설 줄도 알고, 전체적인 상황을 볼 때 상대의 도전에 자리를 박차고 떠나야 한다면

그럴 수 있으며, 진전을 이루기 위해서라면 기꺼이 자신의 기반을 내줄 수도 있고, 또 필요하다면 상대방과 협력할 수도 있기를 바란다. 지금까지 이 책의 목표는 협상가들(초보자와 전문가를 막론하고)에게 기본적인 뼈대를 제공하는 것이었고, 거기에 협상 과정에 사용할 개념과 통찰, 그리고 관점을 채워왔다.
이렇게 말하면 아주 거창하게 들리겠지만 비즈니스란 '협상의 대가'가 되기 위해 발전하는 과정이

다. 이제 비로소 대부분의 협상에 대처할 수 있고, 협상을 걱정하느라 잠 못 이루는 밤을 맞이하지 않아도 된다. 최소한 이런 느낌이 드는 것만 해도 크나큰 발전이다. 이제는 협상 테이블에 앉아 느긋하게 정신을 가다듬을 수 있다. 비록 상대방의 시각이 나와 다르고, 심지어 그가 게임을 펼치려는 상황에서도 말이다. 나의 이해를 변호하고 매력적인 해결책과 유리한 합의를 끌어낼 수 있게 된 것도 참 다행이다.

이제 어디로 가며 무엇을 더 갈고 닦아야 하는가

배움의 과정에 더욱 집중하고 싶다면 세 가지 행동 단계의 개요를 참조하여 더 깊은 통찰을 얻을 수 있다. 즉 초보 단계를 막 벗어난 협상가들의 모습과 좀 더 능숙한 협상가가 하는 행동, 그리고 대가들이 보이는 면모로 나뉜다. 이런 식의 단순화에는 항상 허점이 있다. 복잡한 상황의 일반화일 뿐 절대 완전하지 않다. 자신이 어디에 있는지, 또 무엇을 더 개선해야 하는지 판단해보기 바란다.

협상가의 3단계 행동

수준별 개요	1단계: 초보자	2단계: 유능한 협상가	3단계: 협상의 대가
1	처음부터 관계에 관심을 기울여야 한다는 사실을 알고 있다.	협상에서 감정이 드러나는 것은 어쩔 수 없다는 사실을 알고 있다. 자신과 상대방의 마음에 일어나는 저항감에 대처하는 법을 알고 있다.	밑바닥에 흐르는 기류와 표면에 드러난 움직임을 모두 간파한다. 관계의 역학을 관리하는 법을 안다. 즉, (양쪽 모두의) 긴장과 감정에 대처할 수 있고, 기대를 관리할 줄 알며, 이러한 이슈에 관해 필요할 때, 필요한 만큼 상대방과 보조를 맞추며, 또 이끌 수 있다. 관계에 긍정적인 영향을 미치는 법, 압력을 가하거나 게임을 극한까지 밀어붙이는 사람들을 대하는 방법을 안다. 자기 행동의 약점을 관리할 줄 알고 문화적 차이를 파악하는 감각도 있다.
2	실질적 내용을 광범위하게 준비하지 않는다. 닥치면 어떻게 해서든 해결할 수 있다고 생각한다. 물론 나쁜 생각은 아니다. 해야 할 다른 일도 많으니까.	훌륭한 성공 사례를 보유하고 있다. 자신이 하는 말의 내용과 의미를 잘 안다. 상대방에 관해 시간을 들여 조사한다. 장·단기 관점에서 좋은 합의를 끌어낸다.	자신이 맡은 사안에 대해 뚜렷한 그림이 있다. 과거에 이룬 합의에 관해 잘 알고, 계약에 관한 뚜렷한 이미지가 마음속에 있다. 계약을 끌어낸 이후의 결과를 꿰뚫어 보며 생각한다. 물론 실패한 경우에 대해서도 마찬가지다. 사실에도 객관성이 부족할 수 있다는 점을 이해하며, 따라서 자신이 가진 정보를 검증해본다. 그것도 편견을 드러내는 데 도움이 된다. 양측이 지금, 그리고 앞으로도 모든 사안을 검증하는 것이 중요하다는 점을 인식한다. 계약서를 명료하게 작성할 수 있다. 새로운 사실이 제시되었을 때 이를 무시하지 않는다. 상대의 공격에 적절하게 대처한다.

수준별 개요	1단계: 초보자	2단계: 유능한 협상가	3단계: 협상의 대가
3	질문을 던져야 한다는 사실을 안다. 경청하고 요약하며, 더 깊이 파고드는 능력을 갖췄다. 자신의 주장을 설득하려 애쓰고 질문을 받았을 때 훌륭한 논리를 제시할 수 있다.	상대방의 이해관계와 전제조건에 관해 질문해야 한다는 사실을 안다. 그 대상에는 직접 마주한 상대뿐만 아니라 의사결정 단위에 속한 다른 사람도 포함된다. 필요하다면 특정한 위치를 내세울 수 있다. 협상의 대상이 되는 것과 그렇지 않은 것을 정확히 구분한다.	자신도 내부 협상을 수행해야 하므로 그런 측면에 주의를 기울여야 한다는 사실을 잘 안다. 내부 협상이 외부 협상보다 더 까다로울 때도 있다는 사실을 이해하며, 이런 현실을 게임으로 받아들인다. 상대방이 자신의 상황과 이해관계를 생각해보도록 질문을 던질 줄 안다. 상대방이 고수하는 입장을 변경하도록 만드는 법을 안다. 이는 상대방이 지위에 근거하여 게임을 펼칠 때 이를 유연하게 받아넘기는 무기가 된다. 너무 서두르지는 않지만, 가능한 한 많은 이해관계에 계속 주의를 기울인다. 여기에는 더 넓은 범위의 이해관계도 포함된다. 복잡성을 통제할 수 있다. 일을 올바른 방향으로 이끌 수 있고 조정의 여지를 마련할 줄 안다. 함께 일을 만들어가는 데 관심을 기울인다.
4	상대방을 위한 해결책을 곧잘 내놓는다. 제안을 내놓고 그것을 설득할 줄 안다. 반대에 부딪힐 때 설명할 논리를 찾아낼 수 있다. 상대방의 말을 충분히 경청하고 이해관계에서 핵심 요소를 충분히 끌어내는 능력이 부족해서 매력적인 선택지를 내놓지 못하는 경우가 있다. 가장 좋은 합의까지는 이르지 못한다.	상대방을 내 편으로 끌어들여 함께 대안을 만들어낼 줄 안다. 그러나 아직 진정한 '가치 영역'에는 도달하지 못했다. 그런 점에 관해 대화를 끌어가는 실력이 점점 쌓이고 있다.	협상 내용에 풍부함을 더하고, 범위를 확장하는 법을 안다. 가치 영역을 모색함으로써 장·단기적으로 흥미 있는 선택지를 추구한다. 원-원, 더 나아가 윈-윈-윈의 결과를 추구한다. 아울러 대의를 추구하는 시각도 갖추고 있다. 최고가 아닌 협상 결과에 만족하지 못한다. 옳은 일이라고 해서 모두가 동의하지는 않는다는 사실을 잘 안다. 점점 더 복잡해지는 현실에서 상대의 동의를 끌어내는 데 의식적으로 주의를 집중한다. 우세한 지위를 가진 상대방조차 협력 프로세스로 끌어들이는 능력이 있다.

수준별 개요	1단계: 초보자	2단계: 유능한 협상가	3단계: 협상의 대가
⑤	갈등을 일으켜 교착 상태에 쉽게 빠지거나, 너무 빨리 포기할 때가 있다. 공정성에 관한 논리가 아직 부족하다. 원칙에 관해 논의하기보다는 공격과 방어를 주고받는 일이 더 많다.	언제라도 상대의 공격에 맞설 준비가 되어 있다. 협상 영역에 더 집중할 줄도 안다. 비용을 인정하고 창의력을 발휘하여 배분하는 일을 즐기는 편이다.	'공정성' 면에서 합격점을 받을 수 있는 합의를 추구한다. 늘 성공하는 것은 아니지만, 그것을 목표로 삼아야 한다고 생각한다. 세부사항과 전체적인 그림을 동시에 볼 줄 안다. 상대가 우세한 지위를 바탕으로 분배의 게임을 펼치더라도 여기에 대처할 줄 안다. 그런 사람들에게 '공정성의 원칙'이 있다는 사실과 이해관계의 공유가 가능하다는 것, 그리고 양측이 갈라서는 것보다 뭉칠 때 더 많이 얻을 수 있다는 것을 보여준다. 필요하다면 상대에 맞서 압력을 가할 준비가 되어 있으며, 유연하면서도 단호한 태도를 유지한다. 여러 가지 가능성을 모색하며, 너무 빨리 그중 어느 하나를 고집하지 않는다. 의사결정 과정이란 결국 협상의 과정이라는 사실을 알고 있으며, 그 아는 바를 실천에 옮긴다. 협상이 결렬되는 것을 두려워하지 않으며 결국 그렇게 될 경우에도 대비하고 있다.
⑥ 협상? 대안 마련	아직 의도적으로, 또 전략적으로 대안을 생각하지는 못한다.	자신의 최종 대안에 대해 생각한다. 상대방의 최종 대안을 추측할 수 있다.	자신의 최종 대안을 찾아내거나 필요하다면 만들어낼 줄 알고, 상대방의 최종 대안이 무엇인지도 알아챌 수 있다. 나와 상대방의 지위와 의존성(혹은 독립성)을 파악하고 있다. 상대방의 최종 대안에 관해 대화를 나눌 준비가 되어 있다. 최종 대안을 내세우는 것이 바람직한지를 판단할 수 있다. 필요하다면 동시에 여러 게임을 펼칠 줄도 안다. 지위를 앞세운 벼랑 끝 전술에 맞서야 하는 시기를 안다. 이번에는 이 정도밖에 얻을 수 없다는 사실을 알았을 때는 다소 부족한 성과에도 만족할 줄 안다. 그것은 습관이나 패배를 인정해서가 아니라, 프로세스의 결과가 그렇게 나왔기 때문이다.

수준별 개요	1단계: 초보자	2단계: 유능한 협상가	3단계: 협상의 대가
7 ○	회의를 열어 개회, 의제 설정, 마무리의 순서로 구성해갈 수 있다. 상대가 게임을 펼칠 때 대처할 방법을 생각하지만, 아직 더 큰 전체 또는 하나의 큰 그림으로 볼 줄은 모른다.	의제를 추가하여 관리할 수 있다. 프로세스의 방향을 조정하고 진행 여부를 관리할 수 있다. 뻔한 게임을 알아차리는 눈이 있다.	프로세스를 설계하고 관리하며 감독하는 역할을 겸비한다. 이해관계를 전략과 전술 차원에서 홍보하고 생산적인 가치를 추가한다. 프로세스 전반에 걸쳐 내·외부에서 일어나는 모든 상황을 이해하고 관련 이슈를 다룰 수 있다. 언제 타임아웃이 필요한지 안다. 필요하다면 사전 계획에서 벗어나 구조를 만들어내고 조정할 준비를 항상 하고 있으며, 아울러 언제 그렇게 해야 하는지도 안다. 진행 상황을 한 손에 장악하고 있으며 프로세스에 대한 책임을 진다. 프로세스에 개입하여 사람들을 자기편으로 끌어들일 수 있다. 교착 상태에 빠지지 않는 법을 알고, 만약 그런 사태가 초래되었을 때 대처하는 방법도 안다. 제삼자의 위치로 관점을 바꿨다가 다시 원래대로 돌아올 수 있다. 협상의 진전 상황을 관리할 수 있고 동시에 여러 게임을 펼칠 수도 있다. E(효력) = Q(우수성) x A(수용도) 공식의 핵심을 잘 알고 있다. 의식적으로 상대방의 실수로부터 배울 줄 안다. 스스로 학습 과정을 가속할 수 있다.

더 깊은 단계로 나아가고 싶다면, 다음의 질문을 던져야 한다.

- 여러 단계 중 내가 자리한 곳은 어디이고,
- 내가 도달하려는 목표 지점은 어디이며, 나의 어떤 점을 더 발전시키고 싶고,
- 또 그 목표를 위해 어떤 방법을 취할 수 있는지.

이런 질문을 염두에 둔 채 자기 계발을 해나갈 수 있다. 단 즉각적인 해답을 기대할 것이 아니라, 작은 실험들을 수행한 다음 어떤 일이 일어나는지, 그로부터 얻은 것은 무엇인지 등을 지켜보면서 진지하게 성찰하고 피드백을 요청하는 등의 노력을 기울여야 한다. 배움은 미리 계획해야만 얻을 수 있는 것이다. 독자 여러분이 작은 실험들을 즐길 수 있기를 바라고, 좋은 성과를 이루어내고 학습을 지속해서 결국 남을 돕는 자리에까지 이르기를 바란다.

내면에서 일어나는 이너게임

자기 계발을 염두에 두면 위에서 설명한 대로 자신의 기술과 행동을 생각해보면 된다. 그러나 내가 해야 하는 행동이나 그것을 올바로 수행하는 것을 다른 의견과 인식, 신념 등이 개입하여 방해

하는 경우가 있다.

1981년도에 티모시 걸웨이Timothy Gallwey가 쓴 《골프 이너게임》을 선물로 받았다. 제목만 봐도 멋진 책이 틀림없었다. 이 책이 나오기 전에 이미 테니스를 주제로 한 책이 나왔고, 이후 《직장의 이너게임》이란 책도 나왔다. 아무튼 이 책에는 '마음으로 하는 퍼팅', '마음속의 스윙' 같은 개념이 설명되어 있었다. 어떻게 리듬을 타고, 어떤 식으로 집중하느냐에 따라 자신의 몸과 마음을 더 잘 다스리고, 또 이완과 집중을 동시에 수행할 수 있다. 새로운 이야기는 아닐지도 모르지만 꽤 유효한 메시지였다. 운동선수라면 이미 잘 아는 내용이다. 어떤 일을 너무 빨리하려다 보면 반드시 실수를 저지른다. 너무 많이 얻으려고 하면 오히려 원하는 만큼에도 못 미친다. 지나치게 집중하면 수렁에 갇히게 된다. 지나치게 긴장하면 몸이 경직된다. 협상 테이블에서 자신도 모르게 공격적인 태도가 나올 때가 있다. 반면에 깨달은 바를 실천에 옮기며 어느 정도 흘러가는 상황에 맡길 때, '몰입' 상태에 이르는 기회를 극대화할 수도 있다.

협상을 준비하여 전 과정을 마치고 나면 그 경험은 이미 몸에 체득되어 나의 시스템 일부로 녹아

든다. 그러면 필요할 때마다 체득한 능력이 발휘되어 '지금 여기' 상황에 완전히 집중할(그리고 이완될) 수 있다. 수많은 연습을 쌓으면 실전에서도 자유롭게 써먹을 수 있다. 한 번 경험해본 것은 언제고 다시 할 수 있다. 긴장을 푼 상태에서 사물을 뚜렷이 볼 수 있을 때 좋은 성과가 나온다. 상대방에 충분히 관심을 기울이다 보면 무슨 일이 일어나는지 뚜렷이 보이고, 상대방이 말한 것과 말하지 않은 것을 구분해서 들을 수 있다. 사과도 너무 빨리 먹으면 맛을 모른다. 협상 테이블에서 주고받는 의사소통에도 똑같은 원리가 적용된다. 일을 너무 서두르면 상대방과의 유대를 끌어낼 수 없고, 상대의 이해관계를 파악하거나 멋진 해결책을 찾아낼 겨를도 없다. 너무 적극적이거나 소극적인 것, 의욕이 넘치거나 너무 긴장이 풀린 것, 과도한 준비나 지나치게 즉흥적인 태도, 너무 불안해하거나 너무 자신만만한 모습 등, 이런 극단적인 상태는 모두 협상의 성공을 방해하는 요소다. 물론 인내심을 가진 채 신속하고 자신만만하게 행동해야 할 때도 있다.

협상가들은 때때로 자신의 내면에서 일어나는 게임, 즉 이너게임을 자세히 들여다봐야 한다. 내가 가진 관점은 무엇인가? 집중이 안 되고 몰입이 깨지는 이유는 무엇인가? 나의 가장 큰 적은 나

자신인가? 주변 상황으로 힘들 때 나는 어떤 상태가 되는가? 주변 상황, 즉 상대방, 조직, 동료들이 거의 노골적으로 나를 압박하는 것이 그 원인일 수도 있다. 때로는 나 자신이 나를 압박하는 경우도 있다. 그렇다면 편안하고 깨어 있으며 유연한 마음을 방해하는 실체는 과연 무엇인가? 지금부터는 이 문제를 학습 단계라는 개념을 통해 살펴보도록 한다.

학습 단계

알베르트 아인슈타인은 어떤 문제를 만들어낸 사고방식을 그대로 가진 채로는 그 문제를 풀 수 없다고 말한 바 있다. 그 사고를 뛰어넘어야 한다. 매번 똑같은 일로 곤란을 겪는 일이 반복된다면 상황을 다른 관점에서 바라보는 것이 문제를 푸는 열쇠가 될 수 있다. '학습 단계'는 그것을 시도하는 하나의 방법으로, '논리 단계'라고도 불린다. 이 이론은 문화 인류학자 그레고리 베이트슨Gregory Bateson이 주창하였고, 나중에 로버트 딜츠가 더욱 확장하였다. 우리가 기능을 발휘하고 의사소통과 학습을 이루어가는 데 여섯 가지 단계가 있다는 것이 이 모델의 핵심 내용이다.

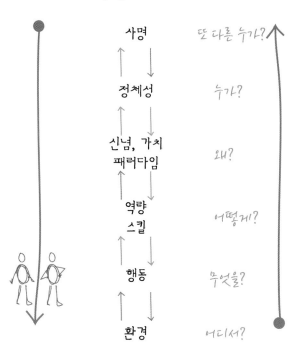

출처: 베이트슨, 딜츠

이런 요소는 다음과 같은 방식으로 조합을 이룬다.

- 각 상위 단계는 그 하위 단계 정보를 조직하는 데 사용될 수 있다.
- 상위의 논리 단계에서 변화가 발생하면 하위 단계에서도 변화가 일어날 것이다.
- 하위 단계에서 일어나는 변화가 상위 단계의 변화를 촉발하는 **경우도 있다.**
- 까다로운 문제에 대한 해결책은 그 문제를 진단해낸 단계에서는 좀처럼 찾을 수 없다. 해답

은 언제나 해당 단계를 벗어난 곳에서만 찾을 수 있다. 즉 주로 상위 단계에 답이 있다.

이 모델을 소개하는 이유는 협상가들이 자신의 신념과 스킬, 그리고 행동 형태 사이의 상호연관성을 이해하는 데 도움이 되기 때문이다. 무의식적으로 자신을 억제하여 행동의 방향이 바뀌는 경우가 있는데, 이때 그 억제 작용이 일어나는 곳은 주로 자신의 확신과 신념의 단계이다.

사명/비전
내가 자리 잡은 터전은 어디이며 목표는 무엇인가? 이 단계는 정신이나 인생철학과도 관계가 있다. 내 인생에 의미를 부여하는 것, 내가 소속감을 느끼는 대상은 무엇인가?

정체성
나는 누구인가? 자신을 어떻게 인식하는가? 어떤 협상가가 되고 싶은가?

가치와 신념
내가 믿는 것은 무엇인가? 내 행동의 동기는 무엇인가? 무엇이 중요한가? 어떤 가치를 중시하며, 이유는 무엇인가? 신념은 내가 기술을 발휘하는 데 긍정적 또는 부정적 영향을 미칠 수 있다.

역량
어떤 방법으로 문제를 해결할 것인가? 어떤 역량을 가지고 있는가? 어떤 기술을 보유하고 있는가? 구체적으로는 공감, 경청, 요약, 객관화(제삼자의 위치에 서기), 질문하기, 찾아내기, 발표, 조언, 개입, 임무 완료 등과 같은 기술이 있다. 이미 많은 사례를 다룬 바 있다.

행동
다른 사람들에게 무엇을 보여줄 수 있는가? 눈에 보이는 행동과 반응이다. 메타프로그램은 행동을 설명해준다. 나의 행동은 주변에 영향을 미친다. 문제는 내가 보여주는 행동이 나의 이해에 가장 들어맞느냐이다.

환경
상대방과 주변 환경에 미치는 영향을 고려해야 한다.

이런 관계를 잘 보여주는 사례들을 살펴보자.
- 상대방에 관한 정보가 너무 부족해서 다음 단계로 제대로 나아갈 수 없다는 사실을 알게 되는 경우가 있다. 이럴 때 기회가 닿는 대로 그들에게 더 많은 질문을 던져야 한다. 정보 부족 현상이 자주 일어난다면 어떤 행동 형태 때문

일 수 있다. 예컨대 질문이 부족할지도 모른다. 그렇다면 다음부터 질문을 더 많이 하는 것이 해결책이 될 수 있다. 즉, 기술의 단계에서 이루어지는 사고다. 이것이 효과가 있을까? 어쨌든 내가 해야 할 일과 역량에 대해서 잘 알고 있다. 단지 아직 자연스러운 습관으로 단단히 자리 잡지 않았을 뿐이다. 또 다른 단계에서 생각해볼 수도 있다. 질문을 많이 하지 않는 이유가 바보처럼 보일까 봐 두려워서인가? 나는 고문 자격으로 일하면서 그에 맞는 급여도 받으니 그 정도는 모두 파악하고 있어야 하는 게 아닌가? 혹시 시간 부족에 시달려 질문할 여유도 없는 것인가? 이미 대답을 다 알고 있어서 그런가? 어쩌면 상대방의 대답에 관심이 없는지도 모른다. 무엇 때문에 질문을 안 하는가? 과연 어디가 문제인지 살펴보고 내 행동 방식의 원인을 찾아내어 다른 방법이 있다는 것을 안 다음에는, 다음부터는 그런 질문을 던지면 된다. 이것이 바로 "상위 논리 단계에서 일어난 변화가 하위 단계의 변화를 촉발할 것"이라는 말의 의미다. 문제를 다른 각도에서 보고, 다른 의미를 부여하면서, 다른 방식으로 문제를 해결하는 것이다. 그리고 효과를 경험하면 그 방식을 계속 반복, 유지할 수 있다. 스스로 혁신을 이룩해낸 것이다. 그리고 이후 자신의 행동

형태가 극적으로 바뀐다.

- 위의 사례를 약간 변형해보자. 사람들은 남의 말을 경청하는 법을 배우려는 마음이 있다. 관리자들 역시 자신의 팀원을 대상으로 직무성과를 평가할 때 이 점을 강조하기도 한다. 사람들은 듣기가 가장 중요한 협상 기술 중 하나라고 생각한다. 듣기가 중요한 요소라는 점은 확실하다. 그러나 그것이 기술이라는 생각은 과연 옳을까? 듣는 것은 누구나 할 수 있는 능력이다(청각 장애를 제외하면). 그러므로 사람들이 왜 듣지 않는지가 더 중요한 문제일 것이다. 또는 더 간접적으로 표현하자면 듣는 것을 방해하는 것은 무엇인지 물어야 한다. 먼저 상대방에 관한 것을 최대한 많이 알아야 논의를 진척시키는 데 도움이 된다는 원리를 기억하면 남의 말을 잘 들을 수 있다. 그래야 질문을 던지고 탐색할 것이기 때문이다. 정말로 어려운 일은 듣는 법을 배우는 것이 아니라, 사고의 중심을 남에게로 옮기는 것이다.

- 조직 내 서열이나 사회적 신분이 나보다 높은 사람의 의견이 더 중요하거나 가치 있다고 믿는다면, 감히 그들에게 맞설 생각조차 못 하고 물러서거나 길을 터주어야 한다고 생각할 수 있다. 그런 사람은 권위를 너무 의식하는 사람일 것이다. 거꾸로 말해 상대를 존중하되 의사

결정은 정확한 정보를 근거로 해야 한다고 믿는 사람은, 상대방과 협력하고 함께 진전해가는 데 아무런 거리낌이 없을 것이다. 그런 신념이 있다면 상대와 대등하게 행동할 수 있고 올바른 단어를 쉽게 찾아낼 수 있다. "당신의 관점을 이해합니다. 다만 제가 알고 있던 것과는 좀 다른데 세부사항들을 좀 비교해봤으면 좋겠습니다."

- 협상에서 확실한 우위에 있는지 자신할 수 없을 때, 주저하는 태도가 나온다. 상대방은 정말 내가 있어야 하는가? 그들이 다른 대안을 가지고 있지는 않을까? 그런 의문이 들면 불안해지고, 여러모로 서두르게 된다. 상대방과 자유롭게 연락할 수도, 심층적인 논의를 할 수도 없는 등 방해가 되는 것이다. 양측의 최종 대안을 검토해보면 내가 가진 것이 더 강력하며, 따라서 상대방이 나에게 더 의존적이라는 사실을 알게 될 수 있다. 이것이 바로 지침 6을 사용하여 나의 발목을 잡던 잘못된 믿음을 떨쳐내는 방법이다. 즉 사실을 확인함으로써 여유를 가지고 협상을 계속 진행하는 것이다.

- 프로세스를 진행하는 자신의 태도가 성급하고, 적극적이며, 심지어 독특하기까지 하다는 사실을 안다면, 몇몇 단계를 빠뜨리거나, 상대방과 충분한 유대를 창출하지 못하거나, 나아가 공

동의 프로세스를 발전시키지 못하리라는 것을 예측할 수 있다. 적절한 의제를 추구하기로 하고 정해진 순서를 지키기로 하면, 다양한 단계에 시간을 들일 수 있고, 더 세심하게 협상을 진행할 수 있다. 이럴 때 지침 3, 4, 5가 자신의 약점과 함정을 피할 수 있는 중요한 가이드라인이 된다.

내면에서 일어나는 이너게임을 신념의 단계에서 바라보는 것도 또 다른 흥미로운 일이다. 협상의 대가가 되는 데 필요한 행동과 스킬에 대해 이미 앞에서 설명한 바 있다. 여기에 더하여 협상에 임하는 자신의 접근방식과 원하는 바에 관한 자신의 신념에 대해서도 다시 한번 살펴볼 필요가 있다. 그런 신념 중에는 어쩌면 자신의 기술을 적용하는 데 방해물로 작용하는 것이 있을 수도 있다. 일곱 가지 지침은 여유를 가지고 상대방과 대등하게 협상 테이블에 앉을 수 있다는 신념을 여러분에게 줄 것이다.

지금까지 우리가 자주 만나는 신념과 패러다임을 살펴보았다. 이를 통해 자신을 다른 관점으로 바라보고, 일곱 가지 지침이 어떤 식으로 도움이 되는지 알 수 있을 것이다.

비생산적인 신념과 가치의 사례 및 일곱 가지 지침을 이용하여 문제를 해결하는 법

나의 발목을 잡는 생각	표현 방식	일곱 가지 지침을 이용하여 여유와 집중을 유지하는 법
내가 뭐라고 감히 그 문제에 관해 이야기할 수 있을까? 그가 하는 말이니 당연히 옳을 것이다. 나는 권위적인 태도와 위압적인 행동에 지레 겁을 먹는다.	불안감, 소극적인 행동, 자신을 낮추고, 양보하며, 회피한다.	관계의 역학을 협상 내용과 떼어 생각한다면 대등한 자세로 협상에 임할 수 있다. 협상에 임하는 양측 모두 그럴 권리가 있다. 상대방이 게임을 펼치며 나를 압박하겠다면, 어디 한번 해보라고 하라! 그건 그들의 자유다. 독재자에는 맞서 싸워야 제맛이다. 나는 그들이 펼치는 게임과 감정을 읽을 수 있고, 어떻게 상대해야 하는지, 어느 대목에서 나한테 꼼짝 못 하는지 다 안다. 나의 시선은 최종 목표에 있으며, 사실과 나의 이해에만 집중할 것이다. 남들의 권력 게임이나 압력에 절대 굴복하지 않을 것이다. 사실에 근거하여 일할 것이며, 분배 이슈에 관해서라면 철저하게 공정성이라는 기준에 비추어 제안할 것이다. 나의 최종 대안은 자유와 확신을 제공해준다.
비즈니스와 관련된 자리에서 감정을 드러내서는 안 된다. 적어도 나는 그래서는 안 된다.	불편한 상황. 뭔가 잘못되어간다는 것을 누구나 알지만, 아무도 그 점에 관해 이야기하지 않는다. 모든 일을 직관적으로 느낄 수 있지만, 대화 중에 그런 일에 관해 언급하지 않는다.	감정은 협상의 중요한 일부로서, 효과적인 역할을 하도록 통제하고자 한다. 아울러 문화적 차이의 존재를 인정하며, 상대방의 문화를 존중한다. 그러면서도 상대가 논의의 진전을 가로막는다면 언제든지 그 밑바닥 기류를 지적할 준비가 되어 있다. 감정은 그 사람의 인식(때로는 실현되지 않은 기대)이 겉으로 드러나는 것이며, 그것을 담보로 게임을 펼치기도 한다는 사실을 잘 안다. 상대방이 적절치 못한 감정을 드러낼 때는 분명히 이야기해야겠지만, 감정 자체보다는 그 원인이 된 문제를 언급할 것이다.
내가 프로세스에 개입하여 조정할 수 있을지 잘 모르겠다. 원활하게 진행되지 않고 있지만, 과연 내가 참견해도 될까?	일을 진행하기가 어렵고, 마음에 들지 않는다. 상대방과의 유대를 잃어버렸지만, 어쨌든 논의를 이어가고 있다. 이런 현상은 일대일 관계에서뿐만 아니라 그룹 차원에서도 일어날 수 있다.	나는 프로세스를 관리하고, 할 말은 하고 싶다. 프로세스가 위기에 봉착했다면, 그 점에 관해 정중히 이야기할 것이다. 아울러 그런 말을 할 적절한 순간을 포착해야 한다는 사실도 잘 안다. 문화적 차이를 고려하고 항상 타이밍(전술과 전략)을 염두에 둘 것이다.
그들이 무슨 말을 하는지 알지만, 그 말이 정확한 건지 잘 모르겠다. 그들이 한 말이니 사실이겠지? 내가 감히 의심할 수 있을까?	불완전하고 부정확한 정보가 제멋대로 활개를 친다.	나는 검증하려는 태도로 사물을 바라보며, 상대방에게 검증을 요청할 때 이런 질문을 던지는 것이 왜 중요한지를 분명히 설명할 수 있다. 내가 부정확하고 잘못된 정보에 길들면 충분히 상대방의 속임수에 넘어갈 수 있다는 사실을 알고 있다. 사실을 분명하게 밝혀두는 것은 서로에 대한 믿음을 유지할 수 있는 최고의 선택이다.

나의 발목을 잡는 생각	표현 방식	일곱 가지 지침을 이용하여 여유와 집중을 유지하는 법
속마음을 내비치지 않을 작정이다. 그들이 사실을 악용할 수 있기 때문이다. 그들이 먼저 양보해야 한다.	폐쇄적인 태도와 무력감을 보인다. 동문서답을 주고받는 대화가 이어지고 기대 이하의 프로세스가 초래된다.	나의 이해를 기꺼이 말할 준비가 되어 있다. 그것이야말로 함께 해결책을 모색할 가장 확실한 방법이기 때문이다. 그러나 일을 하는 데는 적절한 때가 있고, 나중에 그 틀에 내용을 입히고 분배를 논할 수 있다는 사실도 안다. 정해진 대로 절차를 지켜나가다 보면 내가 그 일원이 된다는 확신이 생기고 협상이 나의 이해에 들어맞는지 가늠할 수 있다. 이를 통해 열린 태도와 확고한 신념을 동시에 갖출 수 있고, 여유를 가지고 질문을 던질 수 있으며, 타협의 여지가 없는 선이 어디인지 분명히 알 수 있다.
이번 일은 꼭 성사시켜야 한다. 여기에 내 운명이 달려 있기 때문이다.	긴장하고 경직되며, '협상 테이블에 붙잡힌 인질' 신세가 된다.	차근차근 단계별로 일을 처리하겠다. 너무 서두르지 않는다면 더 많은 것을 얻을 수도 있다는 사실을 알고 있기 때문이다. 사람과 프로세스에 주의를 집중하다 보면 어디에선가 최선의 기회를 얻을 수 있을 것이다. 나는 이것이 주고받기 게임이라는 것을 알고 있다. 그들이 받으려고만 한다 해도 나는 언제나 대응할 수 있다. 그러나 꼭 그럴 필요는 없다. 내가 적게 요구해도 오히려 더 많이 얻을 수도 있다. 그리고 항상 최종 대안을 생각하면 행동의 자유를 얻거나 인식하는 데 도움이 된다.
해결책이 바로 눈앞에 있다는 것을 이미 알고 있고, 조금이라도 빨리 거기에 도달해야 한다는 책임감을 느낀다.	여러 가지 다른 가능성을 간과한다. 해결책에 빨리 다가서려고 너무 서두르다 보면 최선의 협상을 이루어내지 못할 가능성이 크다.	프로세스에 집중한다. 무엇보다 해결책 그 자체보다 프로세스에 책임감을 느낀다. 그리고 모든 단계를 차근차근 밟을 것이다. 그런 노력을 기울이다 보면 멋진 해결책을 향한 기회를 얻을 수 있다고 믿는다. 혼자보다는 두 사람이 머리를 맞대는 것이 더 낫다고 생각하며, 사안을 충분히 검토한 후에 결정을 내릴 수 있다는 사실에 만족한다. 사물을 더 넓은 관점에서 바라보고, 맥락과 현장에 주의를 기울이면, 알맹이가 담긴 해결책도 내놓을 수 있고, 따라서 합당한 지지를 받게 될 것이다.
뭘 해야 할지 모르겠고, 압박이 점점 고조된다. 위기감이 느껴지지만, 일을 망치는 사람이 되고 싶지는 않다.	자신의 이해가 침해되고 있다고 느끼면서도 조심스러워하는 태도와 얼버무리는 행동을 보인다.	나의 개인적인 약점을 잘 알고 있다. 제대로 된 협상의 기준이 머릿속에 확실히 서 있고, 거기에 맞춰 모든 조건을 평가한다. 그런 태도 덕분에 협상 내용에 집중할 수 있고, 나의 이해에 가장 들어맞는 것을 기준으로 위험을 가늠할 수 있으며, 쓸 만한 선택지가 무엇인지, 모든 일이 공정하게 배분되었는지 따져볼 수 있다. 아울러 누군가가 나를 압박하게 놔두지 않을 것이며, 적절한 일에 우선순위를 둘 것이다.

일곱 가지 지침을 나의 협상에 진정한 나침반으로 삼는다면 상황이 어려워질 때 든든한 지원군이 되는 것을 깨닫게 될 것이다. 일곱 가지 지침은 내가 상대방과 대등하다는 느낌을 주고, 필요할 때에는 실제로 대등하게 행동하는 데 도움이 되는 원칙이다. 실제 상황에서는 진전을 가로막는 방해물을 만나더라도 나를 도와줄 수 있는 훌륭한 코치들이 많이 있다.

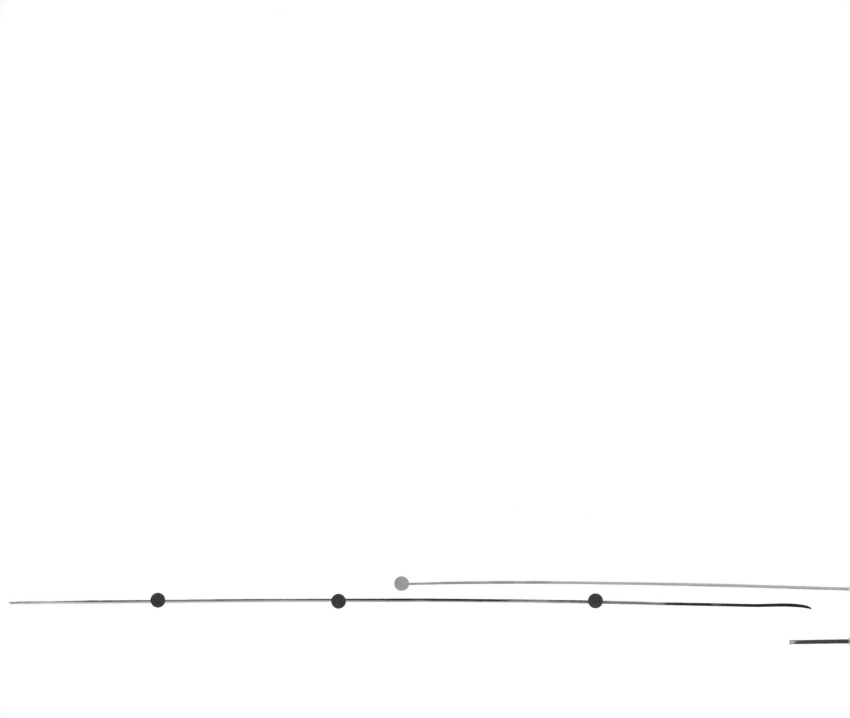

대가가 되는 길에는
결코 끝이 없다

지금까지 설명한 내용이 땅에 뿌린 씨앗이 되기 바란다. 이슈에 접근하는 방법과 몇 가지 통찰을 제시했다. 브루스 스프링스틴의 말을 마지막으로 이 장을 마치고자 한다. 그가 최근 네덜란드 헤이그에서 열린 콘서트에서 한 말이다. 휴고와 제이컵, 머렐, 그리고 필자(그리고 그 자리에 있던 수천 명의 사람)는 이 말을 들을 수 있어서 몹시 기뻤다. "현재에 만족하지 말고, 항상 지혜를 탐구하며, 진정한 삶의 의미를 추구하라."
독자 여러분의 즐거운 여정을 기원한다.

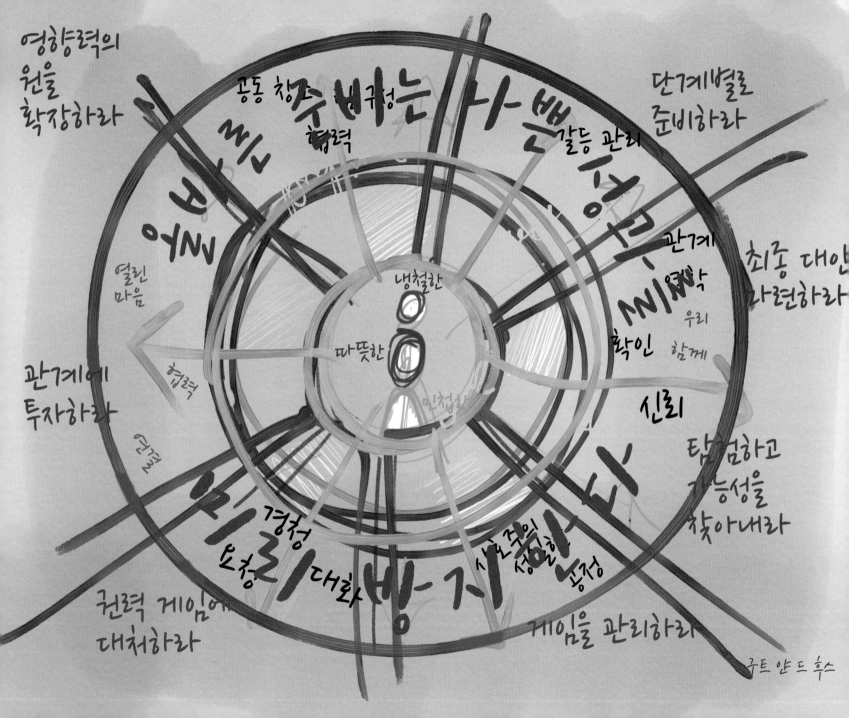

준비
그리고
점검표

시작이 반이라는 말처럼 올바른 준비는 그 자체로 일의 절반을 차지한다. 게다가 걸린 이해관계가 절박하고 복잡성이 증가하는 상황이라면, 제대로 된 준비야말로 가장 필수적인 일이다. 준비는 저절로 이루어지지 않는다. 협상에 임하는 당사자가 주도적이고 직선적인 성격을 가지고 있어, 전체적인 윤곽을 뚜렷이 파악하고 힘겨운 상황에서도 해결의 실마리를 찾는 능력이 있는 사람이라면, 잠시 멈춰 자신의 접근방식을 체계적으로 반성할 생각은 별로 하지 않을 것이다. 준비를 잘하는 비결은 후속 프로세스에서 놀랄 만한 상황이 벌어지지 않도록 하는 것이다. 바로 이것이 협상을 재즈 연주에 비유하는 이유다. 즉흥 연주는 언뜻 보기에 별로 힘들지 않거나 큰 노력이 필요 없을 것 같지만, 연주자들은 반복된 구절을 워낙 많이 연습했기 때문에 그렇게 즉흥적으로 연주할 수 있다. 연주자들은 화음과 변주가 머릿속에 각인될 때까지 똑같은 코드 진행과 변주를 반복 연습한다. 그러다가 필요한 순간이 와서 즉흥 연주를 시작할 때, 음악은 이전에 행했던 수많은 연습에서 자연스럽게 흘러나온다. 2014년 뉴욕에서, 재즈 마니아들의 성지라 할 수 있는 블루노트 재즈클럽에서 루 도널드슨Lou Donaldson의 연주를 들은 적이 있다. 당시 나이 여든여덟이었던 루 도널드슨은 이미 수많은 대가와 협연을 해온 연주자였다. 최고의 솔로 연주가 끝나고 동료 연주자들이 아직 연주하는 동안, 그는 관중석을 향해 이렇게 말했다. "여러분! 이게 바로 음악이죠. 이건 케니 지Kenny G의 것은 아니지만, 여러분들이 연습해야 하는 곡이에요." 필자 역시 케니 지의 팬이기도 하고, 그날 루가 케니 지를 제대로 예우하지도 않았다고 생각하지만, 그럼에도 이렇게 말하고 싶다. 이 책은 독자 여러분이 연습해야 하는 곡이다.

연습할 시간을 내지 못할 때가 많다. 우리는 늘 회의에 쫓기거나 수많은 이메일에 답장하느라 허덕이며 살고 있다. 게다가 뭔가를 준비할 때도 대부분 내가 원하는 것, 또는 얻으려는 것에 관심을 기울인다. 즉, 재무 분야를 준비하는 것이지 내가 중요하게 생각하는 것을 연습하지는 않는다. 여유를 가지고, 대등한 조건에서, 그것도 모든 일이 균형 잡힌 상태에서 협상하고 싶다면, 가장 중요한 일은 바로 준비하는(정신적인 면에서도) 것이다.

시작하기 전에 잠깐 멈춰라

잠깐이라도 시간을 내어 지금부터 만들어갈 여정을 머릿속에 그려본다. 개인적으로 맞이할 도전에는 어떤 것이 있을지도 생각해본다. 자신의 스타일과 품성, 약점을 파악하고 있다면 내가 조심해야 할 점이 무엇인지 알 수 있을 것이다. 그것을 준비할 내용에 포함하는 것이 좋다. 다른 사람들과 함께 여정에 나설 때 고려해야 할 사항은 다음과 같다.

- 과거. 상대방과 함께 걸어온 과거 경험을 되짚어본다. 어떤 실질적인 이슈를 가지고 협상 테이블로 가려 하는가? 당신이 기대하는 무엇이 있어서인가? 아니면 이전에도 논의했던 것인가? 과거 경험에 비추어볼 때 그것은 오래된 상처인가, 아니면 조화로운 성과인가? 또한 과거에 그 프로세스를 어떻게 생각했는가, 효율적이고 효과적이었는가?

- 미래. 여정의 목적지는 어디인가? 어디에서 마무리 짓고 싶은가? 목적지에 도착했을 때 만족을 얻기 위해서는 무엇이 필요한가? 그 조건이 충족되면 좋은 합의를 끌어낼 수 있는가? 목적을 달성한 후 결과를, 또 사람들과의 유대와 그동안 준수했던 프로세스를 자부심을 품고 되돌아볼 수 있을까?

- 한 발 물러서서 현재를 생각해본다. 그것은 논의의 구조, 그리고 내가 따르고자 하는 프로세스에 어떤 의미가 있는가?

다양한 관점과 위치에서 상황을 바라보라

상황을 전체적으로 다양한 위치에서 바라봄으로써(쉽게 말해 360도로 샅샅이 훑어야 한다) 뚜렷하고 큰 그림을 그릴 줄 알아야 한다. 관찰 대상에는 협상이 진행되는 현장뿐만 아니라 그 주변까지 포함되어야 한다. 일곱 가지 지침은 각각 다른 위치에서 일을 시작하는 기준점이 된다.

첫 번째 위치: 협상가의 역할로 바라본다. 그러면 상황이 어떻게 보일까?

두 번째 위치: 상대방의 처지에서 바라본다. 그들은 나를 어떻게 보고 있으며, 어떤 조건이 되면 좋은 협상을 이루었다고 생각할 것인가, 그리고 어떤 전리품을 거두어 귀환하려고 하는가?

세 번째 위치: 관찰자의 위치에서 전체를 본다. 일이 어떻게 진행될 것이고, 어떤 복잡한 문제가 나타날 것이며, 그러면 어떤 행동을 취할 것인가? 전체적인 상황에 어떻게 긍정적인 영향을 미칠 수 있을까? 질문에 대한 답을 떠올리며 다양한 시나리오를 검토해본다. 한 편의 영화처럼 이 여정의 시작과 끝을 머릿속에 떠올려보면 된다.

내부 협상

조직 내 협상이 대외 협상보다 훨씬 더 까다롭다는 말을 많이 듣는다. 시간 부족, 인식 차이, 서로 다른 기대, 자아, 그리고 지위를 향한 다툼과 같은 요인이 복잡하게 얽혀, 사람들은 조직 내에서 서로 다른 태도를 보이게 된다. 이해관계를 상당 부분 공유할 수 있을 거라는 기대와는 달리, 작용과 반작용의 원리가 작용하여 일이 이상하게 꼬이는 경우가 있다. 그러나 그것 역시 협상이다. 그런 일이 있다는 사실도 염두에 두고 전체적으로 접근해야 한다.

역할 분담과 내부 합의

여러 동료나 팀원들이 개입된 협상에 임할 때는 내부 합의를 끌어내는 데 특히 주의를 기울여야 한다. 실질적인 내용에서는 합의를 이룬 것처럼 보이지만 서로의 인식과 기대, 이해관계 등을 간과하는 경우가 있다. 역할 분담은 어떻게 할 것인가? 내용은 주로 누가 살펴보고, 프로세스는 누가 지켜볼 것인가? 후자를 맡은 사람은 구조를 정의하고, 각 단계를 관찰하며, 적절한 때에 내용을 요약하고, 필요하다면 프로세스에 개입하는 역할을 맡아야 한다. 협상 대책도 함께 고민해야 한다. 상황이 더욱 어색하게 흘러가면 어떤 행동을 취할까? 의견 차이가 더 극명해지거나 교착 상태에 봉착한다면? 때로는 타임아웃도 중요한 수단이 될 수 있다는 사실을 기억하라.

시뮬레이션의 위력

상대방의 처지가 되어 그들이라면 어떻게 말하고 행동할까를 미리 생각해보는 것이 바로 준비의 한 형태다. 그들은 어쩌면 내놓는 것은 없이 너무 많은 것을 요구하거나, 내가 결코 줄 수 없는 것을 얻어내려 할지도 모른다. 첫 번째, 두 번째, 세 번째 위치에서 바라보면서 전체 상황을 시뮬레이션해보라. 두 번째 위치, 즉 상대방의 처지에 진지하게 서보는 연습은 굉장히 흥미로운 경험이 될 수 있다. 그들은 나를 어떻게 바라볼까? 이 회의를 어떻게 생각할까? 자신이 존중받고 있다고 여길까? 그들은 어떤 이해관계를 가지고 있을까? 상황을 여러 방향으로 전개하면서 그에 따른 대응을 연습해본다. 서로 도와가며 연습을 반복한다. 바람직하지 못한 상황이 펼쳐질 때는 그런 상황을 미리 연습해보았다면 큰 도움이 된다. 그 상황을 이미 실험해두었기 때문에 믿는 구석이 생겨 자신감을 얻는다. 이 실험은 일종의 행동 치료라고 생각해도 된다. 특정 상황이 두려울수록, 안전한 환경에서 그 상황에 도전하고 그것을 반복하다 보면 어느새 두려움이 사라진다. 충분한 연습이 뒷받침되는 한, 협상은 배울 수 있고 즉흥적으로 대처할 수 있는 것이 된다.

지금까지 다룬 내용을 점검표에 요약하였다. 꽤 광범위한 내용이다. 필요할 때마다 들춰보고 적용할 수 있는 것을 골라내면 된다. 복잡한 협상일수록 준비에 더 많은 시간을 투자해야 한다.

점검표

지침	주제	협상에 나서기 전에 점검하고 실천할 일	실행. 협상 도중과 이후에 점검하고 실천할 일
테마/주제	협상할 것인가? 협상의 대상은 무엇인가?	그것은 확실한 안건인가, 또 뚜렷한 배경을 가지고 있는가? 나는 협상을 원하는가, 어쩔 수 없이 해야만 하는가? 따라서 나의 최종 대안을 확인해봐야 한다. 사실은 내가 가진 최종 대안이 너무나 훌륭하므로 군이 모험하기 위해 시간과 노력을 허비할 필요가 없을 수도 있다. 혹시 조직 내 모든 사람이 같은 방침을 따라야 하는가? 사람들은 나의 방식에 동의하는가, 그리고 나에게 위임된 권한을 인정하는가? 그렇다면 설레는 마음으로 도전을 받아들여라!	협상의 범위를 확인한다.
학습	이전의 경험에서 배운 것은 무엇인가?	지난번 협상에서 배운 특이사항(같은 상대에 관한 내용이라면 더욱)이 있다면 그것은 무엇인가? 이번 협상에 임하는 전략은 무엇인가? 자신의 장점과 약점을 기억한다.	
	관계에 투자하라	긴장이 조성된 상황에서는, 분위기를 전환하고 이슈를 해결하기 위해 어떻게 조처해야 협상을 시작할 수 있을까? 무엇을, 언제, 어떻게 해야 할지 생각해본다. 타이밍이 중요하고, 문화적 차이와 관습도 마찬가지다. 그 누구도 체면이 손상되지 않도록 유의한다. 긴장이 조성되지 않았다면, 어떻게 해야 양측의 관계에 긍정적인 영향을 줄 수 있는지 생각해본다. 좋은 분위기를 형성하여 상대방을 열린 태도로 받아들이고 관심을 기울임으로써 마음을 편안하게 해줄 수 있다. 이제 신뢰 구축을 시작할 수 있겠는가?	관계에 관심을 기울인다. 상대방의 기대와 인식을 관리하는 일에 나선다. 관계에 문제가 있다면 문화적으로 허용되는 한 처음부터 이 문제를 논의한다. 관계를 위해 투자한다. 신뢰를 구축하고 상대방을 존중한다.

지침	주제	협상에 나서기 전에 점검하고 실천할 일	실행. 협상 도중과 이후에 점검하고 실천할 일
	협상 당사자들, 그리고 그들의 인식과 기대	협상 파트너가 될 사람들은 누구인가? (당사자, 대리인, 그들의 역할과 지위, 스타일 등—프로세스도 살펴보아야 한다) 사전에 다루어야 할 항목이 있지는 않은가? 그들의 인식에 어떻게 긍정적인 영향을 미칠 수 있을까? 인식을 관리하는 법을 알아야 한다. 제멋대로 떠도는 정보들이 외부 세계에서 부정적인 이미지를 형성하고 있지는 않은지? 그들이 나에게 기대하는 것은 무엇인가? 여기에는 제안의 내용이나 태도, 또는 위치 등이 모두 해당할 수 있다. 그들에게 좋은 의미에서 놀라움을 선사할 수 있는가? 게임에 관여하지 않고 있는 등장인물도 잘 지켜보라.	인식이나 기대가 진전을 방해하거나, 모든 당사자가 같은 관점으로 사안을 보지 않는다면, 그것을 이슈로 제기해야 한다. 문화적 차이를 고려해야겠지만, 필요하다면 프로세스에 개입한다.
	게임이 펼쳐지고 있는가?	어떤 게임이 펼쳐질 가능성이 있는가? 그런 경우를 위해 미리 준비할 필요가 있다. (163페이지를 참조하라.)	게임이 펼쳐지는 상황은 프로세스 전반에 걸쳐 나타날 수 있다. 항상 경계를 늦춰서는 안 된다.
	개인적인 정신자세	협상에 임하는 기분은 어떠한가? 자기 자신에게 정직해야 한다. 절대 바라지 않는 일이 있다면 무엇인가? 장애물은 어디에 있는가? 걱정거리나 감정에 (의식적으로) 관심을 기울인다. 이런 일에 으레 나타나는 사소한 스트레스일 뿐인가, 아니면 심각하게 방해가 되는 수준인가? 일곱 가지 지침을 숙지한다. 내가 가진 최종 대안을 잘 생각해보면 의외로 내가 이 협상에 그토록 매달릴 필요가 없다는 사실을 깨닫게 될지도 모른다. 감정을 적절하게 처리할 수 있도록 도와줄 사람이나 원리를 잘 생각해본다. 누군가와 이 문제를 놓고 대화를 나누는 것만으로도 부담을 한결 덜 수 있고, 상황을 보다 현실적으로 바라볼 수 있을 것이다. 언제라도 주변에 도움을 요청하는 것이 좋다.	자신의 직관을 외면하지 않기 바란다. 때로 불안감이나 신뢰 부족, 정보 오류, 허위 의제 등이 직감으로 느껴질 때가 있다. 이럴 때 어떻게 조처할 것인가?

지침	주제	협상에 나서기 전에 점검하고 실천할 일	실행. 협상 도중과 이후에 점검하고 실천할 일
②	시의적절한 배경과 맥락	해당 주제를 더 큰 그림에 비추어 살펴본다. 이전의 협상과 연결되는 부분이 있는가? 과거에서 현재로 이어지는 관련성을 볼 수 있는가, 그것이 의미하는 바는 무엇인가?	주고받은 모든 정보의 검증 가능 여부, 합의가 이루어지는 시기를 예의주시한다.
	사실	모든 데이터를 가지고 있으며, 사실을 제대로 이해하고 있는가? 정보는 정확한 것인가? 협상이 시작되기 전에 필요한 것은 무엇이며, 어떤 조치를 추가로 취할 수 있는가? 상대방도 그 정보를 나와 같은 관점으로 바라보고 있는가? 모두가 같은 사실을 바탕으로 협상에 임하는지 확인하기 위해, 회의 또는 협상을 시작하기 전에 내용이나 사실을 점검해야 하는가?	협상을 원활하게 진행하기 위해서는 때로 필요한 가정이나 정보에 관해 먼저 협상해야 하는 일도 있다는 사실에 유의한다.
	의견. 의견과 사실은 다르다.	이전에 제기되었던 의견에는 어떤 배경이 자리하고 있으며, 그것을 어떻게 해석할 것인가? 그 의견은 사실에 근거한 것인가?	정보에 특정 색채가 두드러지거나 왜곡되는 것이 보이면 편향을 우려해야 한다. 집요하게 질문하고 정보의 검증 가능성을 끊임없이 살펴야 한다. 사실 확인과 현실성 점검을 지속해야 한다.

지침	주제	협상에 나서기 전에 점검하고 실천할 일	실행. 협상 도중과 이후에 점검하고 실천할 일
③ W	어떤 이해관계가 달려 있는가? 공통된 이해관계인가, 아니면 특정 당사자, 또는 서로 충돌하는 이해관계인가?	나의 이해관계와 상대의 이해관계 목록을 작성해본다. 그들의 이해관계를 세심하게 고려한다. 그들에게 특별한 의미가 있고 도움이 되는 것은 무엇일까? 그들의 처지가 되어본다(두 번째 위치). 인터넷, 웹사이트, 관련 자료, 동료 등 공개된 정보를 통해 확인한다. 어느 한 편에게만 해당하는 이해관계 중 서로 한데 묶을 수 있는 것에 주의를 기울인다. 협상할 수 있는 것과 그렇지 않은 것은 무엇인가? 경계선은 어디에 있으며 접근 불가영역은 어디서부터인가? 변경의 여지가 있는 곳은 어디이며 그렇지 않은 곳은 어디인가? 혹시 다른 이해당사자는 없는지, 그래서 또 다른 이해가 작용할 여지는 없는지도 생각해봐야 한다.	이해에 관해 질문한다. 경청하고 요약하면서, 끊임없이 탐구하고 사실을 재정리해본다. 사고의 폭과 깊이를 확장한다. 그런 다음 내가 가진 카드를 내민다(어리석게 행동하지 않도록 조심하면서). 이해를 공유할 수 있는 공통점을 찾아본다. 의외로 차이점보다는 서로를 연결해주는 요소가 더 많다는 것을 알게 될 수도 있다. 어느 한쪽만의 이해관계를 서로 한데 묶어보면 대안의 여지를 만들 수 있다. 윈-윈의 결과를 낳을 수 있다.
	어떤 위치를 취하고 있는가?	각자가 처한 위치를 살펴본다. 거기에는 어떤 의미가 숨어 있을까? 그 뒤에 숨어 있는 이해관계는 무엇일까? 특정 태도를 보임으로써 중시하고자 하는 이해관계는 무엇인가? 내가 말로 표현하고자 하는 처지는 어떤 것인지 그 배경(나의 이해관계)을 언급하면서 생각해보자. 그들이 언제 자신의 위치를 포기할 수 있을까? 즉, 그러기 위해 그들에게 필요한 것은 무엇이며, 그것을 위해 나는 무엇을 할 수 있을까?	질문을 던짐으로써 그런 태도의 바탕에 깔린 이해관계를 끊임없이 탐구한다. 그들과 보조를 맞추면서 이끈다.
	각 당사자만의 이해관계를 서로 합쳐서 윈-윈의 결과를 얻는 방법을 모색한다.	상대방이 X를 얻고 우리가 Y를 얻기 위해서는 함께 무엇을 생각해보면 되는 것일까? 한번 생각해보자.	질문을 생각해낸다. 대안을 모색한다. 행동에 옮긴다.

지침	주제	협상에 나서기 전에 점검하고 실천할 일	실행. 협상 도중과 이후에 점검하고 실천할 일
④ □○△	어떤 선택지(가능성, 잠재적 해결책)를 볼 수 있는가?	양측의 이해에 관해 어떤 가능성을 볼 수 있을까? 내가 줄 수 있는 것은 무엇인가? 나한테는 별 것 아니지만 상대방에게 상당히 중요한 무언가를 줄 수 없을까? 거꾸로도 마찬가지다. 나에게는 상당히 이익이 되면서 상대방은 쉽게 해줄 수 있는 것을 요청할 수 있을까? 서로 교환할 수 있는 것은 무엇일까? 서로에게 더 이익이 되는 합의를 끌어낼 수 없을까?	탐험한다. 가능성을 찾아 나선다. 그리고 그 노력을 프로세스 내에서 구체적인 단계로 바꾼다. 너무 빨리 해결책에 도달하려고 서두르지 마라. 함께 선택지를 검토하는 것이 먼저다. 의식적으로 이 검토에 참여하여 개선의 단계처럼 만들라. 요약을 통해 더 좋고 매력적인 해결책을 찾는 데 도움을 얻을 수는 없을까? 이해관계에 비추어 선택지를 시험해본다. 윈-윈의 결과를 원하는가? 디즈니 방식을 한 번 더 음미해보기를 권한다.
⑤	결과를 미리 구상해본다. 특히 분배 이슈에 대해 생각해본다.	누가 무엇을 얻고 어떤 일을 하는가? 수익, 위험, 일정, 돈, 근무 시간, 역량, 인적 자원 등과 같은 '서로 대립하는 이해관계'를 어떻게 나눌 수 있을까? 상대가 보일 태도에 미리 대비하고 그것이 타당한 것일지 생각한다. 내가 주장할 바를 철저히 준비하여 강력한 위치를 확보해야 한다. 주관적인 접근방식은 과감히 버린다. 편향된 사고 형태로 타당성(주관적인)을 입증하려 하지는 않는지 잘 살펴야 한다. 분배 이슈에 관한 객관적인 기준은 무엇일까? 내가 좋아하는 기준은 무엇이고, 상대는 무엇을 원할까?	공정성과 기준에 관해 끊임없이 질문한다. 불공정한 요소를 보면 언제라도 지적한다. 나의 한계가 어디까지인지 파악한다. 거꾸로 무엇을 요구할 수 있을까? 전체 그림과 개별 요소를 동시에 살핀다. 나의 이해와 실현 가능한 선택지에 비추어 조건을 서로 비교한다. 꼭 합의에 도달해야 하는 것은 아니다. 이럴 때일수록 내가 가진 약점과 함정을 냉철하게 인식해야 한다. 굳은 의지를 갖추고, 공정하면서도 유연한 자세를 취한다.

지침	주제	협상에 나서기 전에 점검하고 실천할 일	실행. 협상 도중과 이후에 점검하고 실천할 일
6 협상? 대안 마련	내가 가진 최종 대안은 무엇인가? 상대방의 것은?	불리한 위치에서 협상을 시작할수록 나의 최종 대안을 제대로 준비해야 한다. 최종 대안을 마련하는 일은 공을 들여야 한다. 또한 진지하게 고민해보아야 한다. 상대방은 어떤 최종 대안을 가지고 있을까? 어쩌면 게임을 펼치는 것일 수도 있다. 이런 식으로 말이다. "당신네와 비슷한 회사는 열 개도 넘어요." 또는 이렇게 말할 것이다. "우리는 더 나은 제안을 많이 확보하고 있습니다." 하지만 그 말이 사실일까? 나의 한계는 어디까지이며, 그들은 어디까지 갈 수 있을 거로 예상하는가? 상대방이 선택할 수 있는 최종 대안은 무엇인가? 그들이 직접 하거나, 포기해 버리거나, 다른 업체와 만나는 것일까? 상대방의 최종 대안이 내가 원하는 방향과 다르다면 그 이유는 무엇인가? 나의 차별점은 무엇이며, 그것이 그들에게 어떤 의미가 있는지 생각해본다. 나의 실적이나 제안은 얼마나 강력한가?	내가 끌어내려는 합의는 나의 최종 대안보다 나은 것이어야 한다. 혹은 반드시 합의해야만 하는 이유를 설득력 있는 논리로 뒷받침할 수 있어야 한다. 자신을 속이지 말라. 필요하다면 상대방의 최종 대안에 관해 이야기할 수 있도록 준비하라. 게임에 말려들지 않도록 경계하라.

지침	주제	협상에 나서기 전에 점검하고 실천할 일	실행. 협상 도중과 이후에 점검하고 실천할 일
7 ◯	프로세스 전체	처음부터 마지막을 염두에 두라. 무엇을 얻고 싶은가? 그것을 확인하려면 회의가 필요한가, 혹은 또 어떤 프로세스가 필요한가? 협상가의 눈으로 상황을 바라보면서 일곱 가지 지침을 미리 연습해본다. 그러면 성공을 위해 프로세스 관점에서 무엇을 해야 할지 알 수 있다. 나를 도와줄 사람이 누구인지 알 것이다. 상대방의 도전을 허용하라! 전략과 전술은 중요하다. 여러 참여자와 단계가 개입되었다면 반드시 올바른 순서를 지켜야 한다. 누구와 함께 시작할 것이며, 그 이유는 무엇인가?	한 번에 하나씩, 각 사안을 적절한 순간에 처리해간다. 협상에는 모든 것이 함께 작용한다.
	협상 참여자들, 의사결정 단위, 그리고 의사결정 프로세스	의사결정 단위를 주목한다. 결정을 내리는 사람은 누구인가, 의사결정 프로세스는 어떤 식으로 진행되는가, 의사결정에는 어떤 기준이 적용되는가? 누가 결정을 내리며, 영향력을 발휘하는 사람은 누구인가(어떤 역할로)? 문화적 관습과 행동은 어느 정도나 영향을 미치는가? 협상에 나선 사람이 누군가를 대신하는지 아니면 스스로 결정을 내리는지 특히 주의해서 지켜본다. 중개자 또는 대표자가 존재할 때는 드러나지 않은 이해관계가 분명히 존재한다! 내가 발견한 사실은 나의 전략과 전술, 프로세스에 어떤 의미가 있는가?	프로세스를 구성하는 체계 일부로서 누가 의사결정에 기여하고, 그들의 역할은 무엇이며, 어떤 방식으로 의사결정에 도달할지(그들이 취할 단계)를 질문한다.

지침	주제	협상에 나서기 전에 점검하고 실천할 일	실행. 협상 도중과 이후에 점검하고 실천할 일
7 ◯	모습을 보이지 않은 참가자들	협상장에 참석해야 하거나 나중에라도 이야기를 나누었으면 하는데 모습이 보이지 않는 사람이 있는가? 무대 중앙으로 등장하기를 바라는 막후 인물이 있는가? 제시된 해결책에 폭넓은 지지를 끌어내는 데 꼭 필요한 당사자가 있는가? 더 넓은 맥락과 주위 환경을 고려하라. 내가 발견한 사실을 확인해줄 사람은 누구인가? 코치가 있는가? 해결해야 할 과제는 무엇인지 살펴보고 내가 세운 가정을 시험해보라.	회의를 진행하면서도 이 회의에서 내린 결정이 쉽게 수용되려면 어떤 참가자나 당사자가 더 필요한지를 질문해야 한다. E(효력) = Q(우수성) x A(수용도)의 원리를 되새겨본다.
	구조	회의와 프로세스의 구조, 즉 목적, 의도, 의제, 권한, 그리고 일정표에 대해 잠시 생각해본다. 상대방도 미리 이런 단계에 동의하고 시작할 수 있도록 한다.	회의 도중에도 목적과 의도, 의제, 권한, 일정표를 꾸준히 확인한다. 같은 이슈를 두 번 처리하는 일이 일어나지 않도록 유의한다. 회의의 목적을 향해 다가가고 있는가, 아니면 오늘 당장 결론을 낼 수 있는가?
	프로세스에 영향을 미치는 일	프로세스를 원활히 진행하기 위해 할 수 있는 일은 무엇인가? 준비상황, 건물, 회의장, 더 나아가 먹고 마실 것, 휴식 시간 등과 같은 사소한 일에까지 신경을 쓴다. 프로세스에 투자하라. 대단히 중요한 일이다! 상대방이 게임을 펼치거나 프로세스가 지연될 가능성, 만약의 교착 상태 등에 대비하라. 어느 대목에서 이런 일이 일어날 수 있고, 문제를 일으킬 만한 사람은 누구이며, 그럴 때 나는 어떻게 할 것인가?	

영감의 출처,
참고 문헌

오랜 세월 다양한 자료에서 영감을 얻어왔다. 그리고 그런 자료의 출처는 늘 협상에 관한 저술이나 의사결정, 의사소통, 심리학, 리더십 등에 관한 논문이 서로 교차 및 중첩되는 분야였다. 이 책 곳곳에서 특정 자료를 언급한 바 있는데, 이 장에서 그 목록을 자세히 밝혀둔다. 또 독자 여러분의 관심을 끌 만한 책과 논문을 추가했다. 물론 인터넷에 나온 여러 블로그와 논문, 클립, 웹사이트에서 다양한 주제에 관한 정보를 많이 얻을 수 있다. 한 논문에서 다음 자료로 이어가다 보면 어느새 수많은 자료를 찾아낼 수 있다. 세상에는 엄청난 양의 정보가 있으며 그것을 찾는 데 이 장이 조금이라도 도움이 되기 바란다.

협상을 주제로 한 기본도서

이미 언급했듯이, 필자의 생각에 가장 큰 영향을 미친 일등 공신은 바로 윌리엄 유리다. 《YES를 이끌어내는 협상법》은 그중에서도 가장 튼튼한 기초를 닦아준 충실한 책이다. 그의 다른 저작들도 강력히 추천한다.

- 《YES를 이끌어내는 협상법》, 로저 피셔, 윌리엄 유리, 브루스 패튼 공저, 1991년, 펭귄북스.
- 《혼자 이기지 마라》Getting Past No: Negotiating in Difficult Situations, 윌리엄 유리 저, 1993년, 펭귄북스.
- 《하버드는 어떻게 최고의 협상을 하는가》Getting to Yes with Yourself: And Other Worthy Opponents, 윌리엄 유리 저, 2015년, 하퍼원.

다른 작가들의 지혜

- 《갈등이 두려운가? 조직 내 갈등의 심리학》Afraid of conflict? The Psychology of conflict in organizations, 카스텐 드 드루 저, 2014년, 반고쿰. 필자는 이 책의 내용을 네덜란드식 갈등 대처 진단법 사례로 활용했다.
- 《협상과 분쟁 해결》Negotiation and Dispute Resolution, 비벌리 드마, 수잔 C. 드 자나즈 공저, 2012년, 피어슨.
- 《가치 협상: 어떻게 원-원을 이끌어낼 것인가》Value Negotiation: How to Finally Get the Win-Win Right, 호라시오 팔코 저, 2012년, FT 프레스.
- 《원하는 것이 있다면 감정을 흔들어라》Beyond Reason: Using Emotions as You Negotiate, 로저 피셔, 다니엘 샤피로 공저, 2006년, 펭귄북스.
- 《3차원 협상: 가장 중요한 협상에 변화를 불러오는 강력한 도구》3D Negotiation: Powerful Tools to Change the Game in Your Most Important Deals, 데이비드 랙스, 제임스 K 세베니어스 공저, 2006년, 하버드비즈니스리뷰 출판사.
- 《승리를 넘어: 협상과 분쟁에서 가치를 이끌어내기》Beyond Winning: Negotiating to Create Value in Deals and Disputes, 로버트 므누킨, 스콧 피펫, 앤드루 툴루멜로 공저, 2004년, 벨크냅 출판사.
- 《값비싼 실수: 협상에서 일어나는 7가지 큰 실수》Costly Mistakes: the 7 Biggest Errors in Negotiations, 마티아스 슈라너, 2011년, 에버그린 리뷰.
- 《통역을 통해 잃어버리는 것》What Gets Lost in Translation, 로렌스 서스킨드, 2004년, 하버드비즈니스리뷰 출판사.
- 《당신에게 좋은 것, 나에게는 엄청난 것: 거래 영역을 찾고 원-원의 협상에서 승리하기》Good for You, Great for Me: Finding the Trading Zone and Winning at Win-Win Negotiation, 로렌스 서스킨드, 2014년, 퍼블릭 어페어스.
- 《협상 리더십》Shaping the Game: The New Leader's Guide to Effective Negotiating, 마이클 왓킨스, 2006년, 하버드비즈니스리뷰 출판사.
- 《전략적 주변 환경 관리 가이드》Guide to Strategic Management of your Environment, 마크 베셀링크, 로널드 폴 공저, 2010년, 백미디어넷.
- 《협상의 기술: 무질서한 세계에서 합의를 이끌어내는 방법》The Art of Negotiation: How to Improvise Agreement in a Chaotic World, 마이클 휠러 저, 2013년, 사이먼앤슈스터.

협상, 의사소통, 신뢰, 학습에 관련된 리더십 분야

- 《리더십 터득하기: 혁신적인 성과를 달성하는 통합 프레임》Mastering Leadership: An Integrated Framework for Breakthrough Performance and Extraordinary Business Results, 로버트 앤더슨, 윌리엄 애덤스 공저, 2015년, 와일리.
- 《조직적 방어 극복하기: 조직 학습을 활성화하는 비결》Overcoming Organizational Defenses: Facilitating Organizational Learning, 크리스 아지리스 저, 1990년, 피어슨.

- 《이론의 현실화: 프로의 능력을 키우는 법》Theory in Practice: Increasing Professional Effectiveness, 크리스 아지리스 저, 2000년, 조시 배스.
- 《잘못된 조언과 관리의 함정: 관리자는 어떻게 좋은 조언과 나쁜 조언을 구별하는가》Flawed Advice and the Management Trap: How Managers Can Know When They're Getting Good Advice and When They're Not, 크리스 아지리스 저, 2008년, 옥스퍼드대학교출판부.
- 《8번째 습관》The 8th Habit: From Effectiveness to Greatness, 스티븐 코비 저, 2005년, 프리 프레스.
- 《제3의 대안: 인생의 가장 어려운 문제를 해결하는 법》The 3rd Alternative: Solving Life's Most Difficult Problems, 스티븐 코비 저, 2012년, 프리 프레스.
- 《성공하는 사람들의 7가지 습관》The 7 Habits of Highly Effective People: Powerful Lessons in Personal Change, 스티븐 코비 저, 2013년, 사이먼앤슈스터.
- 《내적 승리: 변화를 주도하고 즐기며 지속하는 혁신적 방법》Winning from Within: A Breakthrough Method for Leading, Living, and Lasting Change, 에리카 아리엘 폭스 저, 2013년, 하퍼 비즈니스.
- 《직장의 이너게임》The Inner Game of Work: Overcoming Mental Obstacles for Maximum Performance, 티모시 걸웨이 저, 2000년, 오리온비즈니스.
- 《골프의 이너게임》, 티모시 걸웨이 저, 1981년, AS반스앤컴퍼니.
- 《변화에 대한 내성을 극복하고 자신과 조직의 잠재력을 이끌어내는 법》Immunity to Change: How to Overcome It and Unlock the Potential in Yourself and Your Organization, 로버트 키건, 리사 라스코우 레이히 공저, 2009년, 하버드비즈니스리뷰 출판사.
- 《협상 테이블의 인질: 리더가 갈등을 극복하고, 타인에게 영향을 미치며, 성과를 높이는 방법》Hostage at the Table: How Leaders Can Overcome Conflict, Influence Others, and Raise Performance, 조지 콜라이저, 조 포핸드 공저, 2006년, 조시 배스.
- 《용기 관리법: 기초적인 리더십을 이용하여 놀라운 잠재력을 발휘하기》Care to Dare: Unleashing Astonishing Potential Through Secure Base Leadership 조지 콜라이저, 수전 골즈워디, 던컨 쿰 공저, 2012년, 조시 배스.
- 《기업이 원하는 변화의 리더》Leading Change, 존 코터 저, 2012년, 하버드비즈니스리뷰 출판사.
- 《믿을 수 있는 조언자》Trusted Advisor, 데이비드 마이스터, 로버트 갤포드, 찰스 그린 공저, 2002년, 사이먼앤슈스터.
- 《제5경영》The Fifth Discipline: The Art & Practice of The Learning Organization, 피터 M. 센게 저, 2006년, 더블데이.
- 《피터 센게의 그린 경영》The Necessary Revolution: How Individuals and Organizations Are Working Together to Create a Sustainable World, 피터 센게, 브라이언 스미스, 니나 크루슈비츠, 조 로어, 새라 쉴리 공저, 2010년, 크라운 비즈니스.

메타프로그램 및 기타 분야

앞에서 메타프로그램은 행동을 해석하는 데 매우 유용하다고 밝혔다. 행동을 분류하는 방법에는 물론 여러 가지가 있으나, 그들 중 다수가 얼마 못 가 오명을 뒤집어쓰는 것을 자주 봤다. 얼마 못 가 흔해빠진 웃음거리로 전락하거나, 행동을 단순화해서 보여주는 데 그친다. 즉 성급하게 색채를 지정하여 행동 양태를 단순화하는가 하면 어떤 유형이 우월하다는 편견을 심어줄 우려가 분명히 있다. 반면 이 책에서 견지하고자 하는 태도는 사람들의 행동을 어떻다고 규정하기보다, 그 행동을 객관적으로 지켜보면서 더욱 여유를 가지자는 것이다. 행동의 미묘한 변화를 알아채고 그 형태가 협상 프로세스와 어떻게 들어맞는지 파악하면, 의사소통 능력도 키우고 자신의 이해를 충족하는 방법도 더 쉽게 배울 있다. www.mindsonar.info 사이트를 살펴보면 IEP의 야프 홀랜더 Jaap Hollander가 훌륭한 도구를 개발한 것을 알 수 있다.

- 《마음을 바꾸는 말들》The Words That Change Minds, 셸르 로즈 샤르베 저, 1997년, 켄달헌트 출판사.
- 《입으로 부리는 마술》Sleight of Mouth. The Magic of Conversational Belief Change, 로버트 딜츠 저, 1999년, 메타출판.
- 《내 방식을 넘어: 메타프로그램을 이용한 효과적인 의사소통》Beyond your own approach: Effective communication using metaprogrammes in professional relationship, 거스 허스팅스, 아네크 둘링거 공저, 2006년, 붐넬리센 출판사.

편향과 의사결정 분야

- 《상식 밖의 경제학》Predictably Irrational: The Hidden forces That Shape Our Decision, 댄 애리얼리 저, 2008년, 하퍼콜린스.
- 《대인관계에 관한 의사결정 장벽》Interpersonal Barriers to Decision Making, 크리스 아지리스 저, 1966년, 하버드비즈니스리뷰 출판사.
- 《분명하게 생각하는 기술》The Art of Thinking Clearly, 롤프 도벨리 저, 2013년, 하퍼페이퍼백스.
- 《확신하는 그 순간에 다시 생각하라》Think Again: Why Good Leaders Make Bad Decisions and How to Keep It from Happening, 시드니 핀켈스타인, 조 화이트헤드, 앤드루 캠벨 공저, 2009년, 하버드비즈니스리뷰 출판사.
- 《똑똑한 선택: 더 나은 결정을 내리는 실천 가이드》Smart Choices: A Practical Guide to Making Better Decisions, 존 해먼드, 랠프 키니, 하워드 라이파 공저, 1999년, 하버드비즈니스리뷰 출판사.
- 《생각에 관한 생각》, 대니얼 카너먼 저, 2011년, 파라슈트라우스지루.
- 《넛지》Nudge: Improving Decisions About Health, Wealth, and Happiness, 캐스 R. 선스타인, 리처드 H. 탈러 공저, 2009년, 펭귄북스.
- 《상식의 배반》Everything is Obvious: How Common Sense Fails Us, 던컨 J. 와츠 저, 2012년, 크라운 비즈니스.

문화 분야

- 《문화의 파도를 타다: 글로벌 비즈니스에서 다양성을 이해하기》Riding The Waves of Culture: Understanding Diversity in Global Business, 찰스 햄든터너, 폰스 트롬페나스 공저, 1997년, 맥그로힐.
- 《컬처 맵》The Culture Map: Breaking Through the Invisible Boundaries of Global Business, 에린 메이어, 2014년, 퍼블릭어페어스. www.erinmeyer.com 사이트도 참조하기 바란다.
- 《글로벌 감각: 자아를 상실하지 않으면서도 문화적 차이에 적응하는 법》Global Dexterity: How to Adapt Your Behaviour Across Cultures without Losing Yourself in the Process, 앤디 몰린스키 저, 2013년, 하버드비즈니스리뷰 출판사.
- 《글로벌 협상가》The Global Negotiator: Making, Managing, and Mending Deals Around the World in the Twenty-First Century, 제스왈드 살라쿠제 저, 2003년, 세인트마틴스 출판사.

논문

앞에서 살펴본 주제에 관해서는 대단히 많은 양의 문헌이 존재한다. 《하버드비즈니스리뷰》를 주목하기 바란다. 언제나 영감을 얻을 수 있고, 쉽게 찾아볼 수 있으며, 통찰력 있는 자료를 신속하고 광범위하게 검색할 수 있는 정보원을 원한다면, 바로 이 잡지와 그 웹사이트 www.hbr.org를 찾아보면 된다.

편향과 문화를 다룬 장에서 사용한 자료는 다음과 같다.

- 《의사결정에 숨은 함정》The Hidden Traps in Decision Making, 존 S. 해먼드, 랠프 L. 키니, 하워드 라이파 공저, 2006년, 하버드비즈니스리뷰 출판사.
- 《협상의 심리학》The Psychology of Negotiation, 드 드루, 베르스마, 슈타이넬, 반 클리프 공저, 〈사회심리학 기본원리 핸드북〉Handbook of Basic Principles of Social Psychology, 제26장.
- 《협상과 갈등은 양측 모두에 가치를 제공한다》Negotiating Deals and Setting Conflict can Create Value of Both Sides, 《행동 및 두뇌 과학》The Behavioral and Brain Sciences, 카스텐 드 드루 저, 2014년.
- 《시, 야, 위, 하이, 다 이끌어내기, 문화적 차이를 극복하는 협상법》Getting to Si, Ja, Oui, Hai and Da. How to Negotiate Across Cultures, 에린

메이어 저, 2015년, 하버드비즈니스리뷰 출판사.
- 《문화를 고려할 때와 그렇지 않을 때》When Culture Counts-and When It Doesn't, 마이클 W. 모리스, 2005년, 하버드비즈니스리뷰 출판사.
- 〈맥킨지〉 계간호, 2010년, 〈행동 전략 사례〉The Case for Behavioral Strategy.

웹사이트

www.pon.org는 필자가 자주 찾는 사이트로, 독자 여러분에게 추천한다. 협상 프로그램(PON)the Program On Negotiation의 약자를 딴 이 사이트는 협상에 관한 논문과 블로그, 인터뷰, 강좌, 추천 도서로 가득 찬 광범위한 자료의 보고다.

www.williamury.com에서는 다양한 협상 사례를 중심으로 윌리엄 유리가 진행하는 흥미로운 동영상을 찾아볼 수 있다.

폭넓은 의미의 협상에 관해 더 많이 배우고 싶다면 찾을 수 있는 자료는 무한하다. 다음의 사이트에서 흥미로운 주제를 찾을 수 있다. 즉, www.ted.com, www.youtube.com, www.forbes.com, www.inc.com, www.fastcompany.com, www.nytimes.com, www.hbr.org, www.sfcg.org, 그리고 www.abrahampath.org 등이다.

문의나 피드백은 필자의 이메일(deheus@routslaeven.nl)이나 웹사이트(www.allesisonderhandelen.nl 또는 www.routslaeven.nl)로 보내주기 바란다.

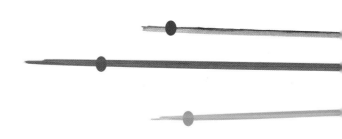

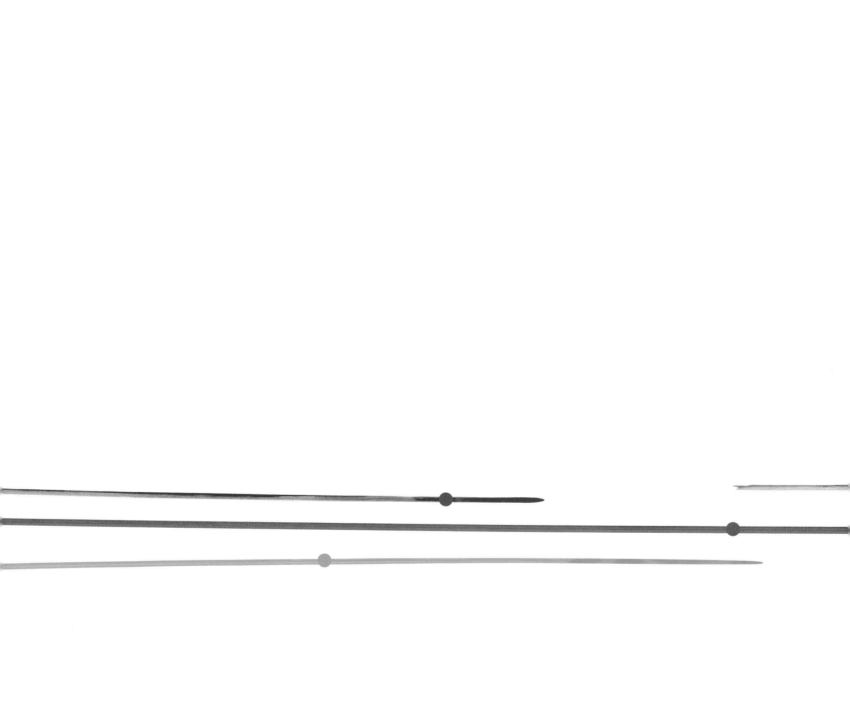

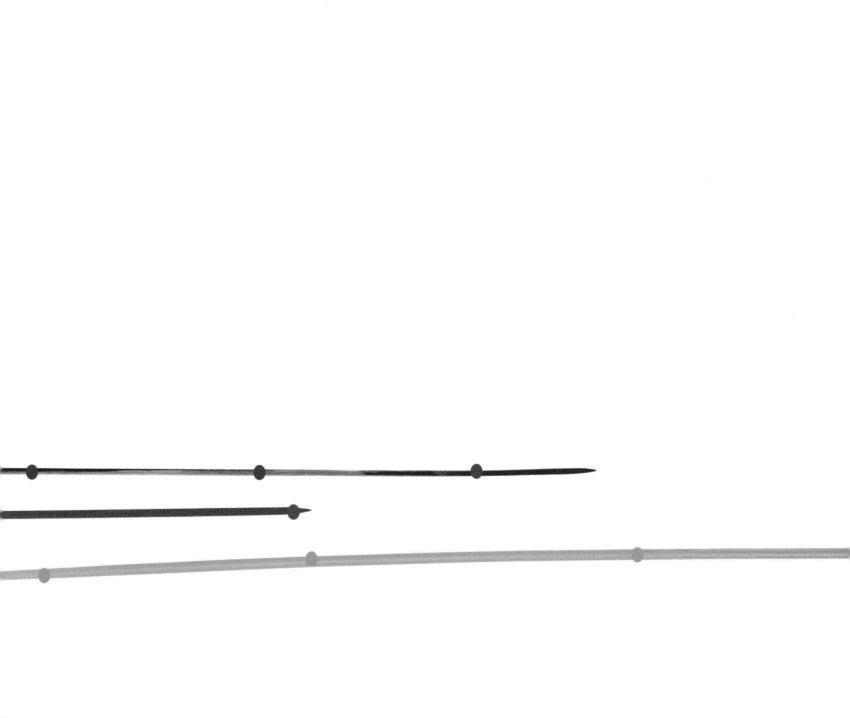